Ultra

W0468202

Dello stesso autore

In vetta senza scorciatoie
K2. La montagna più pericolosa

ED VIESTURS
CON DAVID ROBERTS

Annapurna
La montagna più difficile

Prefazione di Roger Goodell,
Commissario della National Football League

Traduzione di Chiara Brovelli

SOLFERINO

SOLFERINO

www.solferinolibri.it

© 2011 by Ed Viesturs and David Roberts
Published by arrangement with Crown Publishers, an imprint of the Crown Publishing Group, a division of Random House, Inc.
All Rights Reserved

© 2024 RCS MediaGroup S.p.A., Milano
Proprietà letteraria riservata

Titolo originale: *The Will to Climb. Obsession and Commitment and The Quest to Climb Annapurna – the World's Deadliest Peak*

Traduzione di Chiara Brovelli su licenza di Garzanti s.r.l.

ISBN 978-88-282-1561-5
Prima edizione: settembre 2024

Annapurna

Alla mia devota moglie, Paula, che è stata nei miei pensieri e nel mio cuore passo dopo passo, attimo dopo attimo, mentre vivevo il sogno di scalare l'Annapurna, il mio quattordicesimo ottomila.

E ai nostri figli, Gilbert, Ella, Anabel e Nina, che sono una fonte costante di amore, affetto e divertimento.

Le montagne non sono un campo sportivo sul quale soddisfo le mie ambizioni. Sono cattedrali in cui pratico la mia fede.

Anatolij Bukreev

Ci sono altri Annapurna nella vita di un uomo.

Maurice Herzog

Prefazione

Nel luglio del 2009 stavo scalando il monte Rainier, l'enorme vulcano innevato che, con i suoi 4392 metri d'altezza, domina lo stato di Washington. Con me c'era Ed Viesturs. Non sapevo esattamente perché fossi finito in una situazione del genere, ma prima di concludere quell'ascensione di due giorni mi sarei reso conto di una cosa: mai in vita mia avevo affrontato una prova più dura, dal punto di vista fisico ed emotivo.

In un certo senso, mi ero lasciato convincere da Tod Leiweke, all'epoca amministratore delegato dei Seattle Seahawks. Stava per cominciare la stagione 2005, e Tod e il suo staff erano alla disperata ricerca di una celebrità locale che aiutasse a cementare il legame tra la squadra e i tifosi. Di recente aveva partecipato a una delle conferenze benefiche di Ed Viesturs – grande appassionato di football – e così propose il suo nome.

Risultato: Ed fece un discorso di incoraggiamento ai Seahawks alla vigilia del loro primo incontro. Nel corso di quella stessa stagione, divenne il Dodicesimo Uomo della squadra: il suo compito consiste nell'issare una bandiera di dieci metri in cima a un palo che svetta su una delle aree di meta, al Qwest Field. I Seahawks arrivarono al Super Bowl. Dopo ogni vittoria, Ed aveva fatto in modo che ciascun giocatore ricevesse dei moschettoni in miniatura, simbolo del lavoro di squadra degli alpinisti legati in cordata. Al termine della partita che valse ai Seahawks il titolo dell'Nfc West Division, gli venne consegnata la palla della partita. E, dopo il Super Bowl, gli fecero omaggio dell'anello dell'Nfl Championship.

Nell'estate del 2008, Ed portò Tod in cima al monte Rainier. Fu una dura prova, ma ciononostante Tod decise di ripeterla l'estate seguente con un gruppo del tutto nuovo. Lo scopo era raccogliere fondi per un istituto caritatevole della zona, la United Way of King County. Aveva convinto Jim Mora – all'epoca allenatore capo – a unirsi alla squadra. E un giorno, poco prima di una riunione della lega a Dallas, lo chiese anche a me: «Roger, solo una domanda. Scaleresti il Rainier con noi, per aiutare la United Way locale?».

«Certo, nessun problema» risposi, e poi mi concentrai sul lavoro.

Solo in seguito riflettei su quello che avevo appena fatto. Non avevo mai scalato nulla che si potesse definire una montagna, ma avevo visto il Rainier innalzarsi imponente a sud-est di Seattle. Ma ero determinato ad andare sino in fondo.

All'inizio di luglio ci trovammo tutti a Paradise, sede del quartier generale delle guide del Rainier. Oltre a Mora, a Leiweke e al sottoscritto, c'erano diverse personalità di spicco della comunità e quattro guide professioniste, capeggiate da Ed e Peter Whittaker, contitolare della Rainier Mountaineering, la compagnia con cui Ed aveva dato inizio alla sua attività di alpinista poco più che ventenne. Nel 2009 aveva già scalato il Rainier ben duecentotré volte: per lui era un gioco da ragazzi. Nel 2005 era diventato il primo americano ad aver conquistato le quattordici vette più alte del pianeta, senza l'ausilio dell'ossigeno, un'impresa che nessuno tra i suoi connazionali è ancora riuscito a eguagliare. Infine, due mesi prima il ritrovo a Paradise, aveva scalato l'Everest per la settima volta.

Mi allenai facendo jogging nel quartiere con uno zaino carico sulle spalle e salendo di corsa le scale dei palazzi di New York, portando pesi con entrambe le mani; ma non esiste un modo per prepararsi all'altitudine. Ed e Peter ci misero alla prova, mostrandoci come portare le piccozze da ghiaccio e come mettere in atto la manovra di autoarresto insieme a loro, se fossimo scivolati e caduti. Ci insegnarono addirittura a camminare sulla neve riducendo la fatica al minimo. Sopravvissi a quella prima sfida, ma uno dei miei compagni si slogò un gomito.

Il primo giorno lasciammo Paradise (1646 metri) e salimmo a Camp Muir (3048 metri). Il tragitto è estenuante, ma si tratta solo di una camminata in montagna. La scalata vera comincia lì. La notte dormimmo in alcuni rifugi prefabbricati, con l'intenzione di alzarci poco dopo mezzanotte per lanciare l'assalto alla vetta ben prima dell'alba. Ed e Peter non avevano smesso di sottolineare l'importanza di mantenerci idratati, e credo di aver bevuto oltre sette litri d'acqua prima di coricarmi. Questo significa che dovetti alzarmi spesso, scendere dal letto (erano a castello, disposti tre a tre, e io occupavo quello più in alto), vestirmi di tutto punto per uscire e svuotare la vescica. Anche al buio il panorama era sorprendente: in lontananza vedevo altre montagne imponenti, Baker, Adams e Saint Helens tra le altre. Dopo un po', abbandonai la speranza di dormire, e rimasi alzato con il coach Mora a contemplare la vista magnifica che si presentava ai nostri occhi.

Un cameraman dell'Nfl Films, che si era unito al team per filmare la scalata, riprese lo scambio di battute tra il sottoscritto e Peter Whittaker, a mezzanotte e mezzo, il mattino dell'assalto alla vetta. «Roger, come ti senti?» mi chiese lui. «Bene. Non ho chiuso occhio.» Eppure, ricordo di aver detto: «Di merda; e a te che cosa interessa?». Ma immagino che la mia risposta sia stata tagliata in fase di montaggio.

Ci mettemmo in marcia alle due e mezzo, legati in cordate di quattro, le due guide in testa. Per la prima volta in vita mia, sotto gli scarponi indossavo quei chiodi di metallo che gli alpinisti chiamano ramponi. Provavo una strana sensazione, ero in ansia, e al tempo stesso avevo fiducia in me stesso. Non avrei avuto problemi a partire ancora prima: volevo cominciare.

Già dopo i primi passi, mi dissi: «È come essere su un campo di golf per la prima volta e giocare contro Tiger Woods».

In realtà me la cavai piuttosto bene, finché non trovammo un crepaccio che ci sbarrava il cammino. Una cosa devo rimproverare a Ed e Peter: durante l'addestramento, ci dissero tutto sui pericoli di valanghe, caduta massi e mal di montagna. Peter descrisse in modo quasi morboso l'incidente del 1981, in cui il crollo di una parete di ghiaccio si portò via undici scalatori, in un tratto della via che avremmo seguito (e non sono affatto sicuro che avessi bisogno di sentire quella storia). Ma non sprecarono nemmeno una parola sui crepacci.

Non vedevo il fondo, era troppo buio. Rimasi paralizzato.

«Puoi farcela» mi disse Ed. «Sì» feci io, «ma che cosa devo aspettarmi, dopo?» «Diventerà sempre più difficile» ammise. Quando sollevai la testa, vidi i coni di luce proiettati dalle lampade frontali degli alpinisti che erano partiti prima di noi, ed ebbi l'impressione che stessero salendo verso il cielo. Non sono venuto qui per morire, pensai. Avevo addosso gli sguardi di Ed e Peter, ansiosi di procedere, e mi resi conto che cominciavano a dubitare che sarebbero riusciti a condurmi in vetta.

Solo in seguito venni a sapere che quello era il punto esatto in cui era avvenuta la tragedia del 1981.

Il crepaccio doveva essere largo circa sei metri, almeno ai miei occhi. In realtà, sarà stato largo al massimo un metro. In quel momento, entrò in funzione la mia personalità di tipo A. E poi, non sopportavo l'idea di incontrare Jim Mora vantarsi di aver raggiunto la vetta, mentre io avevo rinunciato.

Peter e Ed avevano appena scavalcato il crepaccio. Io saltai. Poco dopo spuntò il sole, e finalmente riuscimmo a vedere che cosa avevamo intorno. Non avevo mai visto nulla di tanto impressionante. Avanzammo con passo pesante, e senza rendercene conto arrivammo in cima. Esultammo e ci abbracciammo. Ed e Peter si congratularono con me. Fu una delle esperienze più forti di tutta la mia vita.

Come Ed, sono fermamente convinto che le lezioni apprese in montagna si applichino anche alla vita «di tutti i giorni». Per scalare il Rainier dovetti prepararmi meticolosamente, superare paure e insicurezze. Lavorai sodo e m'impegnai al massimo. E imparai quanto sia prezioso – inestimabile, oserei dire – un buon lavoro di squadra. Se sono legato a un compagno e scivolo, con ogni probabilità trascinerò giù anche lui.

Sono verità che ritrovo quasi ogni giorno sul lavoro. Sono commissario della National Football League, e per questo devo affrontare molte sfide e ostacoli. Ho bisogno di disciplina. Di impegno. E nel corso degli anni mi sono sempre assicurato di avere attorno i compagni o i colleghi giusti, persone su cui so di poter contare.

Quando ci conoscemmo, Ed mi raccontò della decisione di rinunciare alla conquista dell'Everest, a soli novanta metri dalla vetta. Era il 1987, e lui era alla sua prima esperienza himalayana. Sapeva di potercela fare, ma non era altrettanto sicuro che sarebbe tornato giù vivo. Una decisione simile la dice lunga sulla sua disciplina. È questo che fa di lui un alpinista prudente. Se mi fossi trovato nella stessa situazione, temo che mi sarei detto: «Sono così vicino, ci provo».

In questo libro sull'Annapurna, Ed parla in modo diffuso della sua paura di quella montagna infida e letale. È difficile immaginare che uno come lui si lasci intimorire da qualcosa, ma posso comprendere la differenza tra il Rainier e un massiccio alto quasi il doppio, e infinitamente più rischioso. E mi rendo conto dell'abisso esistente tra un'ascensione di due giorni come quella che affrontai con lui, e una spedizione di due mesi su un ottomila. Ciò che più colpisce è il modo in cui la sua paura della montagna – la sua nemesi personale, come lui stesso la definì – alimentò il desiderio di affrontare quella sfida, e di raggiungere finalmente l'obiettivo (al terzo tentativo, nel 2005).

Dopo l'avventura sul Rainier siamo rimasti buoni amici. Lo scorso autunno mi trovavo a Seattle per una serie di riunioni. Avevo due ore libere, così lo chiamai per invitarlo a pranzo.

«Diamine, ne sarei felice» mi rispose, «ma mio figlio Gil ha una partita di football, sai, gioca nei pulcini, e mi sono offerto di misurare le yarde al primo down.» «Ti do una mano.» Per tutto il primo tempo, ci unimmo alla squadra dei misuratori, e lui non rivelò la mia identità. Alla fine, i genitori lo scoprirono, e mi è stato riferito che uno di loro disse al figlio: «Perché non mi hai detto che quello era Roger Goodell?» Sono lieto che non se ne fossero accorti. È stato divertente guardare giocare i bambini.

Di recente, qualcuno ha sottolineato che Ed e io abbiamo la stessa età: siamo entrambi del 1959, lui è più giovane di soli quattro mesi. Avevamo entrambi cinquant'anni quando scalammo il Rainier. Ma vi dirò una cosa, e mia moglie è pronta a garantire per me: Ed sembra molto più giovane del sottoscritto. Sembra ancora un trentacinquenne.

Non so se accetterei di salire di nuovo quella vetta o un'altra. Se lo facessi, in ogni caso, vorrei avere Ed come compagno.

Roger Goodell, commissario della National Football League

1
Il muro di mattoni

Nell'aprile del 2000 tentai la scalata all'Annapurna, che con i suoi 8091 metri di altezza è la decima montagna del pianeta. I miei tre compagni erano tutti veterani. Neal Beidleman, un ingegnere aerospaziale di Aspen, era stato con me sul K2, nel 1992. Forte e in perfetta forma, con ogni probabilità quell'anno sarebbe riuscito a raggiungere la cima, se alcune pressanti questioni di lavoro non l'avessero costretto a tornare negli Stati Uniti prima che potessimo partire per l'assalto finale.

Fu proprio lui a proporre il nome di Michael Kennedy, con cui aveva affrontato alcune vie nella zona di Aspen. Non avevo mai arrampicato con Michael, ma avevo avuto modo di incontrarlo e mi piaceva. Non aveva esperienza sugli ottomila, tuttavia aveva tutto il mio rispetto per le straordinarie scalate compiute in Alaska e sul Karakorum. Inoltre lo conoscevo come direttore storico della rivista «Climbing», che aveva trasformato – da solo – nella migliore testata di alpinismo al mondo.

Veikka Gustafsson, finlandese, era già un caro amico, e si avviava a diventare il mio partner preferito sull'Himalaya. Quella sull'Annapurna, nel 2000, fu la nostra sesta spedizione insieme; alla fine, in coppia avremmo totalizzato non meno di undici scalate sugli ottomila.

La mia corsa era cominciata esattamente tredici anni prima, con la fallita conquista dell'Everest (1987). Ero alla ventitreesima spedizione su un ottomila, e ne avevo già scalati dieci su quattordici, senza l'ausilio di ossigeno artificiale. Nel 1994 avevo deciso di provare a raggiungere tutte e quattordici le vette, un obiettivo che inizialmente mi era parso al di là della mia portata, e dei miei mezzi. Potendo contare finalmente sul sostegno degli sponsor e su un pizzico di notorietà, avevo la possibilità di dedicarmi anima e corpo all'Endeavor 8000, la mia campagna. Il fatto di diventare il primo americano a portare a termine una simile impresa aveva un'importanza solo secondaria: per me si trattò fin dall'inizio di una sfida personale. Volevo mettere alla prova la mia abilità e la mia resistenza, confrontandomi con le montagne più alte – e, spesso, più ardue – della Terra.

Quella primavera avevo quarant'anni. Sono sempre stato un alpinista prudente, ma nel 2000 avevo qualche motivo in più per essere cauto. Vent'anni prima, quando avevo affrontato i primi ottomila, ero single, e pertanto non ero gravato da responsabilità e impegni. Ero concentrato solo sulle mie scalate, e sulla necessità di mantenermi. Nel 2000, però, ero già sposato con Paula, di cui mi ero innamorato sei anni prima e che nel frattempo mi aveva dato Gil, il nostro primogenito di due anni. Non solo: quando partii alla volta dell'Annapurna, Paula era incinta di sei mesi: il 25 giugno sarebbe nata Ella.

Naturalmente, il pensiero della spedizione la preoccupava, e io stesso mi rendevo conto che i pericoli a cui mi sarei esposto non riguardavano più solo me. Paula vedeva con quanta diligenza mi addestrassi e mi preparassi a ogni spedizione, e sapeva che sarei sempre stato prudente; quando si tratta di un ottomila, però, non si può eliminare del tutto il fattore «rischio». In quell'occasione, portai con me un telefono satellitare, con la promessa di chiamarla ogni volta che avessi potuto.

La scelta dei miei compagni fu tutt'altro che casuale. Veikka era il favorito, essendo il mio partner abituale; insieme stabilimmo che, per l'assalto all'Annapurna, fosse preferibile formare un team di quattro persone. Michael e Neal, come me, avevano moglie e figli, e come Veikka erano scalatori maturi ed esperti: la loro capacità di giudizio ci avrebbe tenuti lontani da situazioni pericolose. Michael, che avrebbe compiuto quarantotto anni durante la spedizione, aveva quasi dieci anni più di me. Come scrissi nel mio diario, il 30 marzo (il giorno del nostro arrivo in Nepal): «Sono eccitatissimo all'idea di cimentarmi con l'Annapurna. Ma sarò estremamente cauto durante l'ascensione. So che siamo tutti e quattro molto prudenti, e che eviteremo di correre rischi inaccettabili».

Il quartetto avrebbe potuto contare sul prezioso supporto di Dorje, un Tamang della regione del Makaulu, che aveva già accompagnato me e Veikka in altre spedizioni, aiutandoci con le questioni logistiche e con la cucina al campo base. Avendo ridotto l'attrezzatura al minimo, tuttavia, e non avendo bombole d'ossigeno da trasportare, non avremmo arruolato altri sherpa.

Acquistate le provviste a Kathmandu, e assunti quarantaquattro portatori, affrontammo un arduo viaggio di dieci ore in autobus fino alla città collinare di Beni, situata a soli quaranta chilometri in linea d'aria dall'Annapurna; in realtà, la distanza che avremmo dovuto percorrere a piedi era decisamente maggiore. Beni è un avamposto squallido e deprimente, «un ritrovo per autotrasportatori al termine della strada carreggiabile. Un'autentica discarica» come scrissi nel mio diario, «fangosa e trascurata. Il servizio è pessimo, il cibo uno schifo». Da lì imboccammo il sentiero diretto a nord, lungo le sponde del grande Kali Gandaki. Lasciataci alle spalle Beni, attraversammo una serie di villaggi graziosi e puliti: Tatopani, Dana, Kabre, Ghasa, fino a Lete. Rimasi sorpreso dal livello degli alloggi per turisti costruiti negli ultimi decenni, man mano che i lunghi percorsi da trekking nella regione dell'Annapurna si sono guadagnati la fama di essere tra i migliori al mondo. Ricordo, per esempio, che a Tatopani facemmo colazione con girelle alla cannella, uova, patate e bistecca. Vendevano persino la birra.

Giunti a Lete, lasciammo il sentiero principale, attraversammo il Kali Gandaki e ci dirigemmo a est, superando passi e gole, fino a entrare nella profonda valle del Miristi Khola. Il paesaggio è straordinario: bambù e foreste di sempreverdi, pendii ricoperti di rododendri. Ma la traversata è estenuante: si sale fino a un passo a un'altitudine di milleduecento metri, per poi ridiscendere a novecento metri, ancora e ancora. In alcuni punti, i pendii erbosi erano talmente ripidi che la scivolata di uno dei nostri portatori – carichi di scorte e attrezzature – sarebbe potuta risultare fatale. Non sarebbe stato male avere ramponi e piccozza. Per raccogliere un po' di fondi per la spedizione, Veikka aveva portato con sé quattro trekker finlandesi, disposti a sborsare una bella sommetta per il privilegio di raggiungere il campo base con una squadra di «veri» scalatori. E quando ci arrivarono, sei giorni dopo aver lasciato Beni, erano «completamente esausti, quasi distrutti».

Il percorso di avvicinamento al campo base dell'Everest, dal lato del Khumbu, è un sentiero diretto, che ogni anno in primavera viene percorso da centinaia di turisti. Dal versante nord, o tibetano, si può raggiungere il campo base a 5486 metri a bordo di un furgone. Al contrario, il sentiero sul versante nord dell'Annapurna è arduo, non adatto alle persone deboli di cuore o fuori forma, o che comunque hanno paura dell'altezza. Come avrei ammesso in seguito, quel percorso alle pendici dell'Annapurna è di gran lunga il più duro degli approcci ai quattordici ottomila.

Personalmente mi sentivo bene, il continuo saliscendi era un'occasione per acclimatarci e adattarci all'altitudine, in vista della scalata. E tra noi quattro filava tutto liscio. Il vero vantaggio, tuttavia, era il fatto che conoscessi a menadito la storia della via che avremmo seguito. Quasi cinquant'anni prima, una spedizione francese aveva percorso quello stesso sentiero lungo il Kali Gandaki e attraverso la valle del Miristi Khola, dopo aver sprecato un mese a esplorare la montagna vicina, il Dhaulagiri, la sesta vetta del pianeta. Le carte dell'epoca erano così inaccurate che, quando gli scalatori erano finalmente riusciti a farsi un'idea della topografia del luogo, e a stabilire un campo base ai piedi del versante nord, avevano meno di tre settimane per tentare l'ascensione, prima che il monsone estivo decretasse la chiusura dell'intera catena himalayana.

A sedici anni lessi *Annapurna. Il primo 8000* di Maurice Herzog, che non a caso ancora oggi è uno dei libri di alpinismo più venduti. È un classico, e narra una storia emozionante e straziante, trionfante e commovente. Il 3 giugno, Herzog e Louis Lachenal raggiunsero la cima. Non solo fu il primo ottomila a essere conquistato (per l'Everest ci sarebbero voluti altri tre anni), ma fu anche l'unico ad arrendersi alla prima squadra cimentatasi nell'impresa. Nonostante il successo ottenuto, il ritorno a valle si trasformò in una prova disperata. Herzog avrebbe perso tutte le dita di mani e piedi, che gli vennero amputate a causa del congelamento subito durante l'assalto finale, anche se nel suo libro dichiarò (e avrebbe continuato a ripeterlo in seguito) di sentirsi magicamente appagato, grazie alla vittoria della sua squadra. «L'Annapurna verso cui saremmo andati tutti in assoluta povertà è un tesoro sul quale vivremo»: così si legge all'ultima pagina.* Quel testo mi ispirò più di qualunque altro libro d'avventura, e da ragazzino ero un avido lettore di racconti di spedizioni sulle montagne e ai poli. Fu, per me, l'unica vera spinta verso la carriera di alpinista. I sei principali scalatori francesi – Herzog, il capospedizione; Lachenal, Lionel Terray e Gaston Rébuffat, guide di Chamonix di grande esperienza; e i due membri «giovani», Marcel Schatz e Jean Couzy – erano i miei eroi. No, definirli tali sarebbe riduttivo: erano leggende, nel mio universo immaginario.

Nel 2000, durante la marcia di avvicinamento, giorno dopo giorno mi rendevo conto di seguire le orme di quei pionieri, e restavo impressionato dalla sconsideratezza con cui avevano risolto gli enigmi posti da quell'approccio infido, soprattutto sapendo che non potevano contare su carte affidabili, e che avevano dovuto fare i conti con il monsone che minacciava di arrivare in anticipo. Tuttavia, per quanto euforico fossi all'idea di ripercorrere la via tracciata dai francesi, portavo sulle spalle un pesante fardello di apprensione. Addirittura, sentivo un retrogusto di paura in fondo alla gola. Ormai era risaputo: l'Annapurna era una delle montagne più pericolose della Terra. Per ogni tre scalatori che giungevano in vetta, ne moriva uno. In base alle statistiche, era il più mortale tra gli ottomila, addirittura più pericoloso del K2.

Non era un caso che da più di un decennio rimandassi quell'ascensione. Solo dopo il 1994, anno in cui decisi di tentare la conquista dei quattordici giganti, comparve sul mio schermo radar quale obiettivo futuro. Sapevo di non poter rimandare all'infinito, ma volevo avere all'attivo un bel bagaglio di esperienza prima di tentare. Buona parte della sfida

* Tutte le citazioni di Maurice Herzog sono tratte da *Annapurna. Il primo 8000*, Corbaccio, Milano 1994. (*N.d.T.*)

consisteva nel verificare se avrei retto il confronto con i brillanti alpinisti francesi. Decidemmo di seguire la via aperta dalla spedizione del 1950, che attraversa in diagonale un enorme anfiteatro di neve e ghiaccio, sotto la costante minaccia di valanghe e seracchi malfermi, prima di giungere sulla massiccia parete ghiacciata – la Falce, come la chiamarono Herzog e compagni – che costituisce la sommità dell'intera facciata. Ma quant'era pericolosa? E quali condizioni avremmo trovato quella primavera?

Tra il 1951 e il 1999, sette spedizioni avevano ripercorso con successo la via francese, ma altre tredici avevano fallito. E in quello stesso lasso di tempo non meno di dieci validi scalatori avevano trovato la morte lì e sulla variante nota come Cresta Olandese, più a est. C'erano stati anni (il 1990 e il 1997, per esempio) in cui nessuno era riuscito a giungere in vetta, nonostante la presenza di diverse squadre forti e preparate, che si trovarono a convergere sui fianchi della montagna. Sull'Everest, invece, nulla di tutto ciò accadde dal 1974.

L'8 aprile, Neal, Michael, Veikka e io raggiungemmo il campo base, una zona piatta su una morena laterale, a 4115 metri, dove trovammo addirittura qualche ciuffo d'erba che spuntava tra le rocce. Altri quattromila metri di montagna svettavano sopra di noi. Durante i giorni successivi, mentre osservavamo e studiavamo la parte superiore della parete, giungemmo silenziosamente a una conclusione unanime: sarebbe stata una scalata dura e spaventosa.

Il mio primo libro, *In vetta senza scorciatoie*, è un memoir della mia conquista dei quattordici ottomila senza l'ausilio di ossigeno artificiale. Ho impiegato diciotto anni per portare a termine l'Endeavor 8000, e mi ci sono volute ben trenta spedizioni. Il climax è la mia battaglia di cinque anni con l'Annapurna, che in preda allo sconforto cominciai a considerare la mia nemesi personale. Dovetti tornarci per ben tre volte, ripercorrendo la via aperta con tanta audacia (anche se a caro prezzo) dai francesi cinquant'anni prima. Nel corso dei primi due tentativi, la temibile montagna si era rivelata tanto insidiosa da indurmi a credere che non sarei mai riuscito a scalarla rispettando i limiti imposti dal mio buonsenso. Per questo avevo ventilato l'ipotesi di chiudere la lista a tredici, come dissi ad amici e sponsor.

Nel mio secondo libro, *K2. La montagna più pericolosa della Terra*, ho focalizzato l'attenzione sulla seconda vetta del pianeta: bella, formidabile e straordinariamente ardua, al punto che avevo cominciato a considerarla il Sacro Graal dell'alpinismo. L'anno in cui l'affrontai per la prima volta, il 1992, segnò una svolta cruciale nella mia vita. Da allora coltivai l'ambizioso progetto Endeavor 8000. Ma fu anche l'esperienza che più di tutte mi portò a un passo dalla morte. Ancora oggi ripenso a quel 16 agosto (quando lanciai l'assalto alla vetta con Charley Mace e Scott Fischer, nonostante la minaccia di una tempesta furiosa) come all'unico grande errore nella mia carriera di alpinista. Fu la sola occasione in cui non ascoltai quella vocina nella mia testa, che mi metteva in guardia da ciò che sarebbe potuto accadere. Fu l'unica volta in cui violai le mie ferree regole sui rischi accettabili.

L'impulso a scrivere *K2* fu il disastro del 2008, una delle tragedie peggiori nella storia delle avventure sulle grandi catene montuose: nel giro di trentasei ore, persero la vita undici scalatori di diverse nazionalità. Un capitolo, tuttavia, è dedicato alla mia ascensione del 1992. L'intenzione non era quella di riprendere un episodio già narrato nel libro precedente; gli anni successivi, infatti, mi avevano permesso di giudicare quella scalata cruciale da una prospettiva del tutto nuova, più illuminata. Tra l'altro, ripresi tra le mani il mio diario della spedizione, certo che un'abbondanza di citazioni avrebbe reso più crudo – ma più fedele – il resoconto dell'ottovolante di emozioni che provai durante quella lunga estate nel Karakorum. Per il resto, ho voluto dedicare un capitolo a ciascuna di quelle che considero le sei principali stagioni nella storia del K2, e alle lezioni che ci hanno lasciato.

Buona parte di *In vetta senza scorciatoie* si concentra sulla mia lotta per conquistare l'Annapurna. In questo libro, di nuovo, non intendo riciclare quanto scrissi cinque anni fa, poco dopo essere finalmente riuscito nell'impresa. E, anche in questo caso, il tempo mi permette di considerare quelle tre spedizioni sotto una luce del tutto diversa. Ho riletto i tre diari che compilai nel 2000, nel 2002 e nel 2005, e intendo citarli molto più ampiamente di quanto non abbia fatto nel mio primo libro.

Come in *K2*, oltre a narrare le mie avventure personali sull'Annapurna, prenderò in considerazione alcune tra le imprese più memorabili che hanno avuto luogo su questa temibile montagna, partendo proprio dalla prima ascensione di Herzog e compagni. La storia dell'Annapurna, tuttavia, differisce per molti aspetti da quella della seconda vetta del pianeta. Il passato del K2 è segnato principalmente da controversie e catastrofi: non esiste una relazione chiara tra successo (inteso come conquista della vetta) e coraggio e lealtà tra gli scalatori. Nel 1953, la spedizione americana non riuscì a superare quota 7833 metri, dopo che Art Gilkey fu colpito da tromboflebite. Abbandonata ogni speranza di raggiungere la cima, i suoi compagni tentarono disperatamente di riportarlo a valle, immobilizzandolo su una lettiga improvvisata, e per poco quello sforzo non costò la vita a tutti loro. Dal mio punto di vista non si trattò affatto di un fallimento, bensì di un trionfo nella storia dell'alpinismo: un trionfo da parte di quella che il capospedizione, Charlie Houston, chiamò la «fratellanza della corda».

Viceversa, l'anno seguente una massiccia spedizione italiana riuscì a far arrivare due alpinisti sulla cima, rivendicando la prima ascensione. Ma la squadra fu tormentata da dissensi, rivalità e accuse di negligenza criminale, al punto che i cinquant'anni successivi a quell'impresa straordinaria videro una successione di accuse e processi, che portarono irreparabilmente alla rottura di solide amicizie. È difficile pensare a un esempio più squallido e triste di «successo», su una delle montagne più imponenti del pianeta.

In *K2* ho tentato di selezionare le lezioni apprese dalle sei campagne più interessanti, analizzando gli errori commessi dalle varie squadre, e i brillanti esempi di sacrificio, lavoro di squadra ed eroismo.

Fatto curioso, per quanto l'Annapurna sia una montagna estremamente pericolosa, la sua storia è punteggiata soprattutto di ascensioni audaci e innovative, realizzate da alpinisti visionari. Ed è proprio su tali gesta che intendo focalizzarmi.

Ho sempre creduto che quanto si impara in montagna trova applicazione in ogni campo della vita quotidiana. Meditare su ciò che l'Annapurna ha significato per me mi ha spinto a riflessioni nuove e approfondite. Fu un impegno non indifferente tornare lassù per la terza volta, soprattutto quando ormai mi ero convinto che non esistesse alcuna via sicura (e questo è un altro degli aspetti che rende questa montagna unica tra gli ottomila). Credo fermamente nel valore della dedizione, senza la quale, probabilmente, non sarei mai riuscito a conquistare i quattordici giganti. Ma sono consapevole della facilità con cui questa passione può trasformarsi in *ossessione*.

Il mio partner nel 2002, Jean-Christophe Lafaille, scalatore francese dal talento incredibile, condusse la sua battaglia personale con l'Annapurna per ben dieci anni. Imperturbabile, parlava di «ossessione» a proposito della montagna. Addirittura, intitolò il suo memoir *Prigioniero dell'Annapurna*.

La conquista della vetta fu, per usare le sue parole, una «vendetta» nei confronti del massiccio che aveva ucciso il suo mentore, Pierre Béghin, durante il primo tentativo del 1992.

Ho scelto di costruire questo libro intorno alla dicotomia tra dedizione e ossessione nelle imprese degli antagonisti più capaci e coraggiosi dell'Annapurna. Ma si tratta davvero di una dicotomia? Non sono, invece, gli estremi di un continuum? Non è mia intenzione proporre una distinzione semplicistica e sostenere che la dedizione sia positiva, necessaria e sostenibile (nella vita come sull'Himalaya), mentre l'ossessione è negativa, pericolosa e quasi certamente inaccettabile.

La questione è più complessa e sottile, soprattutto in montagna, e suscita una serie di domande che gli scalatori – curiosamente – non sanno affrontare. La paura è una componente inevitabile nel gioco dell'alpinismo; inevitabile e utile. Come la sofferenza, è presente nei nostri stessi geni, e ci aiuta a sopravvivere. Per quanto uno scalatore o una scalatrice possano diventare abili ed esperti, non riusciranno mai a bandire completamente la paura. Farlo significherebbe andare in cerca di guai. Ma un timore irrazionale, o fuori controllo, può trasformare un alpinista in un ammasso (e in un impiccio) tremante, nel bel mezzo di una scalata. Come si doma il terrore, lassù? Esiste un modo per tramutarlo in una guida per il giudizio, da cui dipende la nostra vita? Come possiamo capire se la paura ci sta spingendo a prendere la decisione giusta? Ciascuno di noi teme di rinunciare con troppa facilità, di scoraggiarsi fino a gettare la spugna e tornare a casa. Ma l'opposto della paura non consiste semplicemente nel coraggio, nel «fegato» o nell'audacia. Piuttosto, significa entrare in quello stato di euforia che di rado sperimentiamo nel corso della vita, in cui ci spingiamo ai limiti delle nostre capacità, in situazioni in cui il più piccolo errore potrebbe avere conseguenze disastrose o fatali.

Accanto a dedizione e paura ci sono poi le infinite sfumature tra realizzazione e... qual è il suo contrario? Delusione? Frustrazione? Vuoto?

Una scalata trionfale può diventare una delle esperienze più appaganti della vita, a cui tuttavia può seguire un senso di profondo disappunto, e persino uno stato di anomia: *E adesso?* viene da chiedersi. *Che cosa faccio?* Maurice Herzog fu immensamente soddisfatto della sua conquista, nonostante le ben note conseguenze fisiche. Ma il compagno, Louis Lachenal, che come lui perse le dita dei piedi, non si sentì affatto appagato. Al contrario, si convinse di essere stato tradito, derubato della grazia e dell'abilità leggendarie per le quali era famoso. Come si spiega una differenza tanto radicale nel temperamento di due uomini? Esiste, nella vita come nell'alpinismo, una formula magica verso la realizzazione? Una panacea per quel senso di vuoto?

Quali sono le ricompense realmente durature dell'alpinismo, o di qualunque altra impresa alimentata dalla passione? Dov'è il punto d'equilibrio fra trionfo e fallimento? Sono tutte domande che mi pongo ogni giorno, a cinque anni dalla conclusione dell'Endeavor 8000. Quale significato ha avuto nella mia vita? Che cosa verrà, dopo?

Tra i personaggi che popolano queste pagine, noterete una notevole diversità di caratteri e personalità, e quindi molte risposte differenti a queste domande. Si potrebbero contrapporre fra loro alcuni dei grandi eroi della montagna: Herzog, romantico patriota, contro Lachenal, concreto e pacifista; Tom Frost, credente devoto e ottimista, contro Don Whillans, l'oscuro fatalista; lo stoico Jerzy Kukuczka, sempre pronto a minimizzare le sue gesta, contro il mistico Reinhold Messner, incline a parlare di sé in termini eroici; Erhard Loretan, astuto, brillante e persino modesto, contro il solenne Benoît Chamoux, influenzato dai media... Alcuni sono compagni (Herzog e Lachenal, Frost e Whillans), altri acerrimi rivali (Kukuczka e Messner, Loretan e Chamoux). E poi ci furono altri magnifici scalatori che raccolsero le sfide più dure poste dall'Annapurna, e che nella storia della montagna occupano una posizione curiosamente isolata: per esempio, il russo Anatolij Bukreev, che per la scarsa padronanza dell'inglese apparve come un superscalatore ossessivo e ottuso, e non come il poeta profondo che sarebbe emerso dai saggi e dai diari tradotti dopo la sua morte. A tal riguardo, J.-C. Lafaille e io diventammo ottimi amici, durante le tre spedizioni insieme sugli ottomila, nonostante io non parlassi francese, e il suo inglese fosse vago e impreciso. Ma in qualche modo riuscimmo a discutere a lungo sulla montagna, sulla famiglia e sulla vita, e mi sentivo onorato per le sue confidenze. Pure, il nostro approccio alle grandi vette era diverso, soprattutto in relazione ai rischi che ognuno considerava accettabili. Sette anni dopo l'ultima conquista che ci ha visto l'uno accanto all'altro, continuo a interrogarmi sulle differenze che alla fine ci hanno spinto a prendere strade diverse, sull'Himalaya e nella vita.

L'8 aprile, dal campo base, chiamai finalmente Paula con il telefono satellitare. Capii subito che avrei dovuto farlo prima, perché la sentii irritata. Come scrissi nel mio diario: «Avrei dovuto fare quella telefonata giorni prima, ma non l'ho fatto. Ho pensato di aspettare finché non fossimo arrivati qui... ma Paula era nervosa, comprensibilmente. Le ho chiesto scusa, ma non sono affatto sicuro che sia servito a qualcosa». Tuttavia, pochi minuti dopo era tornato il sereno. «È stato fantastico sentire la sua voce, parlare con lei, raccontarci le novità» aggiunsi. «Gil dormiva, quindi richiamerò stasera, quando là sarà mattina.»

Quella piccola impasse dimostrava la complessità della mia professione, ora che ero un marito e un padre. Ogni volta che partivo per una spedizione, provavo un lieve senso di colpa. Diavolo, pensavo, appena metto piede fuori di casa, aumenta la mole di lavoro di Paula. Avrà tutto sulle sue spalle.

E non era solo una questione di logistica domestica. Nel 2000, sull'Annapurna, sentii terribilmente la mancanza di Paula e Gil. Ma tra i miei principi fondamentali c'era anche questo: mai abbreviare una spedizione e abbandonarsi a sentimenti simili, mai interrompere una scalata per arrivare a casa prima. Ho sempre messo il massimo impegno in tutto quello che ho intrapreso, e Paula mi ha sempre sostenuto. «Vai, fa' quello che hai bisogno di fare.» Il modo in cui mi ha dato la sua approvazione, dall'inizio alla fine, è stato fondamentale per il successo dell'Endeavor 8000.

Tuttavia non averla chiamata quando avevo promesso di farlo fu un errore che la ferì profondamente. Sono stato accusato di incolpare sempre me stesso quando qualcosa va storto, ma in quel caso fui l'unico responsabile: dal 1° all'8 aprile non mi ero fatto sentire. Restare in contatto era importante tanto per me quanto per lei, e la recente introduzione dei piccoli telefoni satellitari aveva reso possibile comunicare anche con gli angoli più remoti e selvaggi della Terra. Ma usarli non era sempre semplice: occorreva trovare il momento giusto per prendersi una pausa durante una dura giornata trascorsa a camminare o ad arrampicare, e trovarsi in un punto in cui il segnale fosse buono. Come se non bastasse, dodici ore di fuso orario mi separavano da Paula.

Il 10 aprile i quattro escursionisti di Veikka si misero in marcia per tornare indietro. «Se ne sono andati... yahoo!» scrissi nel mio diario. «Abbiamo il nostro spazio.» Lo so, suona un po' crudele, ma consideriamo la cosa nel giusto contesto. I quattro finlandesi erano persone piacevolissime, ma, dovendo badare a loro, Veikka era costantemente distratto. Finché rimasero al campo base, dovemmo consumare i nostri pasti insieme a loro e, in un certo senso, intrattenerli. Personalmente, durante una spedizione preferisco avere intorno solo i miei compagni, senza estranei o persone superflue, così da potermi concentrare sul compito che ho davanti. È questo il motivo per cui non ho mai cercato escursionisti disposti a pagare per raggiungere il campo base; nemmeno all'inizio della mia carriera, quando riuscivo a racimolare a malapena il denaro necessario per partire alla volta di un ottomila.

Dedicammo i primi giorni a studiare attentamente la montagna, e a pianificare i vari passi che ci avrebbero portato al campo I. Il versante che avevamo scelto è completamente ghiacciato, e così complesso che occorre piazzare un primo campo per riuscire a vedere per intero la parete nord. Il tragitto al di sopra del campo base non presenta difficoltà tecniche, ma è segnato da crepacci e minacciato da strapiombi e pendii minori soggetti a valanghe, che non possono nemmeno considerarsi parte della montagna. Per evitare il ghiacciaio interrotto, decidemmo di traversare sulle lastre di roccia a sinistra, seguendo un percorso che ci avrebbe portato al campo I. «Roba spaventosa e instabile» scrissi. «Cenge, gole. Tratti difficili che abbiamo attrezzato [con corde] mentre salivamo. Alcuni punti molto esposti, ma la roccia offriva solidi punti d'appoggio.» Nonostante i carichi non indifferenti, riuscimmo ad attraversare i lastroni senza problemi, indossando semplici scarpe da trekking.

Eravamo su di giri, quei primi giorni, e io mantenni il mio ottimismo. Entro il 10 aprile avevamo portato buona parte dell'attrezzatura al campo I. Avevo sentito tanti racconti negativi sull'Annapurna, e sui pericoli posti anche dalla via francese, ma continuavo a pensare che forse quel picco formidabile non si sarebbe rivelato così arduo.

Pure, lentamente, nella squadra cominciarono a insinuarsi i primi dubbi. L'11 aprile, ad appena tre giorni dal nostro arrivo al campo base, l'umore generale cambiò.

Nuvole e vento da N/NE, questa mattina – ci siamo spaventati, come se il tempo fosse cambiato. A colazione sembravamo tutti incerti, riguardo all'ipotesi di andare su. Fuori dalla tenda, ci siamo guardati intorno, ma nessuno si è mosso. Ho suggerito di prenderci un giorno di riposo, e tutti si sono detti subito d'accordo.

Di per sé, questa indecisione non significava granché. Dopo l'ardua camminata di avvicinamento e quei nove giorni di attività frenetica, avevamo bisogno di una pausa. Nessuno, quella mattina, era realmente motivato. Così, pensammo di fermarci per un po'.

In seguito, mentre trasportavamo attrezzature e scorte dal campo base al campo I, una valanga cadde tra me e Veikka. Non si era nemmeno staccata dall'Annapurna, ma dalla cresta sussidiaria di uno sperone senza nome lungo il tragitto. Ci mettemmo a correre a perdifiato sulle lastre di roccia in pendenza: «Abbiamo corso i cento metri» scrissi nel mio diario. Ci nascondemmo dietro un enorme masso, mentre i detriti ci sfrecciavano accanto con un rimbombo assordante. A un'altitudine simile, «correre» diventa un esercizio anaerobico. Impiegammo quindici minuti solo per riprendere fiato. Non direi che arrivammo a vedere la morte in faccia, ma di sicuro fu un'esperienza sconvolgente. Se il rischio oggettivo di valanghe ci terrorizzava già ai piedi della montagna, che cosa ci saremmo dovuti aspettare sulla parete nord?

A parte noi, in quel momento sul versante era presente solo una squadra spagnola, giunta a commemorare il cinquantenario della prima ascensione. Fin dall'inizio non mi parvero scalatori molto ambiziosi, o particolarmente esperti. Diversi giorni dopo scrissi: «Abbiamo conosciuto gli spagnoli. Non hanno l'aria di essere molto risoluti, ma probabilmente ci seguiranno». Al campo base fummo raggiunti da una terza squadra, composta da guide francesi; come gli spagnoli, erano lì per celebrare il cinquantesimo anniversario della straordinaria impresa compiuta dai loro connazionali. Erano alpinisti di prim'ordine, che si dimostrarono perfettamente organizzati fin dall'inizio. Com'era mia abitudine, mi presi il tempo di far visita ai colleghi con i miei compagni, per coordinare gli sforzi sulla montagna e, soprattutto, per socializzare. Gli scambi di cibo risultarono a nostro favore, visto che rimediammo carni e formaggi squisiti in cambio di patatine e cioccolato.

Il 12 aprile il nostro quartetto si era stabilito al campo I, con tende, corde fisse, attrezzatura e viveri per dieci giorni. Ero ancora ottimista. L'indomani cominciammo finalmente a salire e ad aprire una via per trovare un luogo sicuro per il campo II.

«Ho dormito bene» annotai, «ma sono stato svegliato due volte dal rombo di una valanga, e trenta secondi dopo le tende sono state investite da raffiche di vento e neve ghiacciata. È stato terrificante, ma il campo è molto sicuro.»

Terrificante e *sicuro*. Due aggettivi che riassumono l'esperienza che vivemmo la settimana successiva, durante la quale ci trovammo a vacillare costantemente tra quei due opposti. Il 13 aprile trovammo un luogo adatto a ospitare il campo II, dove l'indomani piantammo le tende al riparo di una piccola parete di ghiaccio, al di sopra della quale il pendio era segnato da enormi crepacci che si spalancavano come fauci. Pensammo che i detriti precipitati dalle zone più alte sarebbero stati risucchiati da quelle fessure, invece di riversarsi oltre la parete che ci proteggeva. Tuttavia eravamo ad appena 5608 metri. Ne mancavano oltre 2400 alla vetta, e dovevamo incontrare ancora le difficoltà *vere*.

Il 15 aprile restammo al campo II, per acclimatarci e per lasciar passare la bufera di neve che si era scatenata quella mattina. Il campo era molto spartano: Veikka e io nella nostra tenda minuscola, Neal e Michael nella loro. Nel corso delle ultime spedizioni che avevamo affrontato insieme, io e il mio partner finlandese avevamo deciso di rinunciare a due sacchi piuma separati, preferendo una trapunta di piuma disegnata dal sottoscritto. Lo spazio all'interno della tenda era estremamente ridotto: eravamo costretti a metterci «a cucchiaio», quindi perché non sfruttare il calore corporeo? Se sei completamente vestito, l'effetto isolante della trapunta ti mantiene al caldo. Il kit da cucina consisteva in un fornelletto a propano, qualche bombola, una sola pentola per sciogliere la neve e bollire l'acqua, una scodella e un cucchiaio a testa. Anche i passatempi erano ridotti al minimo: nel mio zaino avevo parte di un libro in edizione economica e, via via che leggevo qualche pagina, la strappavo per passarla a Veikka.

E i pasti erano altrettanto frugali. Per esperienza sapevamo che cosa avremmo voluto mangiare, e quanto poco cibo avremmo dovuto portare con noi. In generale, l'appetito diminuisce con l'altitudine. Insieme, avevamo messo a punto un menu standard: a colazione, un paio di tazze di caffè e una manciata di muesli con un po' di latte in polvere. Riempivamo le borracce di tè zuccherato da bere durante la giornata. Durante l'arrampicata, anziché fermarci per un vero pasto, consumavamo barrette o gel energetici. La sera, in tenda, sgranocchiavamo frutta secca, noci, cracker, formaggio e carne essiccata. La cena consisteva in una scodella di minestra seguita da un piatto surgelato che ci dividevamo, da qualche biscotto e una bevanda calda. Tra i cibi surgelati, prediligevamo quelli piccanti e speziati: mentre mangiavamo, anche ad alta quota cominciavamo a sudare ed eravamo costretti a toglierci strati di vestiti. Immaginavo fosse un bel vantaggio infilarsi nel sacco piuma con il corpo infiammato dal peperoncino piccante. Ma a quelle altitudini, con l'aria fredda e secca, mantenersi idratati è una battaglia costante, e la mattina seguente, e di nuovo la sera, impiegavamo ore a sciogliere abbastanza neve per calmare la sete. Certe volte lo sforzo era così estenuante che saltavamo la cena. Oltre a quanto ho già elencato, le nostre scorte prevedevano: un kit di riparazione, composto da filo metallico, nastro adesivo, corda e il necessario per cucire. Due cassette di pronto soccorso: la mia era ben fornita, mentre quella di Veikka si riduceva a un cerotto e a due compresse di aspirina. Quanto all'igiene personale, ciascuno di noi aveva spazzolino, dentifricio, carta igienica e qualche salviettina detergente.

Il tempo si mantenne bello per tutta la settimana successiva, ma i nostri dubbi aumentavano costantemente. Avevamo la sensazione che qualcosa non andasse per il verso giusto. Eravamo solo ad aprile, ma la temperatura era davvero mite. Sembrava quasi che la montagna si stesse sciogliendo sgretolandosi sopra di noi. Ogni giorno vedevamo enormi valanghe precipitare lungo il versante nord, e certe notti venivamo svegliati di soprassalto da grosse slavine che s'infrangevano alla base. Non eravamo ancora del tutto convinti di ripercorrere le orme di Herzog, e studiammo a lungo e con estrema attenzione la Cresta Olandese, una via apparentemente più sicura più a est, tracciata da un olandese accompagnato da uno sherpa nel 1977. La cresta seguiva uno sperone sporgente di ghiaccio, neve e roccia, evitando la Falce, l'enorme parete ghiacciata che incombe sulla via francese. Ma per arrivarci avremmo dovuto traversare l'altopiano che fungeva da bacino di raccolta per molte delle grosse valanghe provenienti dalla parete nord e dalla Falce, più su. Quante volte saremmo stati disposti a percorrere avanti e indietro quel pendio così pericoloso? E saremmo riusciti a correre via da una valanga, carichi com'eravamo? Probabilmente non saremmo stati abbastanza veloci.

Poi, un giorno, mentre scrutava la montagna con il binocolo, Neal individuò un gigantesco pilastro di ghiaccio staccato, che svettava in equilibrio precario sopra la cresta. Alto quanto un grande palazzo, sembrava pronto a franare da un momento all'altro. Dunque, per quella stagione la via olandese non sarebbe stata percorribile.

Il 16 aprile, dopo essere saliti tutti e quattro a un punto più elevato, e dopo che io ebbi studiato la parete superiore da un buon punto d'osservazione al di sopra del campo II, scrissi: «Non esiste un accesso sicuro a nessuna delle vie "normali", tutte minacciate da una serie di pareti ghiacciate. I rischi sono troppo elevati, e renderebbero ingiustificato qualunque tentativo». Tutti d'accordo, decidemmo di smantellare il campo II e di scendere al campo I, dove avremmo lasciato l'attrezzatura, per poi proseguire fino al campo base e valutare nuovamente le nostre opzioni.

Tutti i nostri scrupoli e la nostra inquietudine riguardo alla parete nord mi confondevano, e mi rendevano alquanto frustrato. Sapevo che, dal 1950, otto spedizioni avevano percorso la via francese fino alla vetta. Ma, eccezion fatta per l'impresa compiuta dai pionieri francesi, non sapevo praticamente nulla degli scalatori che avevano replicato quel successo, e non per negligenza: semplicemente, i loro resoconti (in russo, cinese e coreano, per citare tre lingue tra le tante), erano quasi irreperibili. A quel punto, cominciai a chiedermi se avessero semplicemente accettato livelli di rischio più alti, rispetto a quanto eravamo disposti a fare noi. O se, in quelle stagioni, le condizioni fossero state sostanzialmente migliori. Quando si leggono per la prima volta le pagine in cui Herzog narrò la sua impetuosa ascensione, non si intuisce che, nel maggio del 1950, i francesi arrampicarono tra valanghe e slavine. Ma nel 2000 avevo letto e riletto quel libro un'infinità di volte, e mi ero reso conto dei gravi rischi che avevano corso. Comunque, cominciai a chiedermi se quella primavera non fosse destinata a rivelarsi una pessima stagione per chi avesse voluto tentare la scalata all'Annapurna.

Eravamo sottoposti a una tensione costante. Da parte mia cercavo di assaporare i momenti buoni, come il 16 aprile: «Abbiamo festeggiato il quarantottesimo compleanno di Michael con un po' di scotch. Pizza per cena, è stato fantastico». E poi c'erano gli sporadici contatti con casa: «Non vedo l'ora di chiamare Paula e Gil. È bello essere *qui* al sicuro e al caldo, mentre tutt'intorno a noi sta nevicando». Il tempo si era fatto volubile, e dovevamo essere pazienti.

Al campo base avemmo modo di riposarci e di sentirci protetti. Dormivamo molto meglio, senza lo stress continuo dei pericoli che correvamo ad alta quota. Avevamo a disposizione una tenda singola ciascuno, in cui potevamo rifugiarci con i nostri libri e con le cuffie per ascoltare musica. Per i pasti ci radunavamo nella tenda mensa, dove gustavamo le magie di Dorje. Avevamo molto più appetito, a quell'altitudine. A colazione c'erano vero caffè alla francese pressato, uova, patate e pane tostato; a pranzo insalata fresca, tonno e pasta; a cena lenticchie e riso del posto, un piatto di pasta diverso o, di tanto in tanto, la «pizza di tutto un po'» di Dorje, con cavolfiori, prosciutto, piselli, patate a fette, cipolle e una montagna di formaggio di yak, dal sapore piccante.

Perlopiù, passavamo il tempo chiacchierando o giocando a carte. Il campo base, inoltre, era il punto in cui esaminavamo i nostri tesori personali. Prima di ogni spedizione, Paula mi scriveva una magnifica cartolina, che leggevo in volo e tenevo in tasca durante l'ascensione. Avevo anche una selezione di foto di famiglia e un sacchettino contenente dei ninnoli portafortuna da cui non mi separavo mai. Le mogli di Neal e Michael avevano nascosto dei «pacchetti d'amore» nei loro zaini, che i miei due compagni scoprirono solo al campo base: all'interno c'erano degli autentici tesori, foto di famiglia, riviste, merendine e caramelle prelibate. La moglie di Neal aveva incluso anche una copia del numero di «Sports Illustrated» dedicato ai costumi da bagno, completo di occhiali 3D! Quante risate!

Dopo due giorni decidemmo di risalire al campo I, e di scovare vie alternative a quella francese. «Saremo estremamente prudenti» appuntai il 19, quasi volessi convincere me stesso che non eravamo dei fifoni smidollati. «Ho dedicato un po' di tempo a osservare la parete, ma non sono giunto a nessuna conclusione. Ho proposto di studiare la montagna per il resto della giornata, senza salire più in alto. Si sono detti tutti d'accordo. Per tutto il giorno ho visto valanghe spaventose.»

Il 20 aprile lasciammo di nuovo il campo I, e puntammo verso una linea a sinistra della parete nord vera e propria. Se fossimo riusciti a seguire quella via, forse più sicura, avremmo dovuto traversare la cima orientale e quella centrale dell'Annapurna, entrambe oltre i 7600 metri, solo per guadagnare quella principale. Stavamo arrampicando ormai da diverse ore, e Michael era in testa, quando d'un tratto si fermò. «Non mi piace quello che vedo» disse. Ci scambiammo un'occhiata, e alla fine fummo d'accordo. Ci girammo e tornammo giù. Quel pomeriggio, al campo l'umore non era dei migliori. «A quanto pare, abbiamo considerato tutte le opzioni a nostra disposizione» scrissi. «A questo punto, non so che fare. Non c'è niente che vada per il verso il giusto.»

Alle diciassette di quello stesso giorno avevamo deciso di rinunciare. «I rischi sono troppo elevati, anche per tentare di avanzare per poi ridiscendere al campo II. Quindi, domani cominceremo a riportare la nostra roba al campo base.» Ma dovevo pensare razionalmente all'idea di mollare tutto. «So che è la decisione giusta... non dobbiamo rimetterci in quella situazione. Non abbiamo mai messo in pericolo le nostre vite, ed è questo che dobbiamo tenere presente... questa montagna presenta troppi rischi incontrollabili.»

Ma devo ammettere che quella battuta d'arresto fu un duro colpo. Solo in un'altra occasione – quando avevo tentato di scalare l'infida parete Kangshung dell'Everest, nel 1988 – ero stato costretto a fermarmi così in basso. Sembrava quasi che l'Annapurna fosse un muro di mattoni contro cui eravamo andati a sbattere. Eravamo tutti in perfetta forma fisica, ma il nostro ego aveva subito una ferita profonda. Oggi, però, ho imparato ad accettare sconfitte del genere. È sempre la montagna che comanda.

Soltanto Veikka era indeciso sul da farsi. Quella sera suggerì di restare, e magari di unirci a un'altra squadra. Insieme, avremmo potuto avere qualche chance di successo sulla via di Herzog. Pensò addirittura di tentare da solo. Non sono sicuro che stesse realmente considerando quella possibilità... più che altro, stava *pensando* di pensarci.

Era passata da poco la mezzanotte, quando cambiò idea.

C'era la luna piena, quella notte. Avevo difficoltà a prendere sonno, mentre Veikka, accanto a me, era già nel mondo dei sogni. All'improvviso, un rimbombo potente e profondo squassò il silenzio. Uscii per metà dal mio sacco e aprii la zip della tenda. Sopra di me vidi una nuvola enorme di neve e foschia. Una gigantesca valanga stava cadendo lungo la parete nord.

«Veikka!» gridai. «Svegliati, vieni a vedere!» Un attimo dopo aveva già messo la testa fuori. Sotto il bagliore bluastro della luna, quel mostro stava venendo verso di noi. Le dimensioni e la distanza erano tali che sembrava avanzare al rallentatore, divorando qualunque cosa trovasse sul suo cammino. Uno spettacolo che ci ipnotizzò e ci terrorizzò al tempo stesso.

Chiamammo Neal e Micheal, nell'altra tenda. «Preparatevi!» gridai.

Sapevamo di non correre rischi, avendo piazzato il campo I a oltre tre chilometri dalla base della montagna, ma sapevamo anche che una slavina di quella portata avrebbe spinto davanti a sé un autentico uragano di vento e polvere minuta di neve.

Passò un'eternità prima che la parete fosse sgombra, o almeno l'impressione fu questa. All'ultimo minuto, chiusi la zip della tenda e afferrai i paletti, imitato da Veikka e dai nostri due compagni.

Quando la raffica arrivò, non potemmo far altro che tenerci aggrappati alle tende per impedire che venissero spazzate via. Durante l'assalto, Veikka e io ci guardammo, gli occhi sgranati. Finalmente il vento cessò, ma ci vollero parecchi minuti perché la polvere si posasse.

Era la valanga più imponente che avessimo mai visto, e a cui ancora oggi posso paragonare solo quella che vidi precipitare lungo la parete Kangshung dell'Everest nel 1988. L'indomani mattina scoprimmo con orrore che i blocchi di ghiaccio scaraventati più lontano erano finiti ad appena un paio di centinaia di metri dalle nostre tende. La parete era stata interamente investita dalla valanga, che avrebbe trascinato con sé anche noi, se ci fossimo accampati lungo la via francese. Tratti e caratteristiche che avevamo memorizzato durante i dieci giorni precedenti erano scomparsi. Non ricordo chi pronunciò questa frase, ma la sento ancora nelle orecchie: «Dio, ditemi se non abbiamo preso la decisione giusta!».

Quello stesso giorno facemmo i bagagli e scendemmo al campo base, ma prima di partire guardai un'ultima volta la parete; più tardi, quella sera, scrissi: «Non so che cosa sia successo al luogo prescelto per il campo II... ma deve aver riportato seri danni».

Il 25 aprile ci avviammo lungo l'arduo tragitto del ritorno. La nostra andatura era talmente veloce che impiegammo solo tre giorni a raggiungere la città collinare di Jomsom, un avamposto lungo il circuito dell'Annapurna, sede di un piccolo aeroporto, dove ci avvalemmo dell'aiuto di un faccendiere locale – scelto dai nostri agenti a Kathmandu – per rimediare quattro biglietti per la capitale, dove arrivammo il 28.

Alla fine, trascorremmo soltanto diciotto giorni sull'Annapurna, considerando il periodo al campo base come il principio della scalata. Da allora, mi sono sentito rivolgere più volte la stessa domanda: perché non eravamo rimasti fino a maggio? Forse avremmo avuto qualche speranza in più... Quando lasciammo la montagna, mancava oltre un mese all'arrivo del monsone.

La risposta è semplice. Quella primavera, le condizioni non sarebbero mai migliorate tanto da consentirci un'ascensione sicura. Le seraccate non cambiano in modo decisivo in poche settimane, e tutti e quattro sapevamo che l'attività costante della montagna – valanghe, crolli di seracchi, frane rocciose – non sarebbe cessata tanto presto. A sostegno della nostra decisione c'è il fatto che, quella primavera, nessuno riuscì ad arrivare in vetta, nemmeno i fuoriclasse francesi. Nessuno si spinse oltre i 7041 metri, e ancora tremo al pensiero dei rischi che dovette correre chi arrivò a quella pur miserabile altezza.

Quella prima sconfitta non riuscì comunque a trasformare l'Annapurna nella mia nemesi personale. In fondo, già altri ottomila avevano respinto il mio primo assalto: i più recenti erano il Dhaulagiri (1998), il Broad Peak (1997), lo Shishapangma (1993) e l'Everest (1987, 1988). Ero consapevole di poter tentare di nuovo: al mio ritorno, la montagna sarebbe stata ancora lì.

Ma il muro di mattoni nel quale c'eravamo imbattuti scegliendo di scalare la parete nord, mi avrebbe tormentato per mesi. Il mio pensiero tornava continuamente alla spedizione del 1950. Com'era possibile che i nostri predecessori – che avevano avuto a disposizione attrezzature oltremodo scadenti rispetto alle nostre, che non avevano scalato nessun altro ottomila, e non avevano condotto alcuna esplorazione prima di quell'attacco estremo – avessero risolto tutti i problemi presentati da quella parete, facendo giungere in vetta due uomini prima dell'arrivo del monsone? Forse erano a conoscenza di qualche dettaglio che noi ignoravamo?

Mio Dio, per via della Seconda guerra mondiale nessuno di loro aveva mai partecipato a una spedizione, prima. Tutte le loro scalate erano avvenute sulle Alpi. Forse, la loro ignoranza riguardo all'Himalaya era stata una benedizione. Forse, il vero vantaggio era stato il fatto di *non* sapere molto di quelle montagne.

O, forse, erano davvero dei miti, come io stesso avevo immaginato leggendo *Annapurna* per la prima volta, a sedici anni.

2

Una vita nuova, bellissima s'inizia

Il primo tentativo di scalata a un ottomila risale addirittura al 1895, quando una piccola squadra guidata da A.F. Mummery cercò una via che conducesse in cima al Nanga Parbat, la nona vetta del pianeta (8126 metri). Poiché si erge in posizione piuttosto isolata, a sud della formidabile catena principale del Karakorum, la montagna – oggi in Pakistan, allora nei territori dell'India britannica – sembrava presentare un accesso relativamente semplice. Invece è un nemico arduo, persino infido, e la parete Rupal, rivolta a sud, rivendica a buon diritto la definizione di «precipizio più alto della Terra»: oltre 4500 metri dal ghiacciaio alla sommità.

Mummery era il miglior scalatore inglese dell'epoca. Il modo in cui guidò la scalata della Fessura Mummery all'Aiguille du Grépon, nei pressi di Chamonix, stabilì un nuovo standard di eccellenza e audacia sulle Alpi. Tuttavia, come altri esploratori vittoriani e edoardiani, sottovalutò la portata e i pericoli di Himalaya e Karakorum. Dopo aver condotto un'ardita ricognizione della parete ovest, Mummery partì con appena due portatori gurkha per studiare un eventuale approccio da nord. Nessuno li rivide mai più, e i loro corpi non furono ritrovati. Con ogni probabilità, furono travolti da una valanga.

La conquista del K2 fu tentata per la prima volta nel 1902, e poi di nuovo nel 1909, ma nessuno dei due gruppi riuscì ad andare oltre i 6666 metri. Nel 1938 e nel 1939, due spedizioni americane attaccarono coraggiosamente il fianco sud-est della montagna (la Cresta degli Abruzzi, dal nome del duca che aveva guidato la squadra italiana nel 1909). Ho parlato dettagliatamente di questo tentativo nel mio libro dedicato al K2. Nel 1939 Fritz Wiessner, tedesco americano, e il fedele Sherpa Pasang Lama raggiunsero quota 8382 metri: a separarli dalla vetta c'erano solo 229 metri di pendii innevati di pendenza moderata, ma Wiessner dovette rinunciare quando il compagno si rifiutò di arrampicare durante la notte.

Per le prime esplorazioni dell'Everest bisogna aspettare addirittura il 1921, a causa dei blocchi stradali posti dai governi di Nepal e Tibet. Una volta ottenuta la collaborazione da parte delle autorità nepalesi, però, gli inglesi fecero almeno sette tentativi tra il 1921 e il 1938, da nord. Il più famoso, che resta una leggenda negli annali delle avventure in montagna, fu quello del 1924, durante il quale George Leigh Mallory, il miglior scalatore della sua generazione dopo Mummery, e il suo giovane partner, Andrew Irvine, scomparvero intorno a quota 8500 metri sulla cresta nord-est, a poco più di trecento metri dalla vetta. Oggi, solo i più irriducibili sostenitori della coraggiosa coppia credono che i due possano aver raggiunto la cima prima di morire.

Nel frattempo, i tedeschi si concentrarono su Nanga Parbat e Kangchenjunga, la terza montagna del pianeta, la cui estensione irregolare e complessa mise in serie difficoltà le spedizioni del 1929, 1930 e 1931. Dei quattordici ottomila, il Kangchenjunga presenta l'approccio più lungo e tortuoso al vasto altopiano sommitale. Nessuna arrivò oltre i 7468 metri, ben al di sotto della cima.

Il Nanga Parbat divenne teatro di ripetute tragedie. I tedeschi fecero quattro tentativi fra il 1932 e il 1938, e pagarono il prezzo altissimo di ventisei vite. Nel 1937 un'imponente valanga sommerse il campo elevato, mentre gli uomini dormivano nelle tende. Sette tedeschi e nove Sherpa morirono in pochi secondi. Quell'evento rimane la più grave catastrofe nella storia delle scalate agli ottomila.

Dall'autunno del 1939 fino all'estate del 1945 la Seconda guerra mondiale fermò tutte le spedizioni sulle grandi catene montuose. Per cinque anni, dopo la fine del conflitto, le tensioni politiche impedirono agli scalatori di tornare su Himalaya e Karakorum. Nel 1950 la vetta più alta conquistata era il Nanda Devi, nell'India settentrionale (7816 metri): tale altitudine, raggiunta da una squadra inglese e americana nel 1936, sarebbe rimasta insuperata per ben quattordici anni.

Dopo oltre mezzo secolo di tentativi da parte di alcuni tra i migliori scalatori d'Europa e Stati Uniti (e degli sherpa loro compagni), nessun ottomila era stato ancora espugnato. In quei cinque decenni, di fatto l'Everest era diventato la «montagna inglese»: nessun'altra nazione aveva mai ottenuto i permessi necessari per scalarla. Gli americani rivendicavano i propri privilegi sul K2, ma anche gli italiani agognavano la splendida e scoraggiante corona del Karakorum. E Kangchenjunga e Nanga Parbat, tragedie o meno, erano il campo di prova degli alpinisti tedeschi.

A posteriori, ciò che più incuriosisce è che fino al 1950 la Francia, che pure produsse un flusso costante di scalatori superbi, per nulla inferiori ai colleghi tedeschi, austriaci, italiani e svizzeri che si sfidavano sulle native Alpi, non lasciò alcun segno su Karakorum e Himalaya. Prima di quella data, l'unico assalto francese a un ottomila fu al Gasherbrum I, l'undicesima vetta del pianeta, ma la squadra si fermò a quota 6898 metri.

Nel 1950 il popolo francese non aveva ancora superato

l'umiliazione subita durante la Seconda guerra mondiale. Il Paese aveva patito l'occupazione tedesca fino alla liberazione da parte degli Alleati. Non è una coincidenza che la prima spedizione postbellica sull'Himalaya fosse concepita come uno sforzo nazionalistico, un tentativo di restaurare l'orgoglio gallico mettendo a segno un'audace esplorazione terrestre. Lucien Devies, presidente del Club Alpin Français, nominò capospedizione Maurice Herzog, che condivideva i suoi stessi ideali patriottici e che pure non aveva all'attivo ascensioni mirabili come quelle realizzate da Lachenal, Terray e Rébuffat.

Alla vigilia della partenza, la squadra si radunò nella sede parigina del Caf. D'un tratto, Devies si alzò e lesse ad alta voce il giuramento che ciascun membro del team avrebbe dovuto prestare: «Mi impegno sul mio onore a obbedire al capospedizione in tutto ciò che egli mi ordinerà per il buon andamento della spedizione». Lachenal e Rébuffat, che erano spiriti liberi, furono colti alla sprovvista da quella richiesta inaspettata, ma uno alla volta ripeterono quelle parole.

Così la spedizione del 1950 fu organizzata non solo in senso nazionalistico, ma anche secondo una gerarchia militare. E a tale schema si sarebbero ispirate tutte le spedizioni himalayane degli anni Cinquanta e della prima metà degli anni Sessanta, un quindicennio che vide le prime ascensioni a tutti i quattordici ottomila. Era l'epoca della guerra fredda, e tutti i Paesi europei erano impegnati nella ricostruzione. Ogni spedizione era concepita come un esercizio di patriottismo. Le squadre non venivano composte in base a vecchie alleanze tra amici, ma individuando gli alpinisti che meglio avrebbero potuto rappresentare il proprio Paese. Era un po' come partecipare alle Olimpiadi. E le tensioni tra nazioni si esacerbarono: svizzeri e inglesi si contendevano l'Everest, americani e italiani il K2.

Considerando l'alpinismo odierno, essenzialmente individualistico, mi è capitato di sentirmi chiedere come avrei reagito alla situazione degli anni Cinquanta. In tutta onestà, l'atteggiamento nazionalistico di allora non sarebbe stato un problema: sarei stato felicissimo di affrontare l'Himalaya in quegli anni, quando tutto era una grande avventura, quando gli scalatori arrampicavano senza seguire cartine, e scoprivano luoghi sconosciuti al resto del mondo. Se un capospedizione mi avesse chiesto di prestare un giuramento di lealtà, non avrei esitato. Se fossi stato tra i pochi fortunati invitati ad assaltare un ottomila ancora inviolato, avrei apposto la mia firma senza esitazioni. Durante alcune spedizioni ho accettato senza problemi la leadership altrui: nel 1990 partecipai all'International Peace Climb sull'Everest, sotto la guida di Jim Whittaker, e sei anni dopo presi parte al progetto cinematografico Imax, organizzato da David Breashears sulla stessa montagna. E il mio atteggiamento era sempre il medesimo: «Okay, ditemi che cosa devo fare, e io farò di tutto per obbedire».

Solo in un'occasione, all'inizio della mia carriera, decisi di rifiutare l'invito a partecipare a una spedizione su un ottomila per l'atmosfera negativa che avevo colto nella squadra. Ma in quel caso non si trattò né di nazionalismo né di autocrazia. Fui invitato a partecipare a una riunione di scalatori a Seattle, e rimasi scioccato dagli aspri battibecchi scoppiati ancor prima della partenza. In quel momento, decisi che non era un gruppo di cui volevo far parte. In seguito, chiamai uno di loro e gli dissi: «Non siete nemmeno sulla montagna e già litigate tra di voi? No, grazie». Non so quale effetto ebbe l'antagonismo degli scalatori, ma devo riconoscere che il team riuscì ad arrivare in vetta con ben sette uomini.

La spedizione del 1950 si rivelò audace e ambiziosa anche sotto un altro aspetto. Anziché puntare a una montagna come il Kangchenjunga o il Nanga Parbat, su cui altre spedizioni avevano già risolto alcuni degli enigmi posti dalla via di avvicinamento, i francesi si concentrarono su due ottomila mai esplorati prima, e su cui nessuno si era ancora cimentato. Circa trecentocinquanta chilometri a ovest dell'Everest, l'Annapurna e il Dhaulagiri (rispettivamente la decima e la settima vetta per altezza) sono due giganti gemelli posti l'uno di fronte all'altro, lungo i due lati della profonda gola del Kali Gandaki. Entrambi erano stati studiati da notevole distanza all'inizio dell'Ottocento (dal 1808 al 1838 il Dhaulagiri fu considerato il tetto del mondo), ma nessun esploratore prima del 1950 aveva trovato un'eventuale via d'approccio all'uno o all'altro. Se entrambe le montagne si fossero rivelate al di sopra delle possibilità della squadra, il premio di consolazione sarebbe stato una delle cime inferiori del medesimo massiccio. (Nel 1909 il duca degli Abruzzi, dopo aver rinunciato al K2, si cimentò con il vicino Chogolisa, decisamente più facile e basso. La squadra italiana non riuscì ad arrivare in cima, ma il record di 7399 metri sarebbe rimasto inviolato per ben tredici anni.)

La scelta di Maurice Herzog come capospedizione fu causa di controversie all'interno dei circoli alpinisti francesi. Come avrebbe scritto Lionel Terray in *I conquistatori dell'inutile*, una delle più belle autobiografie mai scritte da uno scalatore, la decisione «fu molto discussa allora e ancora di più dopo», anche se personalmente Terray la trovava ampiamente giustificata. «Senza dubbio Herzog non era uno degli alpinisti più forti della sua generazione, non avendo mai effettuato "prime" davvero notevoli, e perciò molti si stupirono di questa designazione».*

Una delle principali ragioni di tale incarico fu il rapporto

* Tutte le citazioni di L. Terray sono tratte da *I conquistatori dell'inutile*, CDA & Vivalda Editori, Torino 2003. (*N.d.T.*)

d'amicizia che legava Herzog a Lucien Devies (erano entrambi sostenitori del generale Charles de Gaulle), oltre al fatto che aveva combattuto eroicamente durante l'ultimo conflitto mondiale. I critici, tuttavia, sottolinearono come avesse scavalcato diversi alpinisti un po' più anziani ed esperti, che vantavano curricula stellari: tra gli altri, Pierre Allain e Armand Charlet. D'altra parte, una scelta del genere era tutt'altro che insolita nell'ambito delle spedizioni himalayane, negli anni Cinquanta come nel periodo precedente. Nel 1953, l'Himalayan Committe dell'Alpine Club di Londra ritrattò la scelta di Eric Shipton come capo della spedizione che avrebbe realizzato la prima sull'Everest. Al suo posto designò il colonnello John Hunt, che vantava un curriculum poco più che mediocre. Shipton aveva più esperienza sulla montagna di qualunque altro scalatore vivente, ma era ritenuto troppo distratto per guidare una squadra, e troppo propenso agli assalti leggeri e rapidi per gestire una campagna dalla logistica massiccia come quella programmata dal club. Hunt, invece, era un militare, e riuscì a guidare la faraonica ascensione con precisione ed eleganza.

Di fatto, nel 1924 non fu Mallory a guidare il terzo tentativo inglese sulla prima vetta del mondo. Al suo, nonostante Mallory vantasse un'esperienza sull'Everest superiore a quella di qualunque connazionale, fu scelto il generale Charles Bruce, un militare con molti anni di servizio militare alle spalle, ma con una scarsa conoscenza della montagna.

Era indiscutibile che Lachenal, Terray e Rébuffat fossero tra gli alpinisti tecnicamente più quotati al mondo. I primi due erano una coppia già leggendaria, avendo aperto vie nuove ed estreme in tutte le Alpi. Nel 1947 avevano realizzato la seconda ascensione alla parete nord dell'Eiger, espugnata da due austriaci e due tedeschi nel 1938, dopo che questa aveva ucciso otto dei primi dieci alpinisti che avevano tentato l'assalto. Rébuffat sarebbe diventato uno dei migliori scrittori d'avventura del suo tempo, con uno stile lirico lontano dai racconti di «conquiste» e assalti militari tipici della letteratura di montagna. Nel suo capolavoro, *Stelle e tempeste*, narrò come fu il primo a scalare quelle che allora erano considerate «le sei grandi pareti nord delle Alpi», un'impresa che avrebbe portato a termine con una lotta disperata sull'Eiger nel 1952.

Jean Couzy e Marcel Schatz, ventisette e ventinove anni, erano poco più giovani dei loro celebri compagni di squadra, ma accettarono sin dall'inizio la decisione di Herzog di affidare loro un ruolo di mero supporto. Amici intimi e compagni di scalate, dopo l'Annapurna avrebbero preso strade diverse. Schatz si ritirò dall'alpinismo a trent'anni, e divenne uno dei più importanti scienziati atomici del Paese. Couzy, invece, si fece strada come scalatore e divenne la forza motrice della spedizione del 1955 sul Makalu, guidata da Terray, che mise a segno la conquista della quinta vetta del pianeta.

La squadra era completata da altri tre membri: Marcel Ichac, cameraman e fotografo, Jacques Oudot, medico della spedizione, e Francis de Noyelle, ufficiale di collegamento.

All'alba del 17 aprile avvistarono per la prima volta il Dhaulagiri dal villaggio in pianura di Baglung: s'innalzava maestoso per oltre 7000 metri sopra di loro, molto più a nord. In *Annapurna*, Herzog registra la reazione estatica dei compagni, che balzarono fuori nudi dai sacchi piuma e dalle tende per osservare quel gigante, urlando di gioia.

Durante il mese successivo, i nove francesi avrebbero scoperto, scoraggiati, di essersi prefissati un'impresa quasi impossibile.

Ci sono esperienze, nella storia dell'alpinismo, che probabilmente nessuno rivivrà più. Tra queste, il problema insolubile che dovettero affrontare i francesi quell'anno. Sia l'Annapurna sia il Dhaulagiri sono visibili da oltre centosessanta chilometri di distanza, troneggianti sulle vette minori della catena. Ma trovare una via attraverso il labirinto di colline, gole e ghiacciai che si estende ai piedi di entrambi avrebbe messo a dura prova gli sforzi della squadra, che si trovò a un passo dal fallimento. A complicare la situazione c'erano gli errori riportati dalle carte migliori disponibili all'epoca, disegnate da cartografi che si erano affidati spessissimo a mere congetture. Più di una volta i francesi inviarono una squadra di perlustrazione sul Dhaulagiri per penetrarne le difese, imbattendosi immancabilmente in altissime creste che non erano segnate sulle mappe.

Nel suo libro, Herzog pubblicò su due pagine affiancate due schizzi di Dhaulagiri e dintorni: quello di sinistra si basa sulla carta dell'Indian Survey, mentre quello di destra riflette la realtà rivelata dalle accurate osservazioni della squadra. Le discrepanze sono scioccanti.

Non ricordo alcun alpinista della mia generazione che abbia dovuto risolvere un problema altrettanto spinoso. Certo, i miei colleghi perlustrano ancora le vie di avvicinamento ai picchi remoti in zone come la Cina occidentale, ma non rischiano di finire in un vicolo cieco come capitò ai francesi, grazie alla conoscenza locale e alle mappe compilate grazie alle osservazioni aeree e satellitari.

Nel 1967 il mio coautore, David Roberts, organizzò la prima spedizione su una catena remota e senza nome nell'Alaska sudoccidentale. Ma, sebbene si trattasse di montagne ancora inesplorate, poté contare sulle mappe della Us Geological Survey, curate nei minimi dettagli. A bordo di un aereo dotato di sci, Roberts e il suo team riuscirono ad atterrare sul ghiacciaio centrale, dove installarono il campo base, proprio come avevano pianificato. Per sette settimane misero a segno diverse prime ascensioni e, al loro ritorno, ebbero il privilegio di dare un nome ufficiale alla catena: Revelation Mountains.

Le pagine che Herzog dedicò all'inutile ricerca di una via d'avvicinamento al Dhaulagiri sono una cronaca di disperazione e frustrazione. Un esempio è questo dialogo tra lo stesso Herzog e Ichac, quando raggiunsero quello che ritenevano un passo cruciale:

> «Questa poi! Mica male! Una valle che parte di qua!»
> «Non è riportata sulla carta» mi assicura Ichac, «è una valle sconosciuta!»
> «Scende verso nord e si divide in due immensi rami.»
> «Niente Dhaula! Non è certo quella pallida imitazione, quel falso, di fronte a noi» dice il mio compagno indicando una cima di 7000 metri che assomiglia stranamente al Dhaulagiri.

La squadra stava sprecando le ultime settimane di aprile e le prime di maggio, sapendo che la finestra di tempo favorevole – prima dell'arrivo del monsone all'inizio di giugno – andava stringendosi inesorabilmente. Il 14 maggio erano ancora bloccati nel villaggio di Tukucha, quando si riunirono nella tendamensa per quello che Herzog definì un «consiglio di guerra». Dopo una discussione lunga e tesa, decisero di spostare l'obiettivo sull'Annapurna. Sarebbero ripartiti da zero.

Le mappe dell'Annapurna erano errate almeno quanto quelle del Dhaulagiri. Herzog pubblicò altri due schizzi – il primo dell'Indian Survey, il secondo basato sulle osservazioni condotte sul campo – e ancora una volta le differenze risultano sconcertanti. Fortunatamente, il 27 aprile Couzy e Schatz avevano scoperto una via difficile ma percorribile, nella gola del Miristi Khola, un affluente orientale del Kali Gandaki, nelle cui sorgenti defluivano i ghiacciai della parete nord dell'Annapurna. Il fiume Miristi Khola si sarebbe rivelato la chiave della marcia d'avvicinamento, ma la gola in cui scorre è estremamente selvaggia. Herzog temette persino che i portatori si sarebbero rifiutati di percorrere pendii tanto ripidi. Nessun altro ottomila presenta un tragitto così arduo e pericoloso per giungere alla via oggi considerata «normale».

Il sentiero seguito dai francesi differiva in diversi punti da quello meno rischioso che percorremmo io e i miei tre compagni nel 2000. Burroni e precipizi costrinsero i nostri predecessori a guadare il fiume ripetutamente. Come la maggior parte dei torrenti glaciali, la temperatura dell'acqua del Miristi Khola è bassissima. Il fiume forma diverse rapide attraverso i canali ingombri di massi. Le paure di Herzog non erano infondate: in più di un'occasione i portatori si rifiutarono di trasportare i carichi nella corrente infida. Così, gli scalatori si assunsero personalmente quel compito, costruendo ponti traballanti con tronchi caduti, o passandosi scorte e attrezzature di macigno in macigno, arrivando perfino a guadare il torrente con gli scarponi ai piedi e gli zaini pesantissimi sulle spalle.

Grazie a una grinta e a un coraggio non comuni, i sei pionieri riuscirono in soli quattro giorni a raggiungere un campo base provvisorio, ai piedi della cresta nord-ovest, il versante dell'Annapurna più vicino alle estremità superiori della gola del Miristi Khola. A quel punto, però, gli alpinisti presero una decisione che rischiò di azzerare qualunque probabilità di giungere in vetta.

Infiammato dallo zelo alpinistico, Terray insistette per assaltare subito la cresta nord-ovest, nonostante presentasse una sfida notevole dal punto di vista tecnico. Il suo entusiasmo finì per conquistare anche il capospedizione, inizialmente scettico. Nei cinque giorni successivi, prima con Lachenal e poi con lo stesso Herzog, Terray scalò il ripido pilastro fino in cima. Mai, sull'Himalaya, era stata compiuta una scalata di tale difficoltà. Ma la cresta si rivelò un altro tentativo vano. Dopo cinque giorni di sforzi ostinati, la squadra aveva raggiunto un'altitudine di appena 5791 metri. Il terreno era troppo arduo per gli sherpa, e certo non si prestava alla realizzazione di una catena di campi attrezzati lungo la via.

Cinque giorni di brillanti arrampicate gettati al vento, e il monsone sempre più vicino! Di fatto, la cresta nord-ovest sarebbe stata espugnata solo nel 1996, dopo diversi tentativi falliti, quando un polacco e un ucraino – alla testa di una squadra polacca di prim'ordine – riuscirono finalmente a superare ogni ostacolo.

Oltre un decennio dopo, nella sua autobiografia, Terray avrebbe descritto quell'esperienza come pura follia. «Che ignoranza di scalate himalayane!» scrisse. «Che errori di giudizio!» Tuttavia si mostrò fiero e orgoglioso della scalata: «Niente eguaglierà mai i giorni spesi a lottare [per conquistare quella cresta] dando tutto il mio coraggio, la mia fantasia e la mia volontà».

Rébuffat, scettico sin dall'inizio sulla cresta nord-ovest, scoprì la via più saggia attraverso seracchi e distese percorse da crepacci che portano al bacino direttamente sotto la parete nord. Ma solo il 23 maggio la squadra riuscì a montare il campo base (che chiamarono campo I), a soli 5090 metri (quasi tremila metri sotto la vetta).

Ancora una volta, vale la pena notare come la stagione ormai avanzata fosse causa della frenesia da parte degli alpinisti. Tre anni dopo, in occasione della prima ascensione all'Everest, entro il 23 maggio gli inglesi avevano piazzato un campo sul Colle Sud, a 7925 metri, a meno di mille metri dalla sommità, supportato da una catena di non meno di sette campi attrezzati che si snodava lungo il ghiacciaio del Khumbu, attraverso la parete del Lhotse e la Fascia Gialla. Quando Hillary e Tenzing raggiunsero finalmente la vetta, sei giorni più tardi, quel trionfo divenne il vertice di una massiccia piramide logistica, magistralmente orchestrata dal capospedizione, il colonnello John Hunt. Mi sono domandato spesso se, per la spedizione francese del 1950, l'ignoranza sulle condizioni della montagna non fosse stata una vera e propria benedizione per i sei alpinisti. Alla base della parete nord sembravano non comprendere quanto fosse disperato il compito che avevano davanti. Non avendo alcuna esperienza sull'Himalaya, affrontarono l'Annapurna come una grande scalata sulle Alpi, per esempio la parete sud del Monte Bianco.

«Ho trovato la via!» esclama d'un tratto Lachenal, impegnato con i compagni a studiare la temibile parete. È incontenibile, ansioso di dare inizio alla scalata, come Terray. «Cento contro zero! Ecco le possibilità di vittoria!»

Dopo la schiacciante battuta d'arresto che subimmo nel 2000 su quella parete, dove ci eravamo fermati ad appena 5486 metri, storditi dai pericoli disseminati lungo la via francese, rilessi con attenzione meticolosa il testo di Herzog. Lo ricordavo piuttosto bene. Qua e là, l'autore enfatizza le difficoltà poste dalla parete, come quando si preparò ad attraversare un canalone di neve sopra il campo II: «I seracchi precipitano con rumore infernale. Il rombo delle valanghe ci esaspera». Ogni tanto, però, i sei traversavano beatamente instabili pendi innevati, sotto torri di ghiaccio vacillanti, senza mai perdere il gaio ottimismo dimostrato da Lachenal, che iniziò a gridare ai suoi compagni dal campo I. Dal canto mio, trovo addirittura più sorprendente che i francesi fossero riusciti a piazzare quattro campi in vari punti senza protezione o quasi, al centro della parete. Campi paurosi, dove trascorrevano la notte e si facevano portare il carico dagli sherpa, davvero coraggiosi. Era già il 2 giugno quando Herzog e Lachenal trovarono una via attraverso la Falce, sopra la quale piazzarono il campo V, relativamente sicuro.

Durante l'assalto lampo, Lachenal non perse mai l'entusiasmo. Il 25 maggio scrisse nel suo diario: «A questo punto la vittoria sembra assicurata». E il 31, in un telegramma che un portatore avrebbe dovuto portare a valle e trasmettere a Lucien Devies, Herzog descrisse la via seguita dalla squadra, insistendo sugli «scarsi pericoli obiettivi valanghe neve e seracchi».

Solo nel 2005, dopo aver finalmente conquistato l'Annapurna ripercorrendo le orme di Herzog, mi imbattei in un passaggio del memoir postumo di Lachenal, *Carnets du Vertige*, in netto contrasto con l'arroganza del suo capo. Ripensando alla spedizione, qualche anno dopo, l'alpinista fece una pungente rivalutazione:

> Eravamo alla base dell'Annapurna... e mancavano pochi giorni all'arrivo del monsone... Ciò ci spinse a scegliere una via estremamente pericolosa... Oggi ritengo che corremmo dei rischi inauditi... A chi tenterà la seconda ascensione... consiglio espressamente di evitare la via che seguimmo allora.

Questo passaggio non vide la pubblicazione fino al 1996 e, poiché il memoir non è mai stato tradotto in inglese, ne venni a conoscenza soltanto grazie a un amico. Per quanto mi riguarda, il giudizio retrospettivo di Lachenal è in assoluto il più autorevole.

Quando lessi per la prima volta *Annapurna*, a ispirarmi fu soprattutto il perfetto lavoro di squadra dei sei scalatori, oltre al loro ammirevole spirito di abnegazione. Il gesto più eroico fu compiuto il 29 maggio da Terray. Lo *strong man*, come lo chiamavano gli sherpa, si era dimostrato fino a quel momento la vera forza trainante della squadra: era stato alla testa del gruppo più degli altri, battendo traccia lungo i tratti più duri. Aveva il diritto di far parte della coppia che per prima avrebbe lanciato l'assalto finale. Invece, rinunciò a tale possibilità scegliendo di compiere un'estenuante discesa al campo II, per poi risalire al campo IV con l'attrezzatura e le scorte necessarie per sostenere l'attacco alla vetta. In *I conquistatori dell'inutile*, Terray scrisse: «Paradossalmente, il mio gesto disinteressato potrebbe costarmi la possibilità di arrivare sulla vetta», ma è un gesto che tuttavia si sentì in dovere di compiere. Secondo Herzog, invece, Terray disse: «Peggio per me, se non sarò nella prima cordata che toccherà la vetta, sarò nella seconda, ecco tutto! Ma se una arriverà, sarà forse per merito del carico che io trasporterò». Ed Herzog commenta: «La generosità dell'amico non mi stupisce. Da molto tempo l'apprezzo».

Trovai ammirevole anche la performance di Herzog. Fosse o meno più esperto delle guide di Chamonix, oltre i 6706 metri si comportò altrettanto bene, e talvolta dimostrò addirittura capacità superiori. Guidò la squadra dalla testa, e non dalla coda, come fanno i migliori.

Rimasi colpito leggendo che Couzy e Schatz accettarono da subito di essere relegati a un ruolo di supporto, senza alcuna possibilità di lanciare l'assalto alla vetta. In sostanza i due, da soli, si occuparono delle ingrate questioni logistiche più di tutti gli altri membri della squadra. E alla fine ebbero una parte fondamentale nella sopravvivenza dei compagni.

Il 2 giugno, Lachenal ed Herzog trascorsero una notte insonne al campo V, pronti a raggiungere la cima l'indomani mattina. Il 3, Terray e Rébuffat sarebbero saliti all'ultimo campo con la propria attrezzatura e, se possibile, avrebbero tentato l'assalto il 4.

Il monsone non era ancora arrivato, ma ormai sarebbe potuto succedere da un momento all'altro. Non c'era un istante da perdere.

Nel 2000, David Roberts pubblicò *True Summit: What Really Happened on the Legendary Ascent of Annapurna*, che smitizzava la cronaca di Maurice Herzog. In Francia suscitò un certo scalpore, ed entrò nella classifica dei bestseller.

Fatto piuttosto curioso, come me Roberts aveva letto *Annapurna* quando era adolescente, e ne era stato profondamente affascinato. La lettura di quel libro lo spinse più di ogni altra cosa a dedicarsi seriamente all'alpinismo. In un saggio del 1980 pubblicato da «Ascent», la rivista annuale del Sierra Club, David arrivò persino a definire l'opera di Herzog come la cronaca alpinistica migliore di ogni tempo.

Poi, nel 1996, in una piccola stazione sciistica francese, conobbe l'editore Michel Guérin, che stava per pubblicare la traduzione francese di uno dei suoi libri. Michel gli rammentò quella dichiarazione di sedici anni prima, e gli spiegò quanto fosse in disaccordo con i suoi elogi. Di lì a poco avrebbe pubblicato anche la prima edizione integrale dei *Carnets du Vertige* di Lachenal, per scrivere i quali lo scalatore aveva attinto largamente al diario della spedizione, presentando una versione del tutto diversa da quella di Herzog.

Distrutto da tale rivelazione, David passò i due anni successivi a studiare una sorta di *cold case* nella storia dell'alpinismo. Dal momento che legge e parla francese, fu in grado di scovare tutti i commenti ancora esistenti (molti dei quali inediti) dei compagni di Herzog, e in particolare le riflessioni di Terray, Rébuffat e Lachenal. In Francia intervistò i famigliari e gli amici più stretti dei sei grandi scalatori. Intervistò anche Herzog, l'unico protagonista ancora in vita. (Lachenal, Couzy e Terray erano morti in montagna, in seguito a incidenti avvenuti tra il 1955 e il 1965.)

La conclusione di *True Summit* è che quella squadra leggendaria non era affatto una «banda di fratelli» pronti a collaborare per mettere a segno una straordinaria prima ascensione. Al contrario: era lacerata da dissensi, rancori e invidie. *Annapurna* sarebbe poco più che una favola. Quella spedizione consacrò Herzog, che ancora oggi resta uno degli sportivi francesi più celebrati. Alla fine degli anni Novanta, invece, Lachenal, Terray e Rébuffat erano praticamente sconosciuti ai loro connazionali, malgrado fossero stati, secondo David, i veri eroi dell'impresa del 1950.

Quando partii per l'Annapurna, nella primavera del 2000, David mi inviò una bozza del suo libro, che sarebbe uscito qualche mese dopo. Al campo base lo leggemmo tutti e quattro, e personalmente ne rimasi turbato. Ma non accettai completamente quell'analisi. Da allora ne abbiamo parlato diverse volte, e ormai abbiamo accettato di non essere d'accordo. Considero ancora *Annapurna* un libro straordinario, una storia vera, e credo che il modo in cui i sei scalatori si unirono per salvarsi la vita a vicenda sia di gran lunga più importante dei battibecchi e delle rivalità messi in luce da David. I conflitti emergono nella maggior parte delle spedizioni: è inevitabile, all'interno di un gruppo di alpinisti determinati, e pronti a lottare per realizzare un progetto lungo e stressante. E credo ancora che, come guida, Herzog sia stato una fonte di ispirazione.

Dopo essere rimasti aggrappati ai paletti della tenda, minacciata da un vento sferzante, Herzog e Lachenal lasciarono il campo V. Erano le sei del mattino del 3 giugno. A separarli dalla vetta c'erano all'incirca seicento metri di dislivello. Per ore i due salirono faticosamente un monotono e inesorabile pendio innevato. Quel tratto non presentava difficoltà tecniche, ma spesso la neve dura – in cui i ramponi facevano presa – lasciava il posto a una polvere finissima che li costringeva a sollevare gli scarponi per liberarsi. Come avremmo scoperto anch'io e Veikka nel 2005: l'ultimo pendio sommitale, rivolto a nord, è uno dei punti più freddi dell'Himalaya. Il 3 giugno 1950, i due alpinisti si ritrovarono quasi subito con le dita intirizzite. «Durante le fermate, pestiamo vigorosamente i piedi. Lachenal si toglie persino una scarpa che lo stringe un po': è atterrito dalla possibilità del congelamento.»

E la minaccia era reale. I semplici scarponi di cuoio che portavano Lachenal ed Herzog erano talmente scadenti rispetto agli scarponi doppi di oggi – costituiti da un involucro di plastica e un inserto di gommapiuma – che perdere la sensibilità delle dita dei piedi era quasi inevitabile. Anche nel 2005, sui pendii sommitali, nonostante l'attrezzatura all'avanguardia, dovevo ricordarmi a ogni passo di dimenare le dita per mantenere la circolazione. Se non l'avessi fatto, avrei rischiato di incorrere in sintomi da congelamento, e nella possibile amputazione delle dita. Il nostro amico italiano, Silvio Mondinelli, fece dietrofront quello stesso giorno, perché aveva cominciato a perdere la sensibilità. Il 3 giugno 1950, mentre avanzava a fatica verso la vetta, Herzog cadde in uno stato di trance. «Lachenal mi sembra un fantasma» ricordò. «Vive solo per sé. E io per me.» Ma il compagno era ben più consapevole del pericolo, e si fermò di nuovo per togliersi gli scarponi e massaggiarsi le dita, e alla fine lo supplicò: «Rischiamo di congelarci i piedi!... Credi che valga la pena?» La risposta di Herzog fu che dovevano continuare a muoversi. Sulle Alpi aveva sentito spesso le dita dei piedi intirizzite, ed era convinto che muovendole in continuazione avrebbe evitato che gli si fermasse la circolazione.

A un certo punto, a metà mattina, Lachenal si arrestò bruscamente. «Se io ritorno, tu che cosa fai?»

«Continuerò da solo!»

«Allora ti seguo!»

Fin dalla prima volta in cui lessi queste parole, fui rapito non solo dal coraggio e dalla grinta del capospedizione, deciso ad assaltare la vetta, ma anche dalla volontà del suo compagno di restargli accanto. Se i due non fossero arrivati in cima, questa classica avventura sarebbe stata la narrazione di un fallimento. Pure, davanti ai danni terribili che riportarono quel giorno, e con l'esperienza delle mie trentuno spedizioni sui quattordici ottomila, devo riconsiderare il mio entusiasmo adolescenziale. Ho sempre sostenuto che nessuna montagna vale una vita umana, o una ferita seria e permanente. Se fossi stato al posto dei due francesi, quel giorno sarei tornato giù. A mio parere, l'istinto di Lachenal – pronto a rinunciare – fu più saggio della determinazione di Herzog, deciso ad avanzare. Quando mi trovo su un ottomila, non sono disposto a perdere le dita in cambio del successo. Anche altri miei colleghi la pensano così. È necessario decidere, e capire quanto siamo disposti a pagare pur di arrivare in vetta.

Tuttavia, per usare le parole di Herzog, la sua passione finì per contagiare il partner. «Sfidiamo un divieto, avanziamo nonostante un rifiuto, eppure ci innalziamo senza alcun timore.» Non dice che ora fosse, ma doveva essere pomeriggio inoltrato, o forse sera, quando emersero dal canalone finale che divideva una fascia di roccia, e raggiunsero faticosamente la cima. Il passaggio che registra il loro trionfo è giustamente famoso:

> Ma sì! Un vento furioso ci sferza.
> Siamo... sull'Annapurna.
> 8075 metri.
> Il nostro cuore trabocca di gioia immensa.
> «Ah, gli altri!... se sapessero!»
> Se tutti sapessero!

A quel punto, la trance ebbe la meglio. Herzog indugiò sulla sommità, per osservare il panorama e scattare fotografie, e arrivò addirittura a mettere un rullino a colori al posto di quello in bianco e nero. Così avrebbe descritto l'estasi da cui si sentì invaso lassù:

> Come sarà bella ora la vita!
> È inconcepibile raggiungere, d'un tratto, il proprio ideale realizzando contemporaneamente se stessi.
> Sono soffocato dall'emozione. Mai ho provato una gioia tanto grande e pura.

Con un atteggiamento molto più pragmatico, Lachenal spronò il compagno a cominciare la discesa. Ma Herzog lo supplicò di trattenersi ancora qualche minuto. Alla fine, Louis gli urlò: «Sei matto? [...] Non abbiamo tempo da perdere!... Bisogna scendere subito!».

Di nuovo, per quanto ammiri Herzog e comprenda il suo rapimento estatico, devo riconoscere che Lachenal ebbe più buonsenso. Trascorrere troppo tempo in vetta, indugiando nell'estasi che provò Herzog, è costato la vita a più di un bravo alpinista. In un incidente del tutto simile, nel 1978, il mio amico Jim Wickwire decise di trattenersi sulla cima del K2, mentre il suo compagno Lou Reichardt pretese di tornare subito a valle. Nel suo memoir, *Addicted to Danger*, Wickwire scrive: «Euforico e lucido, volevo fermarmi e scattare qualche foto. A corto di ossigeno e congelato. Reichardt voleva scendere immediatamente. Ci separammo con l'accordo che l'avrei seguito dopo pochi minuti e l'avrei raggiunto al campo, 762 metri più giù». I pochi minuti divennero venti, e il sole tramontò; rendendosi conto di non poter scendere senza lampada frontale, Wickwire decise di bivaccare da solo all'aperto, a quasi 8534 metri. A stento sopravvisse a quella notte. Quel poco tempo in più trascorso in vetta, per fare qualche scatto, l'aveva quasi portato alla morte.

Lachenal non intendeva aspettare un istante di più. Si rimise in cammino da solo. Alla fine Herzog lo seguì, ma, nonostante gli sforzi di muoversi il più velocemente possibile, la distanza tra loro aumentò, finché non vide più il compagno davanti a lui. Nel frattempo, in una comoda tenda al campo V, Terray e Rébuffat diventavano sempre più ansiosi. Si stava facendo buio, e dei due compagni nessuna traccia.

Da qualche parte, durante la discesa, ancora in stato confusionale Herzog si tolse lo zaino, lo posò nella neve e si sfilò i guanti per aprirlo. In seguito, non sarebbe riuscito a ricordare che cosa stesse cercando di fare. I guanti erano lì accanto, e con suo immenso orrore li vide scivolare via, lungo il pendio. «Ah! I guanti!» urlò. E subito si rese conto di ciò che avrebbe significato quella perdita. «Il [loro] moto si imprime nei miei occhi come qualcosa di ineluttabile, di definitivo, contro cui nulla posso! Le conseguenze possono essere gravi. Che debbo fare?»

Per sua stessa ammissione, dimenticò di avere un paio di calze di scorta, che avrebbe potuto usare come guanti di emergenza. È indubbio che l'altitudine e la fatica contribuirono non poco a fargli commettere un errore simile.

Era quasi buio quando raggiunse il campo V. Sentendo i suoi passi, Terray e Rébuffat aprirono la tenda e misero fuori la testa. «È fatta. Ritorniamo dall'Annapurna!»

> Terray, pazzo di gioia, mi stringe le mani. Il sorriso svanisce sul suo viso: «Maurice, le tue mani...».
>
> Regna un silenzio di cattivo augurio.
>
> Non mi ricordavo più che ero senza guanti. Le mie dita, viola o bianche, sono dure come il legno. I compagni le fissano, disperati. Si rendono conto della gravità dell'incidente.

E dov'era Lachenal? «Oh, non tarderà, era proprio davanti a me!» Solo pochi istanti dopo, i tre udirono un flebile grido d'aiuto. La voce giungeva da *sotto*. Nella fretta di riguadagnare il campo, Lachenal era scivolato finendo un centinaio di metri più giù. Terray si lanciò subito al recupero, eseguendo una brillante scivolata (usando gli scarponi come fossero sci), e raggiunse il suo migliore amico. Quindi, lo aiutò a risalire al campo.

Per lui e Rébuffat non ci sarebbe stato nessun assalto finale, il 4. Entrambi rimasero in piedi tutta la notte a scaldare bevande per i compagni. Addirittura, con le estremità delle corde sferzarono loro le dita, con la speranza di ripristinare la circolazione. Con questo si riducevano i danni da congelamento. Oggi sappiamo che le sferzate danneggiano i tessuti congelati, e non danno alcun beneficio.

Durante la notte scoppiò una tormenta, e l'indomani mattina i quattro uomini, esausti, fecero capolino dalle tende, ma la nebbia e la neve portata dalle raffiche violente rendevano la visibilità quasi nulla. Il campo IVa, occupato brevemente durante la salita al V, si trovava poco più in basso, a ovest. Sicuri di raggiungerlo, presero soltanto uno dei quattro sacchi piuma. Finirono per perdersi. Quando ormai era quasi buio, cominciarono a camminare in circolo alla ricerca di un punto di riferimento, ma senza trovarne nessuno. Ormai sembrava inevitabile un bivacco all'aperto a 7315 metri d'altezza: con una bufera come quella, sarebbe stato un miracolo se uno di loro fosse sopravvissuto.

Poi, per puro caso, Lachenal sfondò un ponte di neve e finì in un crepaccio nascosto. Disperato, Terray gridò il suo nome, e si sentì rispondere: «Sono qui!...». E poi: «Può andare per questa notte! Venite!». Era precipitato per una decina di metri appena lungo quello che Herzog definì «un vero toboga». Uno dopo l'altro, gli altri tre lo seguirono.

Quel rifugio «miracoloso», per usare l'aggettivo del francese, salvò loro la vita, proteggendoli dal vento furioso e dalla neve battente. Ciononostante, l'esperienza nel crepaccio mise a dura prova la resistenza dei quattro alpinisti. Terray, l'unico che avesse portato con sé il sacco piuma, vi si infilò, ma subito si pentì del proprio egoismo e decise di dividere quel sottile bozzolo con Lachenal, e poi con Herzog. Sia lui sia Rébuffat passarono ore a massaggiare le dita di mani e piedi dei compagni. La neve che filtrava attraverso la fessura in cima al crepaccio cadeva su di loro, inzuppando i vestiti. Si strinsero l'uno all'altro, ma il freddo inesorabile li faceva tremare incontrollabilmente.

All'alba, Rébuffat fu il primo a risalire il toboga, e a mettere la testa fuori. «... Non vedo niente, tira vento...» Un altro brutto colpo al morale. Quando giunse in superficie, però, Lachenal scorse il cielo azzurro. «Fa bello, fa bello!» urlò di gioia. Il giorno prima, Terray e Rébuffat si erano tolti gli occhiali di protezione per cercare la via e, nonostante la bufera, a causa della luce del sole filtrata dalle nubi erano diventati temporaneamente ciechi. Oftalmia da neve.

Tutti e quattro emersero dal crepaccio. Durante la notte si erano tolti gli scarponi, e adesso Herzog non era più in grado di infilarvi i piedi congelati. Alla fine, Terray aprì la tomaia, e vi ficcò dentro le estremità menomate del compagno, allacciando solo una parte dei ganci.

A quel punto, si trovarono di fronte a un dilemma cruciale. I due più in forma, Terray e Rébuffat, non erano in grado di guidare la cordata per via del disturbo agli occhi, e gli altri due erano troppo deboli e zoppicanti per essere d'aiuto. Cominciarono a scendere barcollando pietosamente, discutendo tra loro per stabilire quale fosse la direzione da seguire. Lachenal gridava ripetutamente di vedere il campo II, ben al di sotto della loro posizione. D'un tratto, si mise a urlare: «Aiuto!... Aiuto...».

«È chiaro che non si rende più conto di ciò che fa» scrisse

Herzog. «Ma ripensandoci bene, forse le sue grida non sono senza ragione.» Uno dopo l'altro, i compagni si unirono a lui. E, miracolosamente, udirono un grido in risposta. «A soli duecento metri, Marcel Schatz, affondando fino alla pancia nello spessore enorme, avanza lentamente come una nave, alla superficie della neve polverosa.» La distanza si ridusse fino ad annullarsi, e i due si abbracciarono. «È bello ciò che avete fatto!» esclamò Schatz.

Couzy era poco distante. I due scalatori più giovani guidarono i compagni oltre il campo IVa, e fino al campo IV. A quel punto, anche Terray e Rébuffat avevano i piedi congelati. Ma tutti e sei cominciarono a credere di poter lasciare l'Annapurna vivi.

È questo che ho sempre trovato assolutamente perfetto nella storia della prima ascensione: il fatto che Terray e Rébuffat rinunciarono alle proprie speranze di conquistare la vetta per salvare la vita ai compagni menomati. Poi, quando tutti e quattro sembravano perduti, Schatz e Couzy li trovarono e li trassero in salvo. E, nei giorni seguenti, i coraggiosi sherpa Ang-Tharkey, Pansy, Sarki e Aila condussero eroicamente i *sahib* giù dalla montagna.

Ma dal campo IV la strada era ancora lunga. Con il caldo di inizio giugno, la parete nord cominciava a collassare. Durante la discesa, la squadra passò momenti terribili quando Herzog, Pansy e Aila, legati in cordata, provocarono una valanga. Scivolarono verso un precipizio di 450 metri, finché la corda non rimase impigliata in una cresta di ghiaccio sporgente, lasciando Herzog appeso da una parte, e i due sherpa dall'altra.

Altre dure prove attendevano gli alpinisti, dopo aver lasciato la parete. Erano solo all'inizio. Nel ventunesimo secolo, in condizioni simili avrebbero potuto usare un telefono satellitare per chiamare un elicottero per il recupero dei feriti. Ma nel 1950 non c'era una simile possibilità. Invece, avrebbero dovuto ripercorrere l'infida gola del Miristi Khola trasportando gli invalidi fino al villaggio di Tukucha.

Al campo II il medico della spedizione, Jacques Oudot, decise di praticare delle iniezioni di novocaina a Herzog e Lachenal, nelle arterie femorali e omerali. Iniezioni molto dolorose, a cui i due compagni dovettero sottoporsi per diverse settimane, quotidianamente. Di nuovo, la pratica diffusa all'epoca – retaggio degli ospedali da campo della Seconda guerra mondiale – si sarebbe rivelata erronea. Le iniezioni erano del tutto inutili.

La malconcia carovana impiegò un mese a riattraversare la pianura. Herzog e Lachenal dovettero essere trasportati su barelle costruite con bastoni e fil di ferro. Per diversi giorni, anche Rébuffat ebbe bisogno d'aiuto. Dei quattro scalatori principali, solo Terray tornò faticosamente alla civiltà sulle proprie gambe. Nonostante le iniezioni regolari di morfina, Herzog e Lachenal soffrivano quasi costantemente. Herzog contrasse la febbre, delirò e soffrì di allucinazioni. Sembrava ormai del tutto perso. A causa delle temperature elevate della pianura, le dita congelate degli scalatori svilupparono una setticemia batterica. Il 2 luglio, quando non avevano ancora raggiunto il primo villaggio, Oudot praticò il primo intervento: amputò quattro dita dei piedi a Herzog, e a Lachenal un mignolo e diverse dita dei piedi. Qualche giorno dopo, in una carrozza ferroviaria che viaggiava a grande velocità verso Delhi, con una temperatura di quarantacinque all'ombra, Oudot completò gli interventi, per poi gettare macabramente moncherini e bende insanguinate dallo sportello del treno. Alla fine, Herzog perse tutte le dita di mani e piedi, e Lachenal un mignolo e tutte quelle dei piedi.

La conquista del primo ottomila avvenne a caro prezzo. Qualcuno potrebbe chiedersi come mai una storia così drammatica abbia ispirato non solo adolescenti come il sottoscritto, ma generazioni di giovani impressionabili e avventurieri, di entrambi i sessi e delle nazionalità più diverse.

La risposta è contenuta nello stesso libro di Herzog. Il capospedizione trascorse mesi nell'ospedale americano di Neuilly, un sobborgo di Parigi, dove cominciò a dettare il suo racconto. Perdere le dita di mani e piedi a soli trentun anni fu un duro colpo. Insopportabile. Non solo non avrebbe più arrampicato, ma anche i gesti più semplici della vita quotidiana – come allacciarsi le stringhe delle scarpe, infilarsi una camicia, o addirittura scrivere con una matita – sarebbero diventati imprese quasi impossibili. Aver espugnato una montagna valeva un sacrificio del genere?

Herzog non aveva il minimo dubbio. Sin dai primi giorni trascorsi in quel letto d'ospedale, si rese conto che l'Annapurna l'aveva appagato per il resto della sua vita. Nel suo libro usò espressioni che rasentano il misticismo. Ecco cosa scrisse nella prefazione:

> Durante l'agonia, mi è parso di scoprire il senso profondo dell'esistenza, che fin allora mi era sfuggito; ho capito che era meglio esser veridici che forti. I ricordi di quel cimento sono impressi nella mia carne. Salvato, ho conquistato la mia libertà, una libertà di cui serberò l'acuto sentimento. Essa suscita in me quello stato limpido e sereno dell'uomo che ha raggiunto il proprio compimento. Essa mi colma della gioia immensa d'amare quello che disprezzavo. Una vita nuova, bellissima s'inizia.

Non fu solo il senso d'appagamento a trasportarlo: in realtà, era convinto che sull'Annapurna lui e i compagni avessero forgiato un legame fraterno e indissolubile. «Siamo stati uguali nella fatica, nella gioia e nel dolore. Il mio voto più ardente è che questi nove compagni, uniti davanti alla morte, rimangano fratelli per la vita.» Anche questo ideale fu una fonte d'ispirazione per il sottoscritto, quando lessi *Annapurna* la prima volta, e tornò a esserlo anni dopo, quando m'imbattei nella «fratellanza della corda» descritta da Charlie Houston in *K2: The Savage Mountain.*

Il libro di Herzog si chiude con una frase divenuta leggendaria nella letteratura alpinistica: «Non vi è [un unico] Annapurna nella vita degli uomini». Sottoscrivo in pieno: qualunque lezione appresa in montagna può trovare applicazione in altri campi del quotidiano. Mi capita spesso di concludere le mie conferenze e proiezioni di diapositive con una parafrasi di quelle parole, più «politicamente corretta» e rivolta anche al gentil sesso: «Ciascuno di noi ha un proprio Annapurna».

La conquista del primo ottomila fece risorgere l'orgoglio dei francesi. Al ritorno in patria, gli alpinisti furono accolti come eroi nazionali, quasi come creature soprannaturali. La proiezione del filmato realizzato da Marcel Ichac durante la spedizione richiamò duemilacinquecento persone in un auditorium di Parigi; e i protagonisti, uscendo da dietro le quinte, furono accolti con applausi e acclamazioni. Durante l'anno seguente, la pellicola fu proiettata altre trenta volte nella sola capitale, e vari membri della squadra tennero conferenze e mostrarono diapositive in trecento località di tutto il Paese.

Tale frenesia si spiega con la volontà di recuperare un briciolo della gloria passata da parte di una nazione sconfitta e occupata durante la Seconda guerra mondiale. Credo di poter affermare che nessun'altra impresa alpinistica – nemmeno la prima ascensione dell'Everest messa a segno dagli inglesi tre anni dopo, durante l'incoronazione di Elisabetta II – provocò una simile iniezione di gioia e autostima.

Herzog costruì la sua carriera sul successo di quella spedizione, ottenendo l'incarico di sindaco di Chamonix e di ministro della Gioventù e dello sport sotto la presidenza di Charles de Gaulle. E negli anni successivi confermò più volte il senso di appagamento dichiarato nelle pagine della celebre cronaca di quell'avventura. Quella che poteva sembrare un'impressione fugace avrebbe acquisito una valenza addirittura più mistica, nella sua lunga vita. Nel 2007, all'età di ottantotto anni, pubblicò un memoir della sua esperienza dopo il trionfo del 1950, che intitolò *Renaître*, letteralmente, «rinascita».

L'aspetto che più suscita perplessità, e irritazione, è la profonda diversità dell'esperienza di Louis Lachenal. Di fatto, la perdita di tutte le dita dei piedi lo fece precipitare in un abisso di angoscia e disperazione. Lo stato conferì a lui e a Herzog la Legion d'onore (un riconoscimento negato agli altri membri della squadra), ma per lui la più alta onorificenza concessa a un civile non aveva alcun significato. L'unica cosa che contava davvero era il fatto di non poter arrampicare con la grazia e l'abilità che l'avevano reso una leggenda delle Alpi. In *I conquistatori dell'inutile*, Terray usò parole commoventi per l'amico: «Louis, che per privilegio della sorte era stato risparmiato dalla naturale pesantezza e dalla goffaggine che [contraddistinguono] l'uomo, ora si sentiva come schiacciato da una cappa di piombo».

In compenso, Lachenal divenne un automobilista folle. Era come se la velocità sulle strade potesse sostituire quella sulle pareti e nei canaloni. Decise di infrangere il record non ufficiale di percorrenza della tratta Chamonix-Parigi, che ridusse a sei ore e quaranta minuti. (Questo prima dell'avvento delle scorrevoli *autoroute*, sulle quali i tempi migliori restano ancora oggi intorno alle cinque ore e mezzo.) La moglie e gli amici erano terrorizzati: sopravvisse a più d'un incidente spettacolare, che fortunatamente coinvolsero soltanto la sua auto.

Entro il 1953 aveva ricominciato ad arrampicare e, stando a Terray, nel giro di un anno era quasi tornato ai livelli dei tempi dell'Annapurna. Le scalate erano sempre state la sua ossessione, ma ora avvertiva una spinta persino maggiore rispetto a quella che l'aveva animato nel fiore degli anni. In una fredda giornata di novembre del 1955, sferzata da un vento violento, vagò per le strade di Chamonix alla ricerca di un compagno disposto a compiere la discesa della Vallée Blanche sugli sci. Alla fine, reclutò un amico. I due salirono in funivia fino all'Aiguille du Midi, e poi cominciarono a scendere lungo il ghiacciaio, senza essersi legati. Per uno sciatore abile come Lachenal sarebbe dovuto essere un gioco da ragazzi. Invece, sfondò un ponte di neve e precipitò per quarantacinque metri in un crepaccio di ghiaccio. Cadendo, batté la nuca contro una sporgenza della parete a monte, si fratturò l'osso del collo e morì sul colpo. Aveva solo trentaquattro anni.

Ironia della sorte, a ucciderlo non fu un'azione sconsiderata, ma la sfortuna. Oggi, come allora, moltissimi appassionati di sci percorrono la Vallée Blanche, legati o meno, e pochi rimangono coinvolti in incidenti seri.

Se la delusione e il vuoto sono l'opposto dell'appagamento, viene da domandarsi perché Herzog e Lachenal abbiano avuto reazioni così diametralmente opposte a quello straordinario trionfo, pagato peraltro a caro prezzo. Forse la ragione sta solo nel carattere, così diverso, dei due?

Cominciai a rendermi conto della disperazione che doveva aver provato Lachenal solo nel 2005, quando David Roberts mi tradusse diversi passaggi del suo memoir. «Per me fu una scalata come le altre, più alta rispetto a quelle sulle Alpi, ma non per questo più importante». Un altro passaggio getta una nuova luce sulla decisione di lanciarsi all'assalto della vetta con Herzog, pur sapendo di rischiare il congelamento ai piedi. Riguardo a quel momento cruciale, scrive: «Desideravo disperatamente tornare giù. Chiesi a Maurice come si sarebbe comportato, se l'avessi fatto. Mi rispose che sarebbe andato avanti... Immagino che, se fosse andata così, non avrebbe più fatto ritorno. Fu per lui, e per lui soltanto, che non feci dietrofront».

Se il suo racconto è vero – e perché dubitarne? – la lealtà di Lachenal al suo capo, pronto a spingersi in vetta a qualunque costo, rappresenta il gesto più eroico (e tragico) dell'intera spedizione. Per una guida alpina come lui, era un riflesso innato prendersi cura del proprio partner, fosse un collega o un semplice cliente.

Sotto questo aspetto, per temperamento mi sento più vicino a Herzog. Niente come le scalate, insieme al mio matrimonio e alla mia famiglia, mi hanno fatto sentire appagato. E tale senso di realizzazione non deriva dalla conquista di una sola montagna, o da una singola spedizione, bensì dall'aver portato a termine l'Endeavor 8000. Fa parte della mia natura: quando decido di affrontare una sfida, sono sempre determinato ad andare fino in fondo. E ciò vale anche per progetti relativamente semplici: se sono impegnato a costruire una nuova pedana di legno per la nostra casa, e tralascio di piantare anche un solo chiodo, non riesco a darmi pace finché non afferro il martello per farlo.

L'alpinismo mi ha regalato anche alcuni dei miei più cari amici. Quando ti leghi a un compagno, in pratica gli affidi la tua vita, e lo stesso fa lui con te. Sugli ottomila, Veikka Gustafsson è diventato il mio partner più fidato: non ho mai avuto dubbi riguardo alla saggezza delle decisioni che abbiamo preso insieme. È con persone come lui che ho forgiato quel saldo legame di fratellanza di cui parlano Herzog e Houston. Quando ero ancora un aspirante scalatore, mi auguravo di trovare sul mio cammino professionisti come Veikka, che ammiravo e invidiavo. Le pareti della mia camera da letto erano tappezzate di poster dei miei eroi: Tom Hornbein, Jim Wickwire e Jim Whittaker, delle cui imprese avevo soltanto letto. Inutile dire che provai un indescrivibile senso di soddisfazione quando in seguito divennero miei buoni amici, o addirittura compagni di squadra.

Lo ammetto. Di ritorno dall'Annapurna, ho provato una sensazione singolare. Delusione? Non esattamente. Piuttosto, mi sono chiesto: «E adesso? Che cosa faccio?». Certo non mi aiutava il fatto che amici e conoscenti mi chiedessero se mi ero ritirato. Io restavo sconcertato, ma se non altro trovavo qualcosa di umoristico nella loro preoccupazione. Mi prestai persino al gioco, per la rivista «Outside», posando per una foto in cui fingevo di vendere tutta la mia attrezzatura di montagna in un mercatino di quartiere.

Quella vaga sensazione di disappunto passò presto. Ho trovato tante altre avventure a cui dedicare il mio tempo, dal 2005, tra le quali un paio di estenuanti viaggi nell'Artico, sull'isola di Baffin, una a bordo di una slitta trainata da cani, l'altra trainando personalmente – con i miei compagni – le slitte al seguito della spedizione. Ho scalato di nuovo l'Aconcagua, e persino l'Everest nel 2009, giungendo in vetta per la settima volta. Nel gennaio del 2011 sono stato per la prima volta in Antartide, dove sono salito in cima alla montagna più alta, il massiccio Vinson. E nel frattempo ho dato il meglio di me per essere un buon padre e un marito premuroso per i miei figli e per mia moglie, che da sempre mi permettono di sparire per mesi all'altro capo del mondo.

In questo libro, prendendo in considerazione le altre grandi spedizioni che costellano la storia dell'Annapurna, e rivivendo le mie personali avventure, ho voluto prestare attenzione a quelle tensioni paradossali e al tempo stesso affascinanti che l'alpinismo finisce inevitabilmente per suscitare: il difficile equilibrio tra rischio e ricompensa; il contrasto tra appagamento e delusione, o il senso di vuoto; e la linea sottile che gli scalatori si trovano a superare... quella tra dedizione e ossessione.

3

La parete sud

La prima ascensione all'Annapurna aprì i cancelli agli ottomila, tutti assaltati nel corso dei quattordici anni successivi. Il 1953 non fu solo l'anno dell'Everest: quella stessa primavera, infatti, il grande alpinista austriaco Hermann Buhl raggiunse la vetta del Nanga Parbat, compiendo l'unica prima in solitaria mai tentata su uno dei quattordici giganti. (Naturalmente, poté contare sull'appoggio della squadra rimasta ai campi inferiori.) Il K2 fu espugnato l'anno successivo dagli italiani, il Makalu dai francesi e il Kangchenjunga dagli inglesi nel 1955, il Lhotse nel 1956 dagli svizzeri. Ultimo a cadere, tra gli ottomila, fu lo Shishapangma in Tibet, rivendicato da una squadra cinese nel 1964.

In quella che originariamente venne definita l'«età dell'oro dell'alpinismo», i maggiori picchi alpini furono scalati da europei e britannici, perlopiù tra il 1855 e il 1865. A chiudere quel periodo giunse la tragica prima ascensione al Cervino: quattro membri della squadra guidata dall'inglese Edward Whymper trovarono la morte precipitando dalla montagna.

I pessimisti predissero che l'alpinismo sarebbe passato di moda. Nulla di più sbagliato. Al contrario, la generazione successiva a quella di Whymper affrontò le pareti e le creste più difficili delle montagne più elevate, e puntò su alcune prime ascensioni più brevi ma più tecniche, come quella al Petit Dru (1879), al Grépon (1881) e al Totenkirchl (1881). Prima del 1930, due diaboliche pareti nord si erano guadagnate il soprannome di «ultimo grande problema delle Alpi». Dopo aver respinto l'assalto di numerosi alpinisti, alcuni dei quali trovarono la morte mentre tentavano l'impresa, furono entrambe conquistate nel 1938: erano la nord dell'Eiger, in Svizzera, e la nord delle Grandes Jorasses, in Francia.

Un secolo dopo l'età d'oro dell'alpinismo, tra le vette più imponenti del pianeta si svolse una storia parallela. «Età dell'oro dell'alpinismo himalayano»: è l'etichetta che copre gli anni dal 1950 al 1964, durante i quali la frenesia nazionalistica spinse varie nazioni a sfidarsi in una gara alle prime ascensioni. Ma in quel periodo vennero conquistate anche alcune vette inferiori agli ottomila metri. Le due imprese più impressionanti furono probabilmente quelle sulla Torre Muztagh (7273 metri) nel Karakorum, realizzata da un team inglese di prim'ordine nel 1956 (e, cinque giorni dopo, da una squadra francese altrettanto brillante, che seguì una via diversa); e sul Gasherbrum IV, da parte di Walter Bonatti e Carlo Mauri, nel 1958. Un trionfo eccezionale, quello dei due italiani, dal momento che la montagna – anch'essa nel Karakorum – si presenta più ardua di picchi come il K2 e l'Annapurna, nonostante l'altezza inferiore (per soli settantacinque metri non può essere considerato un ottomila).

Dopo essere giunto in cima all'Everest, il 29 maggio 1953, Sir Edmund Hillary si convinse che nessun altro sarebbe salito sul tetto del mondo. Perché prendersi tanto disturbo, dal momento che l'aveva già fatto qualcuno? Oggi tutto questo appare alquanto ironico, soprattutto considerando che ogni anno, in primavera, circa cinquecento persone (uomini e donne) si cimentano nell'impresa. La seconda ascensione fu messa a segno appena tre anni dopo, quando un team svizzero ripercorse la via inglese, oltre ad aggiudicarsi la prima ascensione al vicino Lhotse, quarta montagna del pianeta.

In quel periodo nessuno provò a battere nuove vie sugli ottomila. Unica, stellare eccezione fu il tentativo coraggioso e rischioso degli americani Tom Hornbein e Willi Unsoeld, che nel 1963 provarono a espugnare la cresta ovest. Già vicini alla vetta, si resero conto di aver superato un punto di non ritorno: ritenendo improbabile una discesa lungo lo stesso versante, presero l'audace decisione di arrivare in cima e scendere lungo il Colle Sud, ripercorrendo la via inglese, per loro del tutto nuova. Sopravvissero a un bivacco a quota 8534 metri, il più alto mai tentato al mondo, ed ebbero il merito di compiere la prima traversata di un ottomila.

L'Everest fu un'eccezione. Per nessun altro dei quattordici giganti la seconda ascensione avvenne a così breve distanza dalla prima. L'Annapurna dovette attendere vent'anni, ma l'assalto inglese alla parete sud (1970) rimane una delle pietre miliari nella storia himalayana.

In parte, tale ritardo dipese dal divieto d'accesso imposto dal governo nepalese a tutti gli stranieri tra il 1966 e il 1969. Quando il Paese riaprì le porte agli alpinisti, questi tornarono a concentrarsi sugli ottomila, e i più ambiziosi tra loro decisero di tentare vie più ardue rispetto a quelle battute in occasione delle prime ascensioni.

Nella primavera del 1970 due spedizioni inglesi salirono sull'Annapurna. La prima, organizzata da vari settori dell'esercito, ebbe come protagonisti scalatori relativamente poco noti, e attaccò la via francese. Dopo una battaglia logistica che si protrasse per oltre un mese e mezzo (Herzog e compagni avevano scalato la parete in soli dieci giorni), Henry Day e Gerry Owens giunsero in vetta il 20 maggio, mettendo a segno la seconda ascensione.

La seconda spedizione era guidata da Chris Bonington. Nel 1970 aveva trentacinque anni, ed era tra i migliori scalatori britannici. Tra le sue imprese più note vi furono la prima ascensione britannica alla nord dell'Eiger nel 1962 e la prima in assoluto al Pilone Centrale del Frêney, il pilastro più bello e prominente della parete sud del Monte Bianco (1961). Quest'ultima via, lunga ed esposta, era diventata famosa per aver sventato gli assalti di molti ottimi scalatori, tra cui Walter Bonatti, costretto a fare marcia indietro durante una bufera che uccise quattro dei sette membri di una squadra franco-italiana. Bonington aveva già all'attivo due spedizioni himalayane, una delle quali lungo una via nuova e difficile sulla parete sud del Nuptse, il picco satellite di Lhotse ed Everest che domina il ghiacciaio del Khumbu.

Bonington aveva una formazione militare: laureatosi alla Royal Military Academy di Sandhurst, aveva servito nell'esercito per sei anni ricoprendo vari ruoli, prima di congedarsi nel 1961. Sotto questo aspetto era un caso piuttosto isolato nel suo Paese: gli alpinisti più esperti erano perlopiù ribelli anarchici o operai apolitici. (Moltissimi di loro si guadagnavano da vivere come idraulici.) Grazie all'addestramento ricevuto, tuttavia, aveva il temperamento adatto per guidare una spedizione. L'assalto all'Annapurna del 1970 fu l'unica occasione in cui ebbe l'incarico di leader «ufficiale», ma in seguito avrebbe organizzato e guidato parecchie spedizioni sulle grandi catene montuose. Ancora oggi, rimane il capospedizione con il maggior numero di successi all'attivo nelle zone più remote del pianeta. E grazie anche alla prolifica attività come scrittore, regista e conferenziere, è lo scalatore più celebre del Regno Unito.

Bonington scelse la parete sud dell'Annapurna basandosi su un'unica fotografia inviatagli dal tenente colonnello Jimmy Roberts, ufficiale come lui e tra i più importanti esploratori inglesi delle catene asiatiche. Pensando inizialmente a una spedizione leggera, con soli quattro uomini, fu spinto ad ampliare la squadra per via delle evidenti difficoltà presentate dall'enorme parete meridionale. Alla fine, il team che partì alla volta del Nepal era composto da otto scalatori principali e tre membri di supporto. Bonington scelse i suoi compagni tra gli amici con cui aveva già arrampicato in passato, ovviamente i migliori alpinisti e rocciatori dell'epoca. Nel suo resoconto della spedizione, *Annapurna, parete sud*, si vantava del fatto che «la squadra... fosse indubbiamente la più forte mai messa insieme in Gran Bretagna per affrontare una montagna himalayana».

A differenza della parete nord, quella scelta dagli inglesi si innalza a formare un'unica linea gigantesca e ininterrotta, che misura oltre tremila metri dal ghiacciaio alla vetta. Studiando lo scatto di Roberts, Bonington individuò subito con i compagni quella che apparve come l'unica via percorribile. Alcuni compatrioti che avevano visto coi loro occhi quel versante lo misero in guardia dai pericoli. «La parete sud?» gli domandò David Cox. «Non ricordo molto; sembrava enorme; sì, era spazzata da parecchie valanghe, ma credo scorressero lungo i canali.»

Per evitare i canali che raccolgono neve e ghiaccio in caduta, la squadra immaginò di seguire una linea verso la parte occidentale – a sinistra – della parete, dove uno sperone lievemente sporgente si innalzava verso uno strapiombo roccioso di seicento metri. La Fascia di Roccia – così soprannominarono l'ostacolo – partiva da un'altezza di 6925 metri. Sarebbe stata chiaramente il punto cruciale della via. Ma l'intera parete era inequivocabilmente scoscesa. Un membro della squadra calcolò che i millecinquecento metri di dislivello dall'inizio dello sperone all'estremità superiore della Fascia di Roccia avessero una pendenza media di cinquantacinque gradi.

Era più ripida della parete sud del Monte Bianco, dove Bonington aveva espugnato il Pilone Centrale del Frêney, e quasi eguagliava il leggendario Sperone Walker sulle Grandes Jorasses.

Per la combinazione di dimensioni, difficoltà tecniche e altezza nessuno aveva mai tentato nulla di simile su Himalaya o Karakorum. Mentre fissava la diapositiva a colori inviatagli da David Cox, proiettata sulla parete del soggiorno, Bonington pensò: «Sembrava di vedere quattro diverse pareti alpine una sopra l'altra... ma che linea! Dura, inflessibile, positiva fino in cima».

Dei sette compagni scelti per la spedizione, sei erano amici con cui aveva già arrampicato, e di cui aveva imparato a fidarsi sui piccoli dirupi inglesi, o sulle importanti vie alpine. Riguardo alle modalità dell'assalto, che si svolse tra l'aprile e il maggio del 1970, il team era composto da tre gruppi: cinque «bravi soldati», disposti a piazzare corde e trasportare carichi per supportare chiunque si fosse trovato di volta in volta alla testa della cordata. Poi c'era Bonington, che non si comportò da ferreo dittatore, ma consultò i compagni prima di prendere qualunque decisione. Contribuì anche al trasporto dei carichi, e guidò la cordata lungo alcuni tratti cruciali. A completare la squadra c'erano due brillanti scalatori dall'ego smisurato, dall'ambizione sfrenata e dal carattere impetuoso.

I quattro «bravi soldati» inglesi, di età compresa tra i ventisei e i trent'anni, erano Nick Estcourt, Martin Boysen, Mick Burke e Ian Clough. Il quinto era un americano, Tom Frost, che per la prima volta lavorava con i colleghi britannici. Estcourt, laureato a Cambridge, era un ingegnere civile; Boysen insegnava alle scuole superiori; Burke, un operaio, aveva lasciato gli studi a quindici anni e tirava avanti facendo qualche lavoretto tra una scalata e l'altra; e Clough, che aveva risolto gli enigmi dell'Eiger e del Pilone del Frêney con Bonington (e che quest'ultimo aveva definito «la persona più gentile e meno egoista con cui abbia mai arrampicato»), si guadagnava da vivere gestendo una piccola scuola di arrampicata nel Lake District. Il quinto «soldato», Tom Frost, era stato chiamato relativamente tardi, quando Bonington chiese all'addetto stampa che aveva assunto per la spedizione: «Non potrebbe chiamare un americano? Mi renderebbe il lavoro molto più facile, negli Stati Uniti».

Trentatré anni, Frost costruiva attrezzature da montagna con Yvon Chouinard, che presto sarebbe divenuto una leggenda. Lavoravano in un garage trasformato in un'officina da fabbro, nella California del Sud. La Great Pacific Iron Works – così i due amici avevano chiamato l'azienda – avrebbe rivoluzionato il mondo delle arrampicate costruendo chiodi, piccozze da ghiaccio e attrezzi da montagna senza eguali sul mercato, ma negli anni Sessanta era ancora un'attività poco redditizia. (Chouinard sarebbe diventato milionario con la creazione di Patagonia, una linea di abbigliamento outdoor.) Di Frost, gli inglesi conoscevano solo il curriculum di scalatore, peraltro di tutto rispetto: prime ascensioni alle grandi pareti dello Yosemite, spedizioni in Alaska, sulle Ande e sulle vette dell'Himalaya. Quando ricevette l'invito di Bonington, accettò senza pensarci due volte.

Ma il capospedizione non avrebbe potuto scegliere un alpinista più diverso dal resto della squadra, per carattere e temperamento. Bonington e compagni erano tendenzialmente iconoclasti che lavoravano duramente per mantenersi: condivano le proprie frasi con bestemmie e oscenità, in molti casi erano forti bevitori, e fumavano quasi tutti. Frost, invece, era un mormone ed evitava ogni vizio, fumo, alcol, perfino caffè e tè. Per sua sfortuna, sull'Annapurna avrebbe diviso la tenda con Mick Burke, una vera e propria ciminiera (stando a Bonington, partì per la spedizione con settemila sigarette, che servirono perlopiù a soddisfare il suo fabbisogno personale). Frost, gentile e altruista come Ian Clough, sopportò la situazione, ma è chiaro che il suo diverso stile di vita avrebbe causato un certo attrito.

Le due superstar erano Dougal Haston e Don Whillans. Bonington aveva conosciuto Haston, scozzese, in occasione della sfortunata spedizione Eiger Direct nell'inverno del 1966, durante la quale il leader, il carismatico americano John Harlin, morì precipitando dalla parete per oltre milleduecento metri, quando la corda fissa a cui era legato si ruppe. Quel tragico incidente scoraggiò il resto della squadra anglo-americana, che abbandonò il progetto. Solo Haston decise di continuare, e si unì a una squadra rivale tedesca.

Ventisettenne, era un giovane chiuso e introverso. Nel suo libro, Bonington disse che «era estremamente difficile penetrare il muro di riserbo che lo circondava, ma al tempo stesso era un compagno gradevole, sia per farsi una bevuta ai piedi della montagna sia per aspettare che passasse una bufera a metà parete». Altri membri della squadra si fecero un'opinione più sinistra dello scozzese, divenuto una celebrità in Gran Bretagna dopo l'Eiger Direct. In *The Boys of Everest*, una sorta di ritratto di gruppo di Bonington e di molti dei suoi rispettabili protetti, Clint Willis disse:

> C'erano momenti in cui Dougal provava a convincersi di essere realmente una sorta di eroe. I suoi diari erano disseminati di opinioni taglienti – e talvolta inesperte – riguardo a scalatori che riteneva oramai superati, o poco seri. Talvolta si considerava ancora un superuomo, o un artista... una persona il cui scopo e la cui vitalità la rendevano diversa dalle altre.

Lo stesso Bonington fu piuttosto schietto nel descrivere il carattere collerico e irascibile di Haston. Riguardo al suo apprendistato come alpinista, scrisse che «il gruppo di scalatori di Edimburgo con cui usciva era una banda di individui asociali sempre pronti a scatenare risse e distruggere locali».

Tuttavia, nel 1970 Haston aveva preso il posto del suo mentore, John Harlin, come direttore della American School di Leysin, Svizzera, un'enclave bohémienne per giovani inglesi e americani, che poneva particolare enfasi sugli sport all'aria aperta e sulla controcultura dell'epoca. Ironia della sorte, sarebbe morto prematuramente nel 1977, e non durante una delle sue audaci ascensioni, bensì in una normale discesa sugli sci dietro la scuola, quando fu travolto da una valanga.

L'altra superstar era Whillans, trentasettenne nel 1970 (il membro più anziano della squadra), di professione idraulico. Era già una leggenda nei circoli alpinistici inglesi, perlopiù grazie a una serie di scalate audaci e senza protezione su scogliere e torri sparse in Scozia e nell'Inghilterra del Nord, molte delle quali sarebbero state ripetute oltre un decennio dopo. Era stato anche il partner di Bonington sul Pilone del Frêney, e sull'Eiger per ben due volte, prima del trionfo di Bonington con Ian Clough.

Bonington, tuttavia, esitò a lungo prima di invitarlo sull'Annapurna, e definì la sua scelta «la più ovvia di tutte, per certi versi, eppure quella che mi suscitò i dubbi più forti». Con un misto di franchezza e ambiguità, scrisse:

> Indubbiamente era l'alpinista più completo e in gamba che la Gran Bretagna avesse prodotto dalla guerra, ma negli ultimi anni si è lasciato andare fisicamente, facendosi venire un'enorme pancia a causa del regolare consumo di birra, e della mancanza di esercizio. Aveva perso interesse per le arrampicate su roccia in Inghilterra, e persino sulle Alpi, preferendo partecipare a spedizioni sulle catene montuose più lontane del pianeta. Inoltre, i nostri rapporti erano sempre stati piuttosto tesi. Del resto, con lui ave-

vo fatto alcune tra le mie scalate migliori, e non avrei potuto chiedere un partner migliore.

Il fatto che Whillans ingrassasse tra una spedizione e l'altra sarebbe diventato parte integrante della sua leggenda. In qualche modo, riusciva sempre a rimettersi in forma durante la marcia di avvicinamento, quando si preparava a sfidare qualche gigante himalayano, e si comportava come i suoi compagni di squadra, se non meglio. Era il Keith Richards degli alpinisti: fumava, beveva, ma era perfettamente in grado di sostenere ogni performance. Morì per un attacco cardiaco nel 1985, a soli cinquantadue anni, e più di un amico si convinse che le sue abitudini dissolute avessero contribuito a quella fine prematura. Nel 2005 Jim Perrin, storico dell'alpinismo inglese, scrisse la biografia definitiva di Whillans, *The Villain: The Life of Don Whillans* («Villain», canaglia, era uno dei suoi soprannomi, a cui lui stesso era particolarmente affezionato). Tra le opere di questo genere, è una delle più cupe mai scritte, disseminata di amicizie infrante, episodi di paura e depressione, e incredibili festini a base di alcol. Nonostante ciò, ogni pagina è illuminata dal genio di Whillans come scalatore, sia sui dirupi delle Highlands scozzesi sia sulle montagne più alte e difficili della Terra.

Quando fu pubblicato *Annapurna, parete sud* avevo dodici anni. Era il 1971. Cinque o sei anni più tardi, dopo aver divorato *Annapurna. Il primo 8000*, lessi anche il libro di Bonington, che come la cronaca di Herzog incoraggiò profondamente la mia ambizione di alpinista. Le fotografie patinate dei tratti più ardui mi tolsero il fiato e, nonostante la mia limitata esperienza, capii subito che sull'Himalaya nulla del genere era mai stato tentato. Rileggendolo, anni dopo, mi sono reso conto che il libro porta l'impronta di Bonington dall'inizio alla fine: la formazione militare, la passione per i più piccoli dettagli logistici. Non è solo il racconto di una grande avventura, ma anche un testamento perfino ossessivo dell'organizzazione meticolosa voluta dal capospedizione. Le decine di pagine dell'appendice coprono qualunque argomento, dalle scorte mediche ai preparativi, dall'elenco dettagliato di ogni porzione di cibo consumato dagli scalatori a un trattato antropologico: *La gente del Nepal*. Nella sezione medica, nel paragrafo «Farmaci raccomandati», ne sono elencati non meno di novantaquattro, ciascuno con l'esatta quantità portata sull'Himalaya. «Merocets [pastiglie per la tosse] – 1000 pasticche»; «Tetralysal [antibiotico] – 1000 compresse»; «Valium – 100 compresse»; e «Novocaina collirio – 10 fialette».

Altri lettori troveranno noiosi dettagli tanto meticolosi, ma io ne andavo matto. Amo da sempre i libri di Bonington, e venni rapito da quelle appendici quanto dalla cronaca della spedizione. Ammetto di essere stato anch'io un patito dell'attrezzatura da montagna: ai tempi del college mi ero procurato il catalogo originale Chouinard, i cataloghi Rei e diversi numeri di «Mountain», e passavo ore a studiarli. Non potevo certo permettermi gli articoli di prima qualità in essi presentati, ma se non altro potevo guardarli. Così, quando lessi il resoconto di Bonington, volli sapere esattamente che cosa avevano mangiato lui e i suoi compagni, che genere di scarponi avessero indossato. Tabelle, elenchi, diagrammi registrano che cosa trasportò la coppia di turno, in un dato giorno, al campo II, dove poi si tratteneva due giorni. Herzog, con la sua vena romantica, non dà informazioni del genere. Leggendo Bonington, invece, avevo la sensazione di vivere in compagnia di quegli alpinisti, giorno dopo giorno.

A quanto pare, Bonington è altrettanto meticoloso e ossessivo quando tiene una conferenza o allestisce una proiezione di diapositive. Qualche collega mi ha confessato di essere sgattaiolato fuori per farsi una birra, mentre lui andava avanti a parlare per il doppio del tempo che gli era stato concesso. Ma all'inizio degli anni Ottanta, quando studiavo alla University of Washington e Bonington tenne una conferenza alla Kane Hall, ascoltai avidamente ogni parola. Tre ore, senza nemmeno un intervallo. L'aula era gremita, non c'era più posto neppure in piedi. Seduto a un lato del palco, con un atteggiamento assolutamente informale, Bonington raccontò tutta la sua carriera. E non si limitò a mostrare le diapositive delle spedizioni, ma fece ascoltare anche i nastri su cui erano registrate le comunicazioni via radio tra i campi. Fu come assistere a un film meraviglioso.

Ma c'è un'altra grande differenza tra il libro di Bonington e quello di Herzog. Negli anni Sessanta, la generazione di giovani scrittori d'avventura – oltre a opporsi alla guerra del Vietnam, e ad abbandonarsi al sesso, alle droghe e al rock and roll – insistette per adottare un approccio più che mai realistico. Anche il racconto di Herzog è ricco di dialoghi, discussioni e critiche tra i membri della spedizione, ma tutto serve a enfatizzare gli sforzi di una squadra unita. E lo stesso si può dire di *La conquista dell'Everest*, di Sir John Hunt: nessun lettore sospetterebbe che la prima ascensione fu caratterizzata da antagonismi così forti tra gli scalatori inglesi.

In *Annapurna, parete sud*, invece, Bonington decide di lavare i panni sporchi in pubblico. Spesso cita dialoghi a memoria, come Herzog, ma trascrive anche intere pagine di discussioni via radio tra i campi, registrate per i posteri. E buona parte di quelle conversazioni sono cariche di astio. Appare chiaro che, se gli inglesi si sostennero l'un l'altro in modo superbo durante l'assalto alla parete sud, furono però divisi da rivalità e competitività. In un certo senso, è un miracolo che Bonington sia riuscito a convincere la squadra a inseguire un obiettivo comune e a farsi addirittura prestare dai suoi compagni lettere e diari privati con il permesso di utilizzarli nel suo libro.

Tom Frost ricorda il processo di stesura: «Ho tenuto un diario durante tutta la spedizione. Dopo, Chris mi chiese di copiarlo. Acconsentii. Non ho mai detto nulla circa quali passaggi decise di utilizzare».

Oggi Frost sostiene di non aver mai letto il volume per intero, e di essersi limitato a una scorsa superficiale. «Un libro del genere non è nel mio stile» spiega. «A me interessano le meccaniche di una spedizione, il lavoro di squadra. Non voglio leggere dei battibecchi tra i protagonisti. Non mi piace certa roba.»

Naturalmente, avrei dato qualunque cosa per far parte di un team come quello che Bonington mise insieme per l'ascensione all'Annapurna. Ma mi sarei sentito male se le mie critiche nei confronti dei compagni fossero state citate alla lettera sulle pagine del resoconto ufficiale. Pure, già da ragazzino sapevo che tensioni e disaccordi sono la norma, durante spedizioni di tale importanza, e confesso di aver provato un piacere quasi colpevole leggendo quei dialoghi accesi: è stato un po' come origliare mentre i protagonisti si scambiavano battute sgradevoli, infiammati dalla lotta contro la temibile parete.

Via via che la squadra si allargava, quella che nelle intenzioni di Bonington sarebbe dovuta essere una spedizione leggera divenne un'impresa di proporzioni enormi. E fu qui che il leader dal passato militare entrò in gioco: calcolò tutti gli aspetti logistici, si occupò di raccogliere i fondi, e pubblicizzò instancabilmente il progetto. Nei decenni successivi, avrebbe perfezionato le sue abilità organizzative. Nessun altro nella storia dell'alpinismo è riuscito a radunare una simile squadra di stelle: e non mi riferisco solo a chi lo accompagnò sull'Annapurna, ma anche a scalatori oggi leggendari come Doug Scott, Joe Tasker, Peter Boardman, Dick Renshaw, Mo Anthoine e Al Rouse. Inizialmente la biografia collettiva di Clint Willis, *The Boys of Everest*, si sarebbe dovuta intitolare *Bonington's Boys*, «I ragazzi di Bonington». Per anni, fu come se Bonington scegliesse un obiettivo, e poi dicesse ai suoi «ragazzi»: «Okay, organizzo una spedizione e metto insieme i soldi necessari, che ne dite di unirvi a me?». Chi non avrebbe voluto prendere parte a un'impresa di tale portata?

Anche sulla montagna si dimostrò un leader ideale. Non diresse mai le operazioni dal campo base, con un binocolo, a differenza di Ardito Desio sul K2, o di Karl Herrligkoffer in numerose spedizioni. Ma non si mise nemmeno alla testa del gruppo, per giungere in vetta per primo. Fece sempre la sua parte di lavoro, trasportando carichi e fissando corde, e guidò la cordata lungo tratti piuttosto ardui. Ma a proposito della conquista ebbe un atteggiamento estremamente controllato: «Se funziona, vado su. Altrimenti, lo farà qualcun altro».

Per la spedizione del 1970 il personale arrivò a includere, oltre agli otto scalatori principali e ai tre inglesi di supporto, sei sherpa d'alta quota, una troupe televisiva e una squadra di quattro cuochi. In patria, inoltre, c'erano tre «patroni» di primo piano (tra i quali Sir John Hunt), un «comitato direttivo» di quattro persone, l'addetto stampa e due segretari. La lista delle ditte fornitrici di viveri e attrezzature (tutte citate nelle appendici di Bonington) comprendeva ottantacinque nomi, tra cui «Stewart & Son of Dundee Ltd. – Whisky», «Gauloises – Sigarette», «Crosse & Blackwell Ltd. – Pesce in scatola», e «Ever Ready (UK) Ltd. – Batterie».

Il grande vantaggio della squadra inglese rispetto a quella di Herzog fu la marcia di avvicinamento. Pochi sentieri che conducono alla base degli ottomila sono diretti come quello che porta al Sanctuary della parete sud, il punto in cui confluiscono i ghiacciai che scendono dalla cresta del massiccio dell'Annapurna.

Alla fine di marzo la squadra volò da Kathmandu alla città collinare di Pokhara, dove arruolò centoquaranta portatori gurkha. La marcia di avvicinamento fu una camminata di appena otto giorni, relativamente facile, che si svolse per la maggior parte lungo le sponde del Modi Khola. Entro il 28 marzo gli uomini avevano piazzato un campo base accanto al ghiacciaio, cinque chilometri più a sud dell'ardua via che speravano di seguire sulla parete.

Nonostante l'esame attento delle poche fotografie in loro possesso, Bonington e compagni cominciarono a preoccuparsi del grado di sicurezza del percorso individuato. In un pub del Galles, durante i mesi che precedettero la partenza, il capospedizione mostrò uno di quegli scatti a Joe Brown. Idraulico come Whillans – con cui poco più che ventenne aveva fatto coppia fissa mettendo a segno le ascensioni più difficili mai realizzate nelle isole britanniche – Brown era anche uno dei due scalatori ad aver compiuto la prima ascensione al Kangchenjunga, terza vetta del pianeta, nel 1955 (impresa che lui stesso liquidò come «una lunga sgobbata»). Laconico per natura, Brown studiò la foto, che commentò con una sola frase: «A metà parete verrete spazzati via da valanghe di polvere di neve».

E così, al campo base, Bonington attese ansioso il verdetto di Whillans, che si era spinto fin sotto la parete.

«Hai visto la parete sud?»

«Sì.»

«E com'è?»

«Ripida. Ma dopo qualche ora ho avuto l'impressione che cominciasse a inclinarsi un pochino. Sarà dura, ma credo che andrà tutto bene.»

Sotto lo sguardo di Whillans, un'enorme valanga era caduta poco più a sinistra della via che il team si proponeva di seguire. Ma l'alpinista era convinto che fosse relativamente sicura.

Per nulla tranquillizzato, Bonington gli domandò dello strapiombo di seicento metri nella parte alta della via, già soprannominato Fascia di Roccia.

«E che mi dici della Fascia di Roccia?»
«Ripida, ma molto più discontinua di quanto pensassi. Sono quasi certo che il solco sul davanti sarà troppo arduo, per noi, ma mi pare che ci sia una possibilità sulla sinistra.»

La squadra fu indotta a prendere due decisioni per certi versi conservatrici. Nel 1970, i migliori scalatori dell'Alaska e delle Ande avevano cominciato ad abbandonare l'antiquato «stile spedizione» in favore di un approccio «in stile alpino», sviluppato sulle Alpi europee. Nel primo caso, il team piazza una serie di campi ben attrezzati lungo il pendio, facendo la spola per trasportare viveri e attrezzatura. Vengono fissate centinaia, o addirittura migliaia di metri di corde sottili di nylon, per rendere il trasporto più facile e sicuro. Dal campo più elevato, all'apice della piramide logistica, almeno due scalatori lanciano l'assalto alla vetta. Se c'è il tempo e se le condizioni meteorologiche lo consentono, seguono una seconda, una terza e anche una quarta coppia. La durata di un'ascensione del genere va da uno a tre mesi.

La tattica in stile alpino, viceversa, prevede poche corde fisse (o nessuna), e campi attrezzati solo con tende leggerissime e sacchi piuma da bivacco. Anziché accumulare le scorte in campi prestabiliti, la squadra esegue un paio di esplorazioni nella zona più bassa della montagna. Quindi gli scalatori si caricano sulle spalle tutto ciò di cui possono avere bisogno, e lanciano l'assalto alla vetta. Di solito si tratta di un unico tentativo: se l'attacco non ha successo, la squadra utilizza tutta l'attrezzatura per preparare ancoraggi per la discesa a corda doppia. In condizioni normali, un secondo tentativo è fuori questione.

Lo stile alpino è più pulito ed elegante, ed è molto meno faticoso. Di contro, gli scalatori corrono rischi maggiori. Nei campi ben riforniti e collegati da corde fisse possono resistere anche per quattro o cinque giorni durante una bufera. Quando invece hanno a disposizione soltanto l'attrezzatura da bivacco e viveri per pochi giorni, il brutto tempo li costringe a ritirarsi. Certo è un'ascensione leggera, che prevede un solo assalto alla vetta, e richiede poco tempo rispetto alle vecchie piramidi logistiche. In Alaska, per esempio, vie che erano state completate in oltre un mese nei primi anni Sessanta, solo cinque anni dopo venivano percorse in appena pochi giorni.

Ma si dovette attendere quasi un decennio, dopo il 1970, perché lo stile alpino venisse realmente adattato alle spedizioni himalayane ad alta quota. Ci fu un'unica, brillante eccezione: la prima ascensione al Broad Peak nel 1957 da parte di quattro austriaci, tra i quali Hermann Buhl, che quattro anni prima aveva compiuto la prima salita al Nanga Parbat in solitaria. Sul Broad Peak – unico tra gli ottomila a essere conquistato da una spedizione in stile alpino – i quattro membri della squadra fecero a meno del sostegno degli sherpa, delle bombole d'ossigeno e delle corde fisse, e lanciarono l'assalto dal campo III alla vetta in sole tredici ore.

Tuttavia le difficoltà tecniche presentate da quella montagna erano quasi banali rispetto alla parete sud dell'Annapurna. Bonington e compagni non presero nemmeno in considerazione l'idea di attaccare quel muro enorme in stile alpino. Sin dall'inizio, stabilirono di alternare varie coppie di alpinisti alla testa della cordata, di attrezzare le lunghezze più ardue e di assegnare al resto della squadra (sherpa inclusi) compiti quali il trasporto di attrezzature e cibo ai campi riforniti, disposti in vari punti della salita. La catena finale si componeva di sei campi compresi tra il ghiacciaio appena sotto l'inizio della via (4877 metri) e la zona centrale della Fascia di Roccia (il campo VI era a 7315 metri).

Bonington prese anche la decisione di usare l'ossigeno, di cui i francesi nel 1950 avevano fatto a meno. A suo parere, le difficoltà tecniche dell'estremità superiore della parete avrebbero messo a dura prova i polmoni degli alpinisti, non acclimatati all'aria sottile.

Mi è stato chiesto più volte se considero antisportivo (o addirittura sleale, poiché rende la montagna più accessibile) l'utilizzo delle bombole. Poiché ho scalato tutti gli ottomila senza farne uso, forse il pubblico pensa che voglia criticare chi adotta uno stile diverso. Da parte mia, si è sempre trattato di una scelta personale. Non mi è mai capitato di discutere con chi ha usato le bombole per scalare una montagna, nemmeno quando era un mio compagno di squadra. E di certo non vedo nulla di sbagliato nella decisione di Bonington di attrezzare gli scalatori di testa con maschere ed erogatori, mentre lottavano contro i tratti rocciosi e ghiacciati oltre i 7000 metri. Ai miei occhi ciò non sminuisce affatto la loro impresa.

Uno dei compiti iniziali del leader fu quello di creare i giusti abbinamenti tra gli otto scalatori. Il primo si sarebbe rivelato cruciale. Stabilì subito che Whillans doveva far parte della coppia di testa, per la sua ricca esperienza su catene importanti (e perché, a suo avviso, aveva una maggiore «sensibilità» nei confronti delle montagne in genere). Ma quale sarebbe stato il partner più adatto a un uomo spesso così irascibile e testardo? Come avrebbe scritto in seguito il leader:

Ancora ignoravo come se la sarebbe cavata Don; era palese che non fosse al cento per cento della forma, e la pancia da birra, seppure in calo, era ancora lì. Erano passati sette anni dalla nostra ultima scalata insieme... e non sapevo se possedeva ancora quel fuoco straordinario che avevo conosciuto in passato.

Per questi motivi, scelsi Dougal [Haston] come suo compagno, perché tra tutti mi sembrava quello più energico. Durante la marcia di avvicinamento si dimostrò come una molla compressa, tesa, che aspettava soltanto di arrivare alla montagna.

Si sarebbe rivelata una coppia entusiasmante, non solo sull'Annapurna, ma anche sulla parete sud-ovest dell'Everest, un anno dopo. In seguito, un caro amico di Haston alla Leysin School, riassunse al biografo di quest'ultimo, Jeff Connor, l'opinione di Dougal (all'epoca ventisettenne) sul rapporto con il compagno di dieci anni più vecchio:

«Whillans è il numero uno» mi disse Dougal... Don aveva una generosità che pochi gli riconoscevano. Sull'Annapurna, e in seguito sull'Everest, quando rimasero senza cibo, aprì l'ultima scatoletta di pâté e disse: «Tieni, Jimmy, mangialo tu». Lui sopravvisse a tè e sigarette, e Dougal mi disse che, per quanto lo riguardava, quell'uomo gli aveva salvato la vita. Si era preso cura di lui, e lui aveva cominciato a chiamarlo «papà».

Il 7 aprile, a una sola settimana dall'inizio della scalata, Whillans e Haston si erano spinti fino al punto che avrebbe ospitato il campo III, a 6126 metri, circa 1220 metri sopra il campo base. Quel campo, piazzato su una piccola sella innevata, fu la piattaforma di lancio per l'assalto alla vera parete sud, che svettava per oltre 1800 metri sopra di loro. Le difficoltà tecniche dovevano ancora venire. Pure, quel progresso così rapido suscitò nel team un ottimismo esagerato. «Giù al campo base, quella sera» scrisse Bonington, «tracannammo allegramente dello scotch, e parlammo di conquistare la parete entro due settimane.»

La seconda coppia era composta da Nick Estcourt e Martin Boysen, già buoni amici. Sarebbero rimasti insieme dall'inizio alla fine, spaccandosi la schiena per supportare la cordata di testa.

Durante la prima settimana di aprile, Ian Clough ebbe problemi con l'altitudine, e Mick Burke fu vittima di un brutto attacco di emorroidi, così entrambi rimasero al campo base, fuori combattimento. Il 14 aprile Bonington e Tom Frost, la terza coppia, diedero inizio alla «vera» scalata, su una cresta di ghiaccio diabolicamente aguzza e orlata da un cornicione, che saliva bruscamente dal campo III.

A favorire l'ottimismo iniziale fu, tra le altre cose, la superba performance dei sei sherpa, che trasportarono più di un carico vitale fino al campo III, e anche oltre. Dagli anni Cinquanta c'era stata una piccola rivoluzione nel rapporto tra gli europei (e gli americani) e i nativi che supportavano la spedizione. I portatori non venivano più chiamati *coolies*, e non erano costretti a subire invettive e rimproveri quando scioperavano durante la marcia di avvicinamento. Né loro né gli sherpa erano tenuti a servire ai *sahib* il tè del mattino, o a piantare le loro tende. Nel suo libro, Bonington coglie perfettamente lo spirito di tale nuova, illuminata collaborazione:

> Li trattammo sempre come colleghi scalatori, evitando che la relazione con loro si trasformasse in un rapporto tra *sahib* e sherpa. Erano indubbiamente più in forma di noi, e durante le operazioni di trasporto si tennero quasi sempre alla testa della fila. Per questo avevano il nostro dichiarato rispetto; e noi avevamo il loro, per la nostra maggiore esperienza alpinistica su terreni difficili.

Alla fine, gli sherpa avrebbero portato attrezzatura e cibo fino al campo IV, a 6492 metri, traversando una zona molto tecnica, assicurati alle corde fisse. Ma Bonington non volle farli salire oltre quella quota.

Una sera, al campo III, Bonington e Frost strisciarono nei sacchi piuma, «io per leggere *Decline of the West*, un romanzo di sesso, lussuria e violenza» osservò ironico Bonington, «lui per leggere il suo testamento mormone, l'unico testo che lo vidi aprire durante l'intera spedizione». Seguì una discussione filosofica sulla religione. È evidente che Frost sperava di convertire alla sua fede l'agnostico leader della squadra. In effetti, in un passaggio tratto dal suo diario riportato in *Annapurna, parete sud*, il californiano rivelò che il suo presidente di ramo, a Ventura, gli aveva detto: «Le spese e gli sforzi sostenuti per costruire la Chiesa sono serviti a qualcosa, se anche un solo individuo è stato convertito... E forse avrò l'opportunità di spiegarlo [ai miei compagni sull'Annapurna], e di essere un autentico esempio della parola di saggezza».

Nessuno al mondo è più diligente dei seguaci della Chiesa di Gesù Cristo dei Santi degli Ultimi Giorni, quando si tratta di convertire nuove anime. Ma Frost non si sarebbe adattato alle abitudini bohémienne dei compagni inglesi. «Aveva tutto il mio rispetto» scrisse Bonington, «per la sua fede e per il modo in cui si astenne dal cacciarcela in gola.»

Sin dall'inizio, Frost si rese conto che c'era un abisso tra lui e il resto del team. «Avevamo una squadra di stelle» ricorda. «Gli inglesi erano bravi scalatori, sapevano il fatto loro. Ma erano tutti professionisti. Volevano venire bene in tivù, per dare una spinta alla propria carriera. A Bonington importava solo del suo successo. Non era là per divertirsi. Io, invece, ero in vacanza. Il mio unico scopo era godermi la scalata, e per qualche settimana lo feci davvero.» Tra gli inglesi, quello con cui andava più d'accordo era Martin Boysen.

La cresta di ghiaccio sopra il campo III causò la prima battuta d'arresto. Frost insisteva per attaccare direttamente la cresta, mentre Bonington intuì che sarebbe stato meglio costeggiarla, e tuttavia si affidò all'esperienza dell'americano sulla neve e il ghiaccio delle Ande, e cedette. Senonché Frost arrampicava con una lentezza tale che presto Bonington cominciò «ad agitarsi». Ma «quando l'ebbi raggiunto oltre la neve morbida e mi avventurai sul pendio successivo, compresi il motivo della sua andatura: mai in vita mia mi ero trovato a calpestare una neve tanto spaventosa... Avevo la sensazione che l'intera cresta fosse bucherellata e spugnosa, pronta a crollarmi intorno».

Alla fine, lo sforzo dei due si sarebbe rivelato un errore. Bonington intitola «Vicolo cieco» il capitolo dedicato a quell'episodio. Giornate di tempo perfette vennero sprecate per scalare quella cresta terrificante, che non offriva punti sicuri per fissare le corde, a causa della neve molle e del ghiaccio vuoto. Furono Whillans e Haston, saliti a sostenere i compagni, a trovare la «deviazione» a sinistra della cresta, e a riportare la squadra sulla via.

Come sempre, nel libro di Bonington emergono i rapporti interpersonali. Accortosi dell'errore, ammetteva: «Avevo una voglia tremenda di prendere a pugni Tom, dicendogli: "Vorrei non averti mai ascoltato"». Ma riconobbe subito che la sua lamentela era ingiustificata. La scelta era stata condivisa.

Durante le settimane successive, la squadra salì lentamente, affrontando un terreno difficile e spaventoso. Alla fine, il sistema che prevedeva la rotazione della coppia di testa cominciò a dare i suoi frutti. Il 23 aprile, a oltre tre settimane dalla partenza, Nick Estcourt e Martin Boysen piazzarono il campo IV a 6492 metri, in cima alla cresta di ghiaccio. Sarebbero stati necessari altri sedici giorni per piazzare il campo V, appena 442 metri più su. Ci pensò Mick Burke, ripresosi dal fastidioso attacco di emorroidi, che Bonington assegnò a Frost.

Ma oltre quel punto svettava la Fascia di Roccia. Ormai l'ottimismo dei primi di aprile era svanito. La scalata si era trasformata in un'autentica lotta. Burke batté traccia lungo molti tiri fra i più difficili, sul terreno misto a sinistra della Fascia. Boysen, Estcourt e Bonington si dimostrarono instancabili nel dare il proprio supporto, tirando carichi lungo le corde fissate dagli scalatori di testa. Soltanto Ian Clough, ancora in preda al mal di montagna, rimase indietro. Anziché restarsene seduto al campo base, tuttavia, per due volte tentò coraggiosamente di vincere nausea e debolezza, trasportando carichi prima al campo V, e poi fino al VI, a 7315 metri.

Bonington è spietato nel raccontare come quegli sforzi l'avessero sfinito. Ecco la ricostruzione di un dialogo con Clough, con cui fece coppia durante un estenuante viaggio di trasporto:

> Riuscì a superare la Traversata Terribile, ma, giunto alle corde verticali che salivano al colmo della cresta, rimase appeso come un sacco.
>
> «Così non va, Chris, sembro un batacchio. Devo tornare giù» urlò.
>
> «Ti restano solo trenta metri, e avrai raggiunto il punto più elevato» gli risposi urlando. «Non devi fare altro che tenere stretta quella corda, così che possa proseguire con il tiro successivo.»
>
> «Non credo di poter fare nemmeno questo.»

A quel punto, Bonington dichiarò che avrebbe continuato in solitaria. «Non posso permettertelo» gli rispose il compagno, altruista. «In qualche modo, verrò su con te.»

Ci furono momenti terrificanti sulla Fascia di Roccia, allorché lo scalatore che batteva traccia arrivò ai limiti delle proprie capacità e della propria sopportazione. In un'occasione, mentre Frost lo assicurava, Burke salì per quindici metri su una lastra di ghiaccio ripidissima e friabile, senza piazzare nemmeno una protezione, e con il solo aiuto dei ramponi. Poi si fermò, esausto, appeso alla punta del martello da ghiaccio, mentre tentava di combattere un attacco di panico.

«Attento alla corda, Tom» gridò. «Potrei cadere.»
«Che ne dici di piazzare un picchetto da ghiaccio?» giunse la risposta del compagno, fredda.
«Cristo, mi ero dimenticato di averli!»

Afferrò il martello con una sola mano e armeggiò alla ricerca di una vite da ghiaccio, che riuscì a malapena a conficcare e a girare.

Per tutta la Fascia di Roccia, frane di pietre minacciarono gli scalatori a ogni lunghezza di corda. «Scendevano dall'alto sibilando, e di tanto in tanto atterravano a breve distanza da noi» scrisse Tom Ford nel suo diario. «Resi grazie tante e tante volte, per la protezione che mi venne concessa. Prima o poi, probabilmente qualcuno sarebbe stato colpito.»

All'inizio di maggio, gli alpinisti avevano il morale sotto i piedi. «Di questo passo» disse Clough a Bonington, «non credo che avremo molte probabilità di successo; se non altro, abbiamo offerto un bello spettacolo.» Il leader non rispose, ma in cuor suo appoggiò quella triste valutazione.

Per quanto battere traccia lungo tratti nuovi fosse spaventoso e pericoloso, era quello che gli otto alpinisti preferivano fare, piuttosto che svolgere compiti faticosi come piazzare corde, trasportare carichi e stabilire i campi. Salire lungo una corda fissa con un bloccante, usando cappi per i piedi e facendo scorrere i dispositivi legati alla vita, può diventare mera routine. Ma se si porta sulle spalle uno zaino di venticinque chili, e la corda si trova in un tratto verticale o sporgente, la tensione è enorme, e la paura rischia di sopraffare anche lo scalatore più esperto. Le corde fisse non sono sicure: oscillano al vento, grattano contro gli spigoli delle pareti, si sfilacciano sotto il peso degli alpinisti. Fu proprio a causa di una corda fissa recisa che John Harlin trovò la morte sull'Eiger nel 1996. Ironia della sorte, l'ultimo a salire lungo quella corda fatale, solo pochi minuti prima, era stato Dougal Haston, ben più leggero, che aveva notato il tratto consumato, ma non aveva avvertito il compagno.

Sotto la costante tensione dell'ultima settimana di aprile e delle prime settimane di maggio, gli animi si infiammarono, e un gioco di manovre sottili cominciò a inquinare il lavoro di squadra che finora aveva fatto da collante tra i vari membri. Una lista nell'Appendice A di Bonington («Diari e statistiche») illustra ogni cosa nel dettaglio. La lista aveva otto colonne, una per ciascun alpinista. Le varie righe servivano a calcolare i «giorni totali trascorsi al campo IV, o sopra» e i «giorni di non riposo a 6000 metri e oltre». Le tre file che balzano all'occhio recitano: «Giorni trascorsi a battere traccia», il compito «glorioso» preferito da tutti, e «giorni trascorsi a spostare il campo» o a «trasportare carichi», le mansioni più dure e faticose.

Le cifre sono più o meno simili per Bonington, Boysen, Frost, Estcourt, Burke e persino per Clough. I giorni totali di «lavoro ingrato» vanno da trentadue (Clough) a trentotto (Estcourt). Haston e Whillans, invece, si fermarono a ventisei. Durante la spedizione, però, il primo trascorse ventidue giorni alla testa della cordata, il secondo diciannove. Dopo di loro veniva Bonington, con tredici. Boysen ed Estcourt, i veri cavalli da soma, batterono traccia solo cinque giorni ciascuno. Clough quattro.

Le ragioni di tali differenze sono complicate. Ma una conclusione inevitabile è che, in un modo o nell'altro, Whillans e Haston avessero manipolato la situazione per trascorrere la maggiore parte del tempo in testa. Non solo perché erano i più forti: dipese anche dai turni e dalla decisione del leader. In pratica, entrambi fecero meno degli altri per trasportare viveri e attrezzature e per piazzare i campi, risparmiando le energie – deliberatamente o meno – per poter arrivare in cima. Come ricorda Tom Frost, «Dougal era decisamente l'alpinista più forte del team. Gli sherpa avevano grande rispetto di lui, proprio per la sua forza. E fu questo che spinse Don a sceglierlo come partner. Don era il maestro della politica della spedizione. D'altro canto, sulla montagna si dimostrò il secondo scalatore dopo Dougal.

«Una cosa mi infastidiva, di quei due, e cioè che fossero dei fannulloni. Gli altri, Boysen ed Estcourt in particolare, facevano vero gioco di squadra. Ma Don e Dougal formavano un team a parte.»

Ciò causò profondi rancori durante i due mesi e mezzo trascorsi sulla montagna. Il 13 maggio avevano piazzato il campo V a 6934 metri, alla base della Fascia di Roccia. Dopo settimane di lavoro instancabile a sostegno degli altri, Estcourt e Boysen erano ansiosi di passare in testa. Ma quel giorno, durante una comunicazione via radio tra l'uno e l'altro campo Bonington prese una decisione sorprendente: avrebbe fatto salire Haston e Whillans dai campi inferiori a quelli intermedi, affinché prendessero il comando. Nel suo libro non dà alcuna spiegazione al riguardo, ma chiaramente riteneva che fossero i due scalatori con le maggiori probabilità di arrivare in vetta. La squadra era in ritardo rispetto alla tabella di marcia (come già i francesi nel 1950), e lui temeva l'arrivo del monsone.

Estcourt e Boysen rimasero profondamente delusi, ma accettarono il verdetto con stoica rassegnazione. Al contrario

Mick Burke, più volubile, andò su tutte le furie, e persino Tom Frost, che raramente dava voce a critiche, disse a Bonington, schietto: «Credo che tu abbia distrutto lo spirito della spedizione, mandando avanti Don e Dougal quando non era il loro turno; è stata una pugnalata alla schiena, per Nick e Martin». Nel suo diario, poi, scrisse: «Per la prima volta i problemi politici e i conflitti di personalità hanno sollevato le loro orribili teste, e la spedizione da idilliaca è diventata normale. Come nella vita, chi trama alle spalle degli altri berrà dalla sua coppa d'ira... sarà il tempo a dirlo».

Già nel 1970 si presumeva che a «tramare» fosse soprattutto Don Whillans. Quarant'anni dopo, ancora si insinua che avesse pianificato il suo passaggio in testa fin dall'inizio. Bonington l'aveva nominato ufficialmente vicecapo della spedizione, e Whillans sapeva che il vecchio amico con cui aveva espugnato il Pilone del Frêney considerava il suo giudizio superiore a quello di chiunque altro. A rafforzare la sua immagine di «manipolatore», però, fu il modo in cui affrontò la delusione dei compagni.

Il 5 dicembre 1970 il mio coautore, David Roberts, partecipò alla riunione annuale dell'American Alpine Club a New York. Quel sabato sera il programma prevedeva una proiezione di diapositive sulla parete sud dell'Annapurna, di Frost e Bonington. Le immagini lasciarono il pubblico senza fiato, ma il ricordo più vivo di David è quello di Bonington che fa ascoltare i nastri delle discussioni via radio, riguardo alla decisione del 13 maggio. Nessuno, tra i membri dell'Aac, aveva mai assistito a una presentazione che mostrasse integralmente i conflitti che potevano sorgere durante una spedizione. Le voci suonavano gracchianti, a causa dei rumori statici, mentre gli alpinisti – nei rispettivi accenti *cockney*, scozzese e del Lancashire – sparavano a raffica le loro opinioni contrastanti. Poi, all'improvviso, s'intromise la voce rauca e burbera di Whillans, che accusò i compagni di essere dei codardi e degli scansafatiche, lanciandosi in un'invettiva piena di oscenità.

Bonington pubblicò una parte di quei dialoghi, eliminando le espressioni offensive e volgari. Tra le dichiarazioni di Whillans c'è anche questa:

> Il campo V non è stato ancora consolidato, e il progresso della squadra verso il VI procede con tanta lentezza che io e Dougal ci portiamo dietro una profonda depressione sin dall'inizio della scalata. Non so a che gioco pensi di giocare Mick, ma il campo V è insufficiente, e noi vogliamo completare la via, e, a meno che non si tolgano il dito [dal culo] e piazzino il campo VI, o perlomeno trovino il sito più adatto, devono lasciar tentare qualcun altro. Mick ha avuto una settimana, e i progressi sono quasi inesistenti.

Alla fine Bonington provò a intercedere per contenere quell'esplosione di collera. «Smettetela, tutti quanti. Basta» gridò alla radio. «Ciascuno di noi sta sputando l'anima, per portare a termine la scalata, e credo che la questione si possa risolvere senza discussioni.»

Ma il danno era fatto. Burke, che aveva piazzato le lunghezze più difficili sulle lastre pericolosissime della Fascia di Roccia, andò su tutte le furie per quell'attacco personale. Sarebbe morto cinque anni dopo, partecipando a un'altra spedizione di Bonington, durante la quale sparì sotto la cima dell'Everest, dopo aver aiutato la sua squadra a scalare la magnifica parete sud-ovest. Ma in quegli anni non perdonò mai Whillans, né i due tentarono di rimediare alla rottura che si era venuta a creare.

Per usare le parole di Tom Frost, «Whillans non era il tipo d'uomo che gli altri prenderebbero a modello. Non era un eroe... no, era più una rock star». Il litigio via radio sull'Annapurna divenne tristemente famoso nell'ambiente alpinistico. In una spedizione più tradizionale, la squadra si sarebbe ben guardata dal rendere pubbliche certe cose. Ma Bonington non si fece alcuno scrupolo a far ascoltare quei nastri durante le proiezioni di diapositive, e non ebbe problemi a trascriverli nel suo libro. Nonostante la formazione militare e conservatrice, è sempre stato un convinto sostenitore del realismo nelle cronache d'avventura.

Quell'episodio rimase per sempre associato al nome di Whillans, contribuendo alla sua immagine di «Canaglia». Nella sua biografia, Jim Perrin parla così di quel momento critico:

> La squadra si radunò rapidamente in base alle nuove direttive, ma si erano venute a creare delle fratture, delle inimicizie... alla fine si sarebbe trovato un capro espiatorio, che sarebbe stato diffamato e calunniato dalle cricche che popolano l'ambizioso mondo degli scalatori professionisti e semiprofessionisti.

Perrin aggiunge una nota a piè di pagina, in cui rivela informazioni ottenute in seguito, dopo aver intervistato un altro membro della squadra (anche se non dice di chi si tratti):

> Secondo una fonte che prese parte alla spedizione, Don, sempre leale nei confronti di chi considerava un amico, si sentì oltremodo in colpa per aver scavalcato Martin Boysen in quel modo: «Non gli importava un accidenti di Estcourt, ma suggerì a Martin di unirsi a lui e a Dougal. Non avrebbero potuto lanciare l'assalto in tre, naturalmente, e comunque a quel punto Martin era fottuto, avendo trasportato tanti carichi. Era una delle vere stelle della spedizione, e lavorò per la squadra dall'inizio alla fine. Don fece lo stesso, ma sempre con un occhio rivolto alla vetta».

Il 19 maggio, Whillans e Haston erano al campo VI, a metà della Fascia di Roccia. Speravano ancora di piazzare un altro campo tra quel punto e la cima, e il 24 si misero in marcia con quell'intenzione. Sotto un cielo coperto, s'incamminarono prima dell'alba, ma il tempo peggiorò rapidamente, finché i due non si ritrovarono immersi in un vero e proprio *whiteout*, una bufera di vento, neve e nebbia. Entrambi scrissero di ciò che accadde quel giorno, ed è affascinante notare le differenze tra i due racconti.

Haston (autore del capitolo dell'assalto alla vetta nel libro di Bonington) batteva traccia e piazzò novanta metri di corda fissa. «Avevamo in mente una sola cosa» scrisse in seguito, «raggiungere la fine della gola e piantare la tenda per il campo VII.» Ma si tolse gli occhiali di protezione, poiché non vedeva attraverso le lenti, e in breve sentì le palpebre congelarsi sotto il vento sferzante. «La parte esterna della mia mano sinistra aveva perso sensibilità.» Quasi in trance, si rese conto che si erano cacciati in «una situazione da incubo». Sarebbe potuta accadere qualunque catastrofe: rischiavano di scivolare e morire, di perdersi a causa della visibilità quasi nulla, di soccombere alla furia degli elementi.

Nell'unico punto meno ripido del pendio, Whillans provò a scavare una piattaforma, mentre Haston aspettava e osservava, sempre più congelato. Come avrebbe detto quest'ultimo: «A poco a poco, ci rendemmo conto che la situazione si stava facendo seria. Ritirata e sconfitta cominciavano a diventare una realtà. Ma le nostre menti non erano pronte a lasciarsi andare a simili pensieri. Eravamo così agitati, per via di quella spinta verso la cima. Dovevamo tornare giù».

Whillans, dal canto suo, raccontò al suo biografo:

Avevamo pale e una tenda, così pensammo di fare un tentativo. Arrivammo al banco di neve ai piedi della roccia e cominciammo a scavare. Un paio di spanne sotto la superficie, trovammo il ghiaccio.

«Ecco. Torniamo giù, possiamo usare le corde...»

«Troveremo il posto adatto» fece Dougal.

«Non abbiamo la minima possibilità» feci io. «Si sta facendo buio.»

«Non possiamo bivaccare?»

«Cristo, no! Ci caleremo giù e in mezz'ora saremo nella nostra tenda.» Eravamo a 7620 metri, in mezzo a una tormenta. Restare era un'idea folle. Gettammo l'attrezzatura e ci calammo giù.

È probabile che Whillans scrivesse nel proprio interesse, ma resta il fatto che la sua cronaca sembra più plausibile. Se davvero le cose andarono così, la sua prudenza e il suo giudizio salvarono la vita a entrambi. Bivaccando a quell'altitudine, sotto una bufera di neve e con una tenda non piantata come unico riparo, sarebbero potuti morire. Forse, in seguito, Haston si riferiva proprio al buonsenso e alla forza di volontà del compagno, quando disse al suo amico della Leysin School che Don gli aveva «salvato la pelle».

D'altro canto, quella battuta d'arresto avrebbe potuto mettere fine alla spedizione. Bonington in particolare era preoccupato per l'arrivo del monsone, essendo ipersensibile alle temperature elevate che sembravano provocare le valanghe lungo tutta la parete sud. Era ansioso di riportare giù la squadra, al sicuro, prima che accadesse una tragedia. Ma, dopo due mesi di eroiche fatiche, desiderava anche avere successo quanto i suoi compagni.

Il 27 maggio, Haston e Whillans fecero un secondo tentativo; questa volta, però, non provarono a piazzare un campo VII, bensì a raggiungere la vetta, circa 762 metri sopra il campo VI. Il tempo era decisamente migliore rispetto agli ultimi tre giorni. Con Whillans in testa, i due risalirono la gola accanto alla Fascia di Roccia con il solo ausilio dei ramponi, non legati, e passarono sui ripidi pendii soprastanti.

Avanzavano in modo lento, ma costante. La cronaca di Haston, riportata nel libro di Bonington, ha un tono stranamente sognante:

> La cosa stupefacente fu che non avemmo nessun problema con la respirazione. Mi ero aspettato di annaspare, a 7925 metri, ma non incontrai più difficoltà di quante ne avevo avute milleduecento metri più sotto. Per Don era lo stesso. Individuò una bella via che saliva verso la cresta sommitale. Poi scomparve oltre il margine, e per un istante rimasi solo. Gli ultimi quindici metri richiedevano concentrazione.

La via era talmente pulita e diretta che Whillans emerse dalla parete sud per trovarsi a soli dieci metri dalla vetta dell'Annapurna. Haston lo raggiunse e arrancarono fino in cima. Erano le quattordici e trenta. Con loro grande stupore, notarono che non tirava vento. (La cosa mi meraviglia: per esperienza so che l'Annapurna è tra gli ottomila più ventosi. I due scalatori ebbero la fortuna di trovare una rara giornata calma e serena.) Haston riuscì a scattare un'unica foto sfocata del compagno sulla sommità. Sfortunatamente le nuvole avevano cominciato a radunarsi sulle montagne circostanti, oscurando il panorama e minacciando l'arrivo di una tempesta.

Non si trattennero in vetta. E, stando al racconto di Haston, la conquista fu quasi banale:

> Non ci dicemmo una parola. Non provammo nessuna gioia. Le nostre menti erano ancora troppo nervose per concedersi sentimenti del genere. E poi avevamo bisogno della massima concentrazione, per tornare giù… Era il momento più straordinario della carriera di entrambi, ed eravamo come intorpiditi. Ma

sapevamo che l'euforia sarebbe arrivata, non appena ci fossimo calmati.

Verso sera avevano riguadagnato la tenda al campo VI. Bonington li chiamò via radio: «Chris a campo VI. Siete usciti, oggi?».

«Sì» gli rispose Haston. «Abbiamo appena scalato l'Annapurna.»

«Sarebbe dovuta finire lì» scrive Bonington in *Annapurna, parete sud*. La spedizione aveva centrato il proprio titanico obiettivo, anche se in vetta erano giunti solo due uomini. Ma ora Mick Burke e Tom Frost supplicavano di avere anche loro una possibilità. Il leader accettò, e per tutta la notte fu tormentato da quella decisione.

Il 29 maggio, dopo aver riguadagnato il campo VI, Frost e Burke si alzarono di buon'ora per lanciare l'assalto alla vetta. Il primo era euforico e in forma, mentre il secondo era assonnato e pessimista. Bonington cita alcuni lunghi passaggi tratti dal diario di Frost. Uno di questi – relativo a quella giornata – suona come un rimprovero derivante dalla sua fede: «Ecco un esempio grafico delle benedizioni che derivano dall'obbedienza alla Parola della Saggezza. Mick, che fumava da quindici anni, cominciava a sentirsi debole a causa dell'altitudine, mentre io, che non riesco ad acclimatarmi tanto facilmente, me la cavavo ancora bene a 7315 metri». Bonington non resiste alla tentazione di aggiungere un commento tra parentesi: «[Credo sia il caso di rammentare che Don Whillans, che aveva fumato per vent'anni almeno e beveva in media tre pinte di birra a sera, se la cavava ancora meglio di Tom]».

Cosa piuttosto curiosa, oggi Frost ritiene che, se lui e Burke erano gli scalatori tecnicamente più forti della squadra, erano anche i più deboli in termini di resistenza. In ogni caso, i due si misero in cammino prima dell'alba, ma Burke riuscì a salire solo un breve tratto della gola, e subito i suoi piedi cominciarono a perdere sensibilità. La decisione più ovvia, per lui, fu di tornare al campo.

Frost proseguì da solo, agganciandosi alla corda fissata da Haston, e sul campo sommitale innevato si aiutò solo con i ramponi. Sfortunatamente, «un vento tremendo» (sono parole sue) spazzava mugghiando la gola, investendolo con raffiche di neve. Anche lui sentiva i piedi intorpiditi: «Per la prima volta, ho le dita congelate».

A quota 7620 metri, si fermò per valutare la situazione.

Come scrisse quella sera, nel suo diario:

> Dopo due ore di indecisione... mi resi conto che avrei cominciato a ballare davvero solo più in alto; che non avrei potuto raggiungere la vetta e sperare di sopravvivere. L'unica alternativa era tornare indietro.
> Dio voleva che arrivassi in cima? Impensabile! Ho pregato sinceramente e ripetutamente che fosse fatta la Sua, e non la mia, volontà.

Ripensando a quel momento cruciale, quarant'anni dopo, Frost ricorda: «Restavano solo quei 450 metri di campo innevato. Una faticaccia, una camminata lunga e noiosa, con la neve che arrivava quasi alla vita. Riuscivo a vedere la cima. Mi dissi che, probabilmente, potevo farcela, ma non ero sicuro di riuscire a tornare giù. Così rimasi un'ora al punto più alto della mia scalata, cercando di godermi il fatto di essere lì».

A mezzogiorno era al campo VI. Con Burke, informò Bonington del fallimento del loro assalto, e il capospedizione provò un immenso sollievo quando apprese che i compagni erano sani e salvi.

Nutro grande ammirazione per la decisione di Frost. Quella rinuncia sarebbe diventata una delle più amare delusioni della sua lunga e illustre carriera di alpinista. (Oggi racconta che gli ci vollero due anni per riprendersi fisicamente dagli sforzi compiuti durante quella spedizione.) Ma pensò lucidamente, e fece la cosa giusta. Il suo dietrofront illustra nel modo migliore il motto intorno al quale ho costruito la mia carriera: *Arrivare in cima è facoltativo. Tornare giù è obbligatorio.*

Tipico della sua modestia, in un articolo che scrisse sulla spedizione per l'«American Alpine Journal», Frost non menziona neppure il suo assalto del 29 maggio. Invece, soldato diligente fino alla fine, acclama la performance di Haston e Whillans: «Vittoria! I due conquistatori sono rientrati al campo VI alle cinque. Fantastico... 762 metri senza ossigeno, e con il brutto tempo. È stata un'impresa da superuomini. Il nostro passaporto per tornare a casa».

Il fatto che otto scalatori, sei sherpa e tre membri di supporto si fossero ammazzati di fatica per due mesi e mezzo, solo per far arrivare in vetta due uomini, pone la spedizione di Bonington all'interno di una grande tradizione di avventure himalayane. Soltanto Herzog e Lachenal erano giunti in cima, durante la prima ascensione all'Annapurna, com'era successo a Tenzing e Hillary sull'Everest, tre anni dopo. E nel 1954, la prima salita al K2 vide trionfare soltanto Achille Compagnoni e Lino Lacedelli. Unica, straordinaria eccezione fu la prima ascensione al Makalu, nel 1955, quando la performance perfetta della squadra francese consentì a tutti e nove i membri di arrivare in cima.

Per sentirsi gratificati dopo aver contribuito al trionfo di una prima ascensione senza lanciare l'assalto alla vetta, occorrono spirito di abnegazione e spirito di squadra, che in anni recenti sono diventati sempre più rari. I francesi dimostrarono di averne, nel 1950, e così pure gli inglesi nel 1953. Quanto al team di Bonington, è difficile dire se i compagni di Haston e Whillans furono realmente appagati dal loro successo. Persino Tom Frost, il più leale e paziente degli otto, ebbe la sensazione che il cameratismo iniziale della spedizione avesse subito un danno irreparabile dopo la discussione del 13 maggio, quando Bonington fece scavalcare la cordata di testa dai due alpinisti prescelti. Nell'articolo pubblicato sull'«American Alpine Journal», Frost confessò quanto quella decisione l'avesse deluso e turbato:

> Strategia. Relazioni interpersonali. Opportunismo. Compromessi. Perché siamo qui? Davvero, intendo? Comincio ad avere dubbi su tutto.
>
> La «lite» ha distrutto l'atmosfera relativamente positiva che si respirava prima. L'ideale del lavoro di squadra ha incontrato un ostacolo insormontabile. Non abbiamo sopportato tutto questo per arrivare a una fine del genere. Quando ci sarà un'altra grande spedizione i cui membri la pensano allo stesso modo, e desiderano solo far arrivare in alto i propri compagni, anziché tentare in prima persona?

Mi ritengo fortunato per non essermi mai trovato in una situazione simile a quella vissuta da Frost. L'unica spedizione che avrebbe potuto prendere una piega simile fu l'International Peace Climb del 1990 sull'Everest. Il nostro leader, Jim Whittaker, era al comando come Bonington sull'Annapurna. Eravamo tutti d'accordo sul fatto che avesse il diritto di prendere le decisioni più importanti: era stato chiaro fin da quando avevamo firmato. All'inizio di maggio, dopo aver dedicato otto settimane a costruire campi lungo la via sulla parete nord, la squadra era pronta per sferrare l'assalto alla vetta. Jim decise che i primi a tentare saremmo stati io e Robert Link. Ma insistette affinché la prima coppia usasse l'ossigeno, per aumentare le probabilità di successo del team. In questo modo mi escluse, dal momento che ero determinato a scalare l'Everest senza l'ausilio di bombole. Glielo dissi, ma lui fu risoluto. «Vai a sdraiarti e dormici su» mi supplicò.

Anch'io fui irremovibile. «Jim» gli dissi, «non intendo cambiare idea. Non ho bisogno di farmi una dormita, per pensarci su!»

Alla fine, non ci rimisi nulla. La spedizione ebbe un tale successo che almeno una ventina di scalatori – tra americani, sovietici e tibetani – raggiunsero la vetta in ondate successive. E io conquistai il mio secondo ottomila, restando fedele allo stile che mi ero ripromesso di adottare, senza ricorrere alle bombole.

Mentre Mick Burke e Tom Frost erano impegnati nell'ultimo tentativo di assalto alla vetta, il resto della squadra smantellava i campi e portava a valle scorte e attrezzature, preparandosi alla partenza. Bonington non si dava pace, temeva ancora che fossero rimasti sulla montagna troppo a lungo, rischiando di veder arrivare il monsone. Il 30 maggio, dal campo base guardò scendere Burke e Frost col binocolo. «Rilassati, Chris» gli disse Martin Boysen. «Oramai non può succedere più niente.»

«Non sarò tranquillo fino a quando non saremo scesi tutti» gli rispose lui.

Solo poco dopo, mentre era seduto nella sua tenda a scrivere dispacci per annunciare il trionfo al mondo intero, un membro della squadra di supporto corse a chiamarlo, frenetico. «Si tratta di Ian» disse senza fiato. «È morto, ucciso da una valanga di ghiaccio sotto il campo II.»

Mentre scendeva dalla montagna per l'ultima volta, camminando senza essere assicurato sul ghiacciaio crepacciato sotto il campo II (un terreno relativamente facile), Ian Clough si era trovato nel posto sbagliato al momento sbagliato. Un seracco scelse proprio quell'istante per collassare, provocando una valanga lungo la parete della cresta secondaria sopra di lui, sulla destra. Clough aveva tentato di mettersi in salvo, ma era stato travolto. Diversi sherpa, e lo scalatore di supporto che aveva portato la notizia al capospedizione, erano riusciti a fuggire per un soffio. Scavando tra i detriti rinvennero il corpo, e capirono subito che era morto sul colpo.

«Fui l'ultimo a scendere dalla montagna» dichiarò in seguito Tom Frost. «Mi presi il mio tempo. Mentre camminavo, rimasi stupito dal modo in cui la via era cambiata. Si stava sciogliendo tutto, cadeva ghiaccio ovunque. In alcuni punti, le corde fisse erano sepolte sotto la neve o il ghiaccio. Le temperature dovevano essere salite alle stelle. La via che avevamo seguito stava scomparendo. Poi, Chris e gli sherpa salirono a dirmi che cos'era successo a Ian.»

Lo seppellirono a un centinaio di metri dal campo base. «Pronunciai qualche parola per rendergli omaggio» scrisse Bonington. «Tom recitò una preghiera, e poi riempimmo la tomba. Fu una cerimonia molto breve e semplice, ma bella e assolutamente dignitosa, resa ancora più intensa dai profondi sentimenti di tutti i presenti.»

Le poche pagine che chiudono la cronaca di Bonington raccontano la tragedia che rovinò un'ascensione altrimenti brillante. Qui l'autore tenta di catturare la sofferenza sua e degli altri membri della squadra, anche se per certi versi sembra incapace di esprimersi. «Mentre scendevamo lungo il Modi Khola, provammo un misto di dolore per la morte di un amico, e di straordinaria euforia non solo per il successo ottenuto, ma anche perché eravamo diventati una squadra tanto unita.»

Forse. Ma quel riassunto suona preparato, un po' troppo mirato a trovare un significato in un incidente che invece non ha senso. Sembra quasi di cogliere un: «Ve l'avevo detto», come se il fatto di trattenersi troppo a lungo sulla montagna – lasciando che Burke e Frost lanciassero il secondo tentativo – avesse reso più probabile la tragica fine di Clough. Ma un seracco è un seracco. Dal mio punto di vista, un terreno come il ghiacciaio su cui Clough trovò la morte è uno dei più pericolosi, sulle grandi montagne: non hai il controllo sui movimenti casuali del ghiaccio che vacilla sopra di te, e non c'è nulla che ti metta in guardia da un pericolo imminente. I seracchi cadono quando vogliono, indipendentemente dall'ora del giorno o dalla stagione.

Nell'articolo pubblicato sull'«American Alpine Journal», le riflessioni di Tom Frost sulla morte di Clough hanno un tono diverso: «Quella tragedia cambiò completamente il volto della spedizione... Per la prima volta, considerammo il valore delle cose nella giusta prospettiva. Ciò che avevamo giudicato prezioso, e per cui avevamo lavorato fino a quel momento, fu messo a confronto con qualcosa che aveva un significato più eterno». Frost sembra scandagliare la domanda fondamentale dell'alpinismo: come possiamo giustificare i rischi di uno sforzo che finisce per uccidere molti dei nostri amici più cari? Non esiste una risposta semplice. In effetti, considerato il numero di amici che ho perso in montagna, non ne ho ancora trovata una che sia anche solo lontanamente adeguata.

Se non altro, la squadra dell'Annapurna non si trovò davanti al lacerante dilemma di avere uno scalatore morto all'inizio della spedizione, cosa che accadde al team americano impegnato sull'Everest nel 1963, quando Jake Breitenbach fu vittima di un seracco durante uno dei primi tentativi di attraversamento della Seraccata del Khumbu. Pur addolorati per la perdita del compagno, gli altri alpinisti decisero di continuare, e quell'avventura si concluse non solo con la prima ascensione americana al tetto del mondo, ma anche con la stupefacente traversata della cresta ovest da parte di Tom Hornbein e Willi Unsoeld. Otto anni dopo l'Annapurna, nel 1978, Bonington guidò una spedizione sul K2 nel tentativo di espugnare la cresta ovest, mai scalata prima. Il dodicesimo giorno Nick Estcourt, che sull'Annapurna si era dimostrato instancabile e altruista, rimase ucciso da una valanga simile a quella che aveva travolto Clough. Nonostante le ricerche, i suoi amici non riuscirono a trovare il corpo.

Il team era meno numeroso e più unito rispetto a quello americano che conquistò l'Everest nel 1963. Quando si trattò di decidere se abbandonare o continuare, emersero sentimenti contrastanti. Bonington avrebbe voluto proseguire, ma cedette davanti all'obiezione di quattro compagni. A quel punto, la squadra fece i bagagli e tornò a casa.

Nonostante i dissensi sorti all'interno della squadra, e nonostante la tragedia che tolse la vita al partner «più gentile e altruista» con cui Bonington si fosse mai legato in cordata, la scalata della parete sud rimane ancora oggi una delle imprese più grandiose nella storia himalayana. Tutto ciò dimostra che, per centrare un obiettivo di prim'ordine, non è necessario che nel team regni l'armonia. Jim Perrin, il biografo di Whillans, arriva a definire quell'avventura «l'ascensione più importante mai compiuta nella storia dell'alpinismo».

Quando Veikka e io arrivammo finalmente sulla cima dell'Annapurna, nel 2005, guardammo giù dalla parete sud. Credo di aver esclamato, senza volerlo: «Oh, mio Dio!». Era così ripida... Non riuscimmo a spingere lo sguardo fino ai piedi della parete per via della foschia che aveva avvolto la base, ma restammo di sasso davanti a quel precipizio scuro e misterioso. Era difficile, pauroso, pericoloso ed enorme. E ancora una volta pensai alla squadra straordinaria che Bonington era riuscito a radunare là sotto, trentacinque anni prima.

Il grande alpinista polacco Krzystof Wielicki, con cui avrei fatto coppia sul Gasherbrum I nel 1995, aveva guidato un team nel 1991 seguendo la via inglese. Nel suo memoir, *La corona dell'Himalaya*, saluta così i suoi predecessori:

> Così portammo a termine l'ascensione lungo la celebrata via di Chris Bonington, la terza dal 1970. I vent'anni compresi tra le scalate inglese e polacca sono stati testimoni di progressi grandiosi, dovuti principalmente alle migliorie apportate all'attrezzatura, all'equipaggiamento da bivacco e agli indumenti. Da questo punto di vista, l'impresa inglese ha dell'incredibile.

Nei decenni successivi all'impresa del team di Bonington, l'Annapurna sarebbe stato teatro di altre ascensioni significative da parte di brillanti scalatori di Paesi diversi. E la montagna si sarebbe dimostrata ogni volta uno dei picchi più ardui della Terra, e uno dei più mortali.

4

Così vicino ai morti

La scalata inglese della parete sud non fu solo audace per l'epoca, ma per poco non divenne anche la seconda ascensione all'Annapurna. La squadra di Bonington, difatti, si attestò al terzo posto per una settimana appena: il 27 maggio, in vetta, Whillans e Haston trovarono le impronte dei connazionali Henry Day e Gerry Owens, due membri della spedizione militare che aveva seguito la via francese lungo la parete nord, giungendo sulla cima il 20 maggio.

Si dovette aspettare il 1978 perché l'America rivolgesse la sua attenzione all'Annapurna. Quell'anno Arlene Blum, biofisica che aveva già fatto esperienza sull'Everest e sul Denali, formò un team di dieci donne – otto americane, un'inglese e una ceca – per cimentarsi sulla parete nord. Non scelsero la pericolosa via attraverso la Falce, aperta dai francesi, ma quella più a sinistra e più sicura, la Cresta Olandese, la variante aperta l'anno precedente da un olandese e uno sherpa.

Nelle intenzioni della Blum, la spedizione doveva essere anche un manifesto femminista. Come ha dichiarato più volte nel corso della sua lunga carriera di alpinista e conferenziera motivazionale, «sono molte le spedizioni alle quali non mi è stato concesso di partecipare», per via, a suo parere, del tipico sessismo dell'establishment alpinistico. Con la sua spedizione di sole donne la Blum voleva dimostrare che su un ottomila le scalatrici erano in grado di comportarsi egregiamente quanto i colleghi maschi. Per raccogliere fondi, il team fece stampare delle magliette con la scritta: *A woman's place is on top... Annapurna*. Le T-shirt divennero popolarissime e permisero di raccogliere tre quarti del budget finale (ottantamila dollari).

Il libro che Arlene Blum scrisse al ritorno della spedizione, *Annapurna: A Woman's Place*, oggi è considerato da molti un classico della letteratura alpinistica. Dopo il testo di Herzog, è il racconto più noto relativamente alle gesta compiute sulla decima montagna del pianeta. Ma la cronaca e la spedizione alimentarono una controversia che a oltre trent'anni di distanza non si è ancora risolta.

All'interno della squadra c'era molta varietà quanto ad abilità e ambizione. La scalatrice più forte era la ceca, la trentacinquenne Vera Komarkova. Unica tra le sue compagne, aveva esperienza su pareti importanti, avendo aperto una via nuova e straordinaria lungo la parete sud-est del Mount Dickey, in Alaska, nel 1977, dopo ventisei giorni di fatiche affrontate con un unico compagno. Alcune tra le alpiniste più giovani, tuttavia, rimasero intimidite davanti alle evidenti difficoltà della montagna, sin dall'arrivo al campo base. Spaventate a morte (come confessa candidamente la Blum), non diedero quasi nessun contributo all'avanzamento della via. La stessa Blum, che non ambiva affatto ad arrivare in cima, non andò mai oltre i 6706 metri.

E non ci fu unione neppure nel sostenere le idee femministe del capospedizione. Una tra le partecipanti più giovani, Annie Whitehouse, le diede qualche problema innamorandosi di uno sherpa. (I due si sposarono l'anno dopo.) Pare che in seguito la stessa Whitehouse avesse dichiarato: «Non ricordo una sola occasione in cui mi venne impedito di fare quello che volevo, per via del mio sesso, si trattasse di arrampicate su roccia o in montagna».

Tra il settembre e l'ottobre del 1978, le scalatrici e gli sherpa di supporto costruirono una piramide di rifornimenti e campi lungo la Cresta Olandese, piazzando il campo più elevato (il campo V) a 7376 metri. Il 15 ottobre, Vera Komarkova, Irene Miller e i due sherpa Chewang Rinzing e Mingma Tsering giunsero in vetta. La cronaca di Arlene Blum, basata essenzialmente sui diari della Komarkova e della Miller, non nasconde che furono quasi sempre gli sherpa a battere traccia fino in cima, come già avevano fatto sopra la Cresta Olandese per piazzare il campo V. Il giorno dell'assalto finale, le donne usarono l'ossigeno, mentre gli sherpa ne fecero a meno.

Due giorni dopo, Alison Chadwick-Onyszkiewicz (l'inglese) e Vera Watson lanciarono un secondo attacco da sole. Quando, la sera, non si fecero sentire via radio, com'era stato deciso, le compagne si allarmarono. Più tardi, col binocolo riuscirono a individuare il corpo di una delle due. Mentre salivano dal campo IV, legate in cordata, erano scivolate da un ripido pendio innevato sotto il campo V.

La controversia scoppiata dopo la spedizione riguardava il ruolo degli sherpa. I detrattori di Arlene Blum sostennero che a stento si poteva definire una «spedizione di sole donne», considerando il contributo cruciale degli sherpa. A istigare i critici più accaniti fu l'idea che neppure una scalatrice, dopo la morte di due compagne, cercò di raggiungere i corpi per recuperare almeno gli effetti personali, e magari seppellirli in un crepaccio. Invece, la Blum ordinò agli sherpa di compiere quell'ultima, pericolosa missione. Ancora una volta, nel suo libro confessa apertamente che nessuna di loro era fisicamente o psicologicamente in grado di assumersi un compito così doloroso. Alla fine due sherpa – tra cui Mingma Tsering, esausto dopo l'assalto alla vetta – arrivarono a una quindicina di metri dall'unico corpo che era stato individuato (pare fosse quello di Alison Chadwick-Onyszkiewicz), ma furono fermati da un crepaccio che non si arrischiarono ad attraversare.

Chi si levò in difesa della Blum sostenne che gli sherpa avevano ricoperto più o meno lo stesso ruolo nelle spedizioni di soli uomini, di solito senza ricevere l'onore che meritavano. Per esempio, nel 1939, sul K2, tre sherpa (tra i quali l'indomito Pasang Kikuli) persero la vita nel tentativo eroico di salvare Dudley Wolfe, bloccato a un campo in quota: nessuno dei compagni americani era fisicamente in grado di compiere quell'ultima missione disperata.

Ho una mia opinione su quella spedizione, ma non ho intenzione di esprimerla. È difficile puntare il dito contro le decisioni altrui in situazioni simili. Il modo di scalare di ognuno – con o senza ossigeno, con o senza il sostegno degli sherpa, in stile alpino o meno – dipende solo da una scelta personale. E a ogni modo, la salita a un ottomila è sempre estremamente impegnativa.

Al tempo stesso, non sarebbe giusto ignorare del tutto la spedizione del 1978. In un modo o nell'altro, divenne una pietra miliare nella storia himalayana. La Miller e la Komarkova compirono la prima salita americana all'Annapurna (anche se la Komarkova era ceca e viveva negli Stati Uniti solo dal 1970). Per la seconda ascensione si sarebbe dovuto attendere un decennio, quando Steve Boyer si unì a una squadra di stelle dell'alpinismo internazionale (i suoi compagni erano francesi, italiani e cechi) per ripercorrere la via Bonington lungo la parete sud.

Vera Komarkova, botanica, fu probabilmente l'eroina non celebrata della spedizione. Sei anni dopo, durante la sua ultima avventura sull'Himalaya, divenne la prima donna a conquistare il Cho Oyu. Rimane, quindi, una delle due donne al mondo che vantano due prime ascensioni femminili a un ottomila. L'altra è la giapponese Junko Tabei, prima donna a salire in vetta all'Everest nel 1975, e allo Shishapangma nel 1981.

La Komarkova morì per un tumore al seno nel 2005 all'età di sessantadue anni. In un commovente necrologio pubblicato dall'«Independent», lo storico dell'alpinismo britannico Stephen Goodwin gettò finalmente luce sulle liti sorte all'interno del team del 1978:

> Arlene Blum voleva che la spedizione venisse reclamizzata come un'impresa da parte di sole donne, ma riconobbe il bisogno pratico dell'aiuto degli sherpa. Sostenitrice della linea purista divenne allora l'unica scalatrice inglese del gruppo, Alison Chadwick-Onyszkiewicz, decisa a escluderli. Gli sherpa considerarono questo capovolgimento di ruoli come un affronto alla loro dignità, e come un problema se avessero chiesto più soldi in futuro (avendo all'attivo un'ascensione in meno a un ottomila).
>
> Via via che la salita lungo la Cresta Olandese procedeva, tra rischi di valanghe e normali indebolimenti a causa dell'altitudine, gli sherpa fecero la loro parte nel guidare le cordate e nel battere traccia, e in virtù di tali sforzi cominciarono a esercitare pressioni per guadagnarsi due posti nel primo team che avesse lanciato l'assalto alla vetta. La Blum non cedette: la prima squadra sarebbe stata formata da tre donne, la Komarkova, la Miller e Piro Kramar; una coppia di sherpa sarebbe stata inclusa nella seconda, se mai ci fosse stata.
>
> La Komarkova aveva stretto un rapporto d'amicizia con gli sherpa, e si dichiarò a favore della loro presenza nella prima cordata. E alla fine la spuntò. La squadra che partì dal campo alto poco prima delle sette era composta da lei, Irene Miller, Chewang Rinzing e Mingma Tsering. Piro Kramar si era ritirata nella tenda quando l'indice della mano destra aveva cominciato a mostrare sintomi da congelamento, mentre fissava i ramponi.

La capospedizione, novecento metri più sotto, rimase costernata. Non solo si era perduto l'ethos di una conquista tutta al femminile, ma non ci sarebbero stati sherpa disponibili per un eventuale secondo assalto. Tuttavia, il quartetto si rivelò più che mai efficace: Mingma e Chewang batterono traccia quasi sempre, mentre la Miller ebbe non poche difficoltà. A 360 metri dalla cima, lei e la collega dovettero ricorrere all'ausilio dell'ossigeno artificiale.

Guadagnata la cresta ventosa, trascorsero un'ora a scavalcare e ad aggirare una successione di cornici e cunette, non riuscendo a decidere qualche fosse la vera vetta. Alla fine, alle quindici e trenta, piantarono le bandiere nepalese e americana, insieme a una terza che riportava lo slogan *Woman's place*. Vera Komarkova scattò le foto di rito. «Davanti a quel panorama provammo un'immensa soddisfazione» scrisse nel suo diario. Nel frattempo ai campi inferiori, da cui si vedeva perfettamente la cima, le altre alpiniste ballavano e urlavano di gioia. Gioia di sapere, ricordò Arlene Blum, «che il posto della donna è in cima».

Tra le tante imprese eccezionali compiute sull'Annapurna negli ultimi sessant'anni, una delle migliori fu messa a segno da due alpinisti svizzeri nell'autunno del 1984. Senza alcun dubbio, nessuna grande «prima» è poco conosciuta – almeno nell'ambiente alpinistico anglosassone – come la scalata della cresta est da parte di Erhard Loretan e Norbert Joos.

Gli uomini di Bonington, nel 1970, non furono i primi a esplorare la parete sud dell'Annapurna. Nel 1964, una spedizione giapponese giunse al Sanctuary e compì la prima ascensione al Tarke Kang (noto anche come Glacier Dome, 7069 metri), un picco secondario che s'innalza a circa otto chilometri dall'Annapurna, lungo l'alta cresta orientale. Poi, due spedizioni tedesche (1965 e 1969) partirono dal Sanctuary per puntare alla cresta est della montagna principale. L'intenzione non era solo quella di aprire una nuova via, ma anche di individuare una linea meno pericolosa rispetto a quella seguita dai francesi sulla parete nord. Per raggiungere la cresta est, tuttavia, era necessario costeggiare l'intera, enorme parete sud, sulla destra.

È una sfida che non ha eguali sull'Himalaya: una cresta di oltre sei chilometri (interamente al di sopra dei 7315 metri), per la maggior parte affilata come un rasoio e orlata di cornici, completamente esposta, con tre cime intermedie da traversare prima di giungere alla vetta vera e propria.

La spedizione del 1969 riuscì a piazzare un campo alto a 7483 metri, in cima a un torrione di roccia e ghiaccio noto come Roc Noir. A quel punto, però, gli scalatori furono bersagliati da una bufera durata otto giorni, e non poterono far altro che resistere per fare dietrofront ai primi segni di bel tempo. I due leader dell'audace tentativo, Günther Hauser e Ludwig Greissl, furono generosissimi e fornirono a Chris Bonington ogni informazione possibile sulla parete sud.

Solo nel 1981 un'altra squadra decise di cimentarsi con la cresta est. Quell'anno, una spedizione svedese di dieci uomini scalò di nuovo il Tarke Kang e giunse in cima alla cresta. I due alpinisti più forti costeggiarono il Roc Noir traversando un pericoloso pendio innevato (un punto che avrei avuto modo di conoscere molto bene nel 2002!). Avanzarono e piazzarono un campo sulla cresta. Il giorno dopo fecero un tentativo in extremis di completare la via, ma dovettero rinunciare circa 210 metri sotto la vetta est, che si trova a quasi due chilometri dalla cima principale.

La guida alpina Jöri Bardill ebbe l'idea di una spedizione svizzera sulla cresta est. Purtroppo Bardill rimase ucciso in un incidente sulle Alpi prima ancora di aver formato una squadra. Ma quel progetto eccezionale fu ereditato da altri ambiziosi scalatori svizzeri, tra cui Norbert Joos, che invitò l'amico Erhard Loretan. Come avrebbe scritto quest'ultimo, ricordando le settimane trascorse sotto la parete sud e sulla cresta est dell'Annapurna, «l'atmosfera che respirammo durante quei due mesi ci fece riconciliare con l'umanità».

Nel 1984 Loretan aveva venticinque anni. Nato a Bulle, nel distretto della Gruyère, una regione di lingua francese nella Svizzera occidentale, aveva cominciato ad arrampicare all'età di undici anni, quando un cugino, una guida professionista, lo accompagnava su picchi relativamente difficili, come il Fründenhorn. A ventun anni aveva partecipato alla sua prima spedizione sulle Ande, e l'anno seguente era diventato lui stesso una guida, anche se i suoi guadagni provenivano principalmente dall'attività di ebanista.

Intrepido e talentuoso, Loretan cominciò a rivolgere la sua attenzione all'Himalaya nel 1982. In un anno e mezzo scalò cinque ottomila. Nel giugno del 1983 mise a segno uno straordinario «tre per uno», assolutamente senza precedenti: Gasherbrum I, Gasherbrum II e Broad Peak in due settimane.

Forse per le piccole dimensioni del loro Paese (nel 2010 la Confederazione elvetica contava 7,8 milioni di abitanti), gli svizzeri sono stati spesso guardati dall'alto in basso dalle potenze dell'alpinismo europeo. Tuttavia i migliori scalatori elvetici si sono difesi egregiamente, dimostrandosi alla pari di francesi, italiani, tedeschi e austriaci. Fu una squadra svizzera a rivendicare la prima ascensione al Lhotse nel 1956, mentre una squadra svizzero-austriaca conquistò il Dhaulagiri – settima montagna del pianeta – nel 1960. Il più grande alpinista svizzero della generazione precedente a quella di Loretan fu Raymond Lambert, che capeggiò le due spedizioni svizzere sull'Everest nella primavera e nell'autunno del 1952. Non solo quelle squadre aprirono la via che avrebbe condotto i britannici in vetta l'anno successivo, ma il 28 maggio 1952 Lambert e Tenzing Norgay arrivarono a quota 8598 metri sulla cresta sud-est, prima di fare dietrofront. Era il punto più elevato mai raggiunto (e verificabile: infatti non sapremo mai fin dove si fossero spinti Mallory e Irvine prima di scomparire nel 1924). Se fossero riusciti a superare gli ultimi 240 metri che li separavano dalla sommità, oggi Raymond Lambert sarebbe l'alpinista più famoso di tutti i tempi (anziché Sir Edmund Hillary; ma a credito di quest'ultimo va detto che, dopo il 1953, accrebbe la propria notorietà grazie a una campagna per la costruzione di scuole e ospedali per il popolo degli sherpa, che avevano dato un contributo fondamentale alla prima ascensione all'Everest. Agli occhi del pubblico, lo sherpa Tenzing rimarrà sempre nell'ombra rispetto ai compagni occidentali).

Nel 1984, la corsa alla conquista dei quattordici ottomila era in pieno svolgimento. I due rivali principali erano l'italiano Reinhold Messner e il polacco Jerzy Kukuczka. Loretan non aveva alcuna intenzione di prendere parte alla competizione, ma nel 1995 sarebbe divenuto il terzo alpinista a portare a termine l'impresa, vincendo un testa a testa con il francese Benoît Chamoux, una gara persino più frenetica di quella che oppose Messner a Kukuczka. Ma su questa vicenda torneremo più avanti.

Compagno di Loretan sui «tre al prezzo di uno» fu Marcel Rüedi, suo mentore. Nonostante avesse ventun anni più di lui, era ormai il suo partner prediletto. Con l'ascensione al Broad Peak del 1983, Rüedi non era un avversario da sottovalutare nella corsa agli ottomila, avendone conquistati ben otto. Nella primavera del 1984, con Loretan assaltò il Manaslu, ottava vetta del pianeta. I due giunsero in cima molto presto, il 30 aprile, ma durante la discesa qualcosa andò storto. Travolti da un *whiteout* e da una bufera di vento, i due si trascinarono fino a valle, con Loretan in testa. Concentrato sulla necessità di mantenere l'equilibrio, poiché le raffiche violentissime minacciavano di strappare ramponi e piccozza da ghiaccio dal pendio, Loretan si voltò a controllare i progressi del compagno. Sconvolto, non vide nessuno. Possibile che Rüedi, accecato dalla tempesta, avesse messo un piede in fallo e fosse scivolato verso la morte?

Loretan proseguì fino al campo III, dove trascorse una notte penosa, «tormentato», avrebbe scritto in seguito, «dallo spettro di Marcel». Il giorno dopo, quando raggiunse il campo II, seppe dai compagni – che avevano mantenuto il contatto radio con il campo IV – che Rüedi era tornato su durante la bufera. La discesa fu poi disperata, ma ora il suo curriculum vantava nove ottomila.

Il fatto di aver visto in faccia la morte non minò l'ambizione di Marcel Rüedi. Due anni dopo, con il polacco Krzystov Wielicki, conquistò il Makalu, il suo decimo ottomila. Ma il giorno dell'assalto finale rimase molto indietro rispetto al partner, più giovane e forte. Mentre scendeva, Wielicki lo incrociò mentre ancora arrancava. Come scrisse in seguito Wielicki:

> Aveva un bell'aspetto. Gli diedi un litro di tè e il cioccolato che avevo con me. Gli dissi: «Scendo alla tenda a preparare qualcosa di caldo». Lui mi rispose: «Okay, io vado in cima». Non lo rividi più, perché il canalone era nascosto. Erano le sedici. Quando arrivai alla tenda, alle diciannove, era quasi buio. Preparai da bere, ma Marcel non arrivò. Trascorsi una notte orribile.

L'indomani mattina, Wielicki scese al Colle Makalu, dove per sua fortuna s'imbatté in Reinhold Messner con l'inseparabile Hans Kammerlander, impegnati a sferrare il loro assalto. Guardando col binocolo, Messner scorse Marcel. «Lo vedo. È a ottomila metri, sta scendendo al campo III.» I compagni di Rüedi capirono che doveva aver bivaccato sotto la vetta, ma se non altro c'era ancora qualche speranza.

Lo stesso giorno, però, un paio di sherpa che scendevano dal campo III dissero di averlo trovato morto, seduto nella neve a soli trenta metri dal campo. La tenda era chiusa. Poteva essere morto per sfinimento o ipotermia, o in seguito a un edema polmonare o cerebrale, di cui aveva già sofferto sul Dhaulagiri, il suo primo ottomila.

«Conoscevo Marcel da pochi giorni» scrisse Wielicki, «ma lo consideravo già un vecchio amico. Non riesco a dimenticarmi di lui, della sua espressione ottimista. Forse la colpa fu mia, ma non riuscii a dirgli di fermarsi e di scendere. Per me era una delle più grandi tigri himalayane.»

La squadra svizzera che nel settembre del 1984 giunse al Sanctuary, lungo la parete sud dell'Annapurna, era formata da sei guide professioniste, capeggiate da Frank Tschirky. Norbert Joos ed Erhard Loretan si sarebbero rivelati gli scalatori più forti, il secondo in particolare sarebbe stato la forza trainante sulla cresta est.

Prima di cimentarmi personalmente con quella cresta nel 2002, cercai di apprendere il più possibile sulla spedizione del 1984, ma riuscii a racimolare solo informazioni frammentarie. L'«American Alpine Journal» pubblicò un articolo di Loretan, che in un solo paragrafo riassumeva in modo impersonale – e quasi svogliato – l'intera spedizione. Trovai qualche dettaglio in più nel libro di Reinhold Messner, *Annapurna. Cinquant'anni di un ottomila.* Fu però il mio partner Jean-Christophe Lafaille, che conosceva Loretan e con cui aveva parlato della cresta est, a fornirmi la maggior parte dei consigli (o «beta»: così vengono chiamate in gergo le dritte dei veterani che hanno già tentato una particolare ascensione).

Il motivo fondamentale per cui un alpinista di tale statura resta poco conosciuto e celebrato in Gran Bretagna e Stati Uniti (e probabilmente anche in Europa, eccezion fatta per la

Svizzera) è la sua innata modestia, in netto contrasto con un «personaggio» come Messner.

Nel 1997, Loretan collaborò con un giornalista svizzero, Jean Ammann, per scrivere il memoir della sua conquista dei quattordici ottomila. Intitolato *Gli 8000 ruggenti*, fu pubblicato da un editore sconosciuto del Canton Friburgo. Non essendo stato tradotto in inglese, mentre conducevo le ricerche per questo libro assoldai un paio di amici (tra cui una francese trapiantata in America) perché mi traducessero alcuni passaggi chiave del capitolo relativo alla scalata della cresta est. Ebbene, rimasi inchiodato alla poltrona. Capii subito che Loretan (forse grazie alla collaborazione di Ammann) era uno scrittore straordinario, provvisto tra l'altro di un senso dell'umorismo cupo e ironico, ma brillante. Fondamentalmente, la sua narrazione ricorda gli autori del teatro dell'assurdo: Loretan racconta le sue imprese pericolose e visionarie sulle vette più ardue del pianeta con un tono degno di Albert Camus o Samuel Beckett. Invece di sforzarsi di spiegare perché arrampica (come fa Messner in tutti i suoi libri), dà per scontato che la sua sia un'ossessione folle, indifendibile: in una parola, assurda. Tra i memoir di lingua inglese, mi ricorda la raccolta postuma di articoli dello scozzese Tom Patey, *One Man's Mountains*, divenuta un cult. Un ammiratore americano disse che «Patey estraeva tutti i suoi effetti migliori da un unico concetto: quello dello scalatore visto come una sorta di Don Chisciotte, che combatte contro le pareti nord». Lo stesso si potrebbe dire di Loretan. Leggiamo, per esempio, la cronaca dei contrattempi durante la marcia lungo il Modi Khola:

> Due portatori caddero nel fiume il primo giorno. Quando si furono asciugati, confermarono che non è semplice nuotare con trenta chili sulle spalle. Il nostro medico, Bruno Durrer, era l'Al-

> bert Schweitzer della situazione: i portatori sono passati uno dopo l'altro dalla sua clinica, seguiti da quasi tutta la popolazione dei villaggi locali. In questa regione, l'igiene scarsissima favorisce le infezioni. I microbi amano il Nepal quasi quanto i turisti... Il quinto e il sesto giorno, la nostra colonna attraversò una vera e propria giungla. Le sanguisughe ci si scagliarono addosso, felicissime che la stagione del trekking fosse cominciata presto. Io stabilii il record assoluto: trentaquattro morsi. Il fatto che indossassi i sandali potrebbe aver contribuito al mio primato.

Ma al di là del tono ironico, Loretan mantiene una visione chiara della grandezza della sfida che sta per affrontare. A differenza di quanto fece nell'articolo per l'«American Alpine Journal», non esita ad affermare quanto lui e Norbert Joos si sentissero «fuori di testa» durante i giorni critici dell'ascensione. «L'Annapurna, che per altri [i francesi nel 1950] è stato il primo ottomila, per me fu quasi l'ultimo.»

La squadra passò tre settimane a piazzare una serie di campi fino al Tarke Kang, e poi sulla cresta est. Il 6 ottobre, Joos e Loretan scavarono una caverna di neve per un eventuale campo IV a 7498 metri, appena dietro la cima del Roc Noir. Parte della scalata presentava elevate difficoltà tecniche, e Loretan restò quasi sempre alla testa della cordata. Il vero ostacolo fu una parete verticale di settanta metri di ghiaccio «mediocre», che gli costò due ore di lavoro a colpi di piccozza e punte dei ramponi. A ogni tiro di corda, lui e Joos piazzavano corde fisse per aiutare i compagni a trasportare i carichi.

Una serie di bufere bloccarono la spedizione per dieci giorni, durante i quali Joos e Loretan si presero una pausa dalla scalata «seria». Già nel 1984 era possibile raggiungere il Sanctuary da una diramazione del sentiero da trekking lungo la parete sud dell'Annapurna; il 9 ottobre, i due alpinisti dovevano semplicemente «attraversare il ghiacciaio» come scrisse in seguito Loretan, «per avere notizie del mondo reale». Fecero visita a un paio di sgangherati rifugi di bambù che si fregiavano del nome altisonante di Hotel Annapurna. (Da allora, sono state apportate notevoli migliorie. Nel 2002, i due capanni erano stati sostituiti da una casetta rustica ma spaziosa, al centro di un piccolo villaggio, l'Annapurna Base Camp.) «Trovammo addirittura delle donne» osservò Loretan, «anche se nelle ultime sei settimane avevamo cominciato a temere che la "specie" – mi riferisco al genere femminile – si fosse estinta. La nostra ricerca ci rassicurò riguardo alla sopravvivenza dell'umanità.»

Al campo base, il morale saliva e scendeva con il barometro. Leggendo tra le righe, si ha la sensazione che a quel punto gli altri quattro membri della squadra stessero perdendo l'entusiasmo per il progetto. Dopo il 16 ottobre, diversi scalatori salirono fino al campo III, ma la cresta est era stata a malapena esplorata. Una mattina Joos e Loretan – quest'ultimo non specifica la data – partirono dal campo II verso la vetta. «In poche centinaia di metri avevamo provocato ben tre valanghe!» L'inizio poco promettente suscita un'altra arguta riflessione: «Gli alpinisti sostengono questa teoria: ciascun individuo ha a sua disposizione una certa dose di fortuna. Rimane in vita finché non la esaurisce. Tre valanghe per due persone, in un'ora... penso che le nostre scorte fossero decisamente diminuite».

Abbattuti, i due tornarono al campo II, dove aspettarono che passasse la bufera. «Una candela illuminava l'interno, e ascoltammo un po' di musica tranquilla [presumibilmente con un walkman], mentre fuori infuriava la tormenta. L'atmosfera era magica, ma al tempo stesso mi esasperava.»

Il passaggio seguente dà un indizio chiave sul temperamento di Loretan:

Una tranquillità del genere è quasi insopportabile, per me. La mia anima si tormenta, comincio persino a chiedermi se quello che facciamo, i nostri sforzi, tutta questa agitazione abbiano un senso... Dal canto mio, trovo che pensieri simili siano figli dell'inazione. L'ascensione a un ottomila, mi dico, è peggio di una storia d'amore turbolenta. Fallimento e felicità sono appesi a un filo, e questo filo... non sono certo che sappiamo come scegliere quello giusto.

In un certo senso, capisco l'angoscia di Loretan. Quando sono bloccato in una tenda, in attesa che passi una tempesta, e cerco di riempire quel tempo inutile, ogni tanto mi chiedo: «Perché lo faccio? Cosa voglio dimostrare con tutto questo?». Ma al tempo stesso i miei dubbi hanno un valore meno esistenziale di quelli di Loretan. E quando mi guardo indietro, dopo una spedizione, tuttavia, il ricordo di quelle giornate di bufera tende a svanire sullo sfondo delle settimane di lavoro.

Il 21 ottobre, ormai tardi nel breve autunno himalayano, Joos e Loretan sferrarono un secondo attacco alla vetta. Tre giorni prima erano stati preceduti da due compagni che avevano riaperto la via al campo III, dissotterrando le corde fisse sepolte sotto la neve caduta durante la tempesta. Ma erano bastati tre giorni perché si congelassero di nuovo. Sul muro verticale di ghiaccio, punto cruciale della via, alcune lunghezze di corda fissa (di vitale importanza, in quel tratto) erano intrappolate nel ghiaccio. Durante la scalata, Loretan fu costretto più volte a sganciare l'ascensore dalla corda, muovendosi senza la minima protezione, per poi agganciarsi alla corda finalmente riemersa in superficie.

È successo anche a me di fare la stessa cosa, su alcuni ottomila. Ad alta quota, durante il giorno le corde vengono ricoperte dalla neve e dal ghiaccio che si sciolgono al calore del sole, e di notte gelano. Se sprofondano troppo, è impossibile riportarle in superficie. Occorre sganciare l'ascensore, muoversi senza assicurazione, correndo grossi rischi, e riagganciarlo. È una seccatura, e fa una paura tremenda. Quindi, per mettere in sicurezza la discesa è necessario piazzare un'altra corda lungo il tratto rimasto scoperto. Al ritorno, l'ultima cosa che si desidera è scendere senza protezione.

I due scalatori passarono la notte al campo II. I loro compagni, Bruno Durrer e Ueli Bühler, si erano rifugiati al campo III. Alle quattro e trenta del 22 ottobre, d'un tratto Loretan rivelò a Joos il suo piano per un *blitzkrieg*: «Per recuperare le giornate perdute, saremmo saliti direttamente al campo IV, a 7500 metri! Norbert rimase sorpreso, ma accettò. Intorno alle sei ci mettemmo in marcia, motivati dalla notevole posta in gioco».

Impiegarono solo due ore e mezzo per raggiungere il campo III, dove si riunirono con Durrer e Bühler. Loretan sperava che volessero partecipare all'«assalto lampo», ma a quel punto Durrer, il medico della spedizione, decise di scendere. Nel suo memoir, Loretan parla di questa rinuncia con la consueta ironia:

> Fu in quel momento che la coscienza professionale gli rammentò i suoi doveri: il 4 novembre sarebbe dovuto essere in Svizzera, in ufficio, e, se tutti sprecassero energie a scalare montagne, il prodotto interno lordo del paese non sarebbe quello che è.

Loretan e Joos proseguirono con Bühler, ma quasi subito sopraggiunse una nuova calamità. Di nuovo, Loretan riferisce quell'episodio spaventoso con i toni della commedia. «Superai Ueli. E in quel momento borbottò alcune parole incomprensibili, che mi lasciarono di sasso. Mi voltai: era verde! Non mi piacque. Non mi piacque per niente. Ancora una volta mi tornò in mente Peter Hiltbrand sul Nanga Parbat: per nulla al mondo avevo intenzione di vivere una tragedia simile.» (Nel 1982, su quello che fu il primo Nanga Parbat di Loretan, a un campo alto Hiltbrand era morto improvvisamente nella notte per un edema polmonare. Aveva continuato a farfugliare in modo incoerente: «Andrà tutto bene», ma la mattina successiva aveva sussurrato: «Lasciatemi morire». E un istante dopo era spirato. In lacrime, i suoi compagni – tra cui Loretan e Joos – avevano calato il corpo in un crepaccio.) Ora, sull'Annapurna, Bühler manifestava i primi sintomi di un edema polmonare o cerebrale:

> Ueli era ancora lucido, quindi non aveva perso minimamente la sua personalità: non volle sentir parlare di una rinuncia da parte sua, voleva proseguire fino al campo IV, che si trovava soltanto cento metri più su. La sua testa quadra non poteva comprendere le rotondità della psicologia. Alla fine, fummo costretti a minacciarlo: «Se insisti per dormire qui, dovremo portarti giù nel cuore della notte, così la spedizione andrà a farsi benedire, e nessuno sa in che condizioni ti ritroverai».

Alla fine Bühler acconsentì e, coraggiosamente, fece dietrofront e cominciò a scendere seguendo le impronte lasciate da Durrer. Joos e Loretan salirono al campo IV. (Nell'articolo pubblicato dall'«American Alpine Journal», Loretan riferisce della partenza dei due compagni in modo alquanto laconico: «Gli altri due scesero dal Khangsar Kanh [Roc Noir]».)

Nel 2005 vissi un'esperienza molto simile sul Cho Oyu, quando pochi minuti dopo aver lasciato il campo alto, a 7102 metri, il mio compagno Jimmy Chin rischiò il collasso. Biascicava, non riusciva a respirare. Come Bühler, all'inizio insistette per proseguire, aveva solo bisogno di un po' di riposo. Tuttavia ero abbastanza sicuro che fosse vittima di un edema. Con linguaggio energico, Veikka e io provammo a convincerlo a tornare giù subito. Io andai con lui, per assicurarmi che arrivasse a valle sano e salvo. Veikka proseguì da solo fino in vetta; non fu un grave insuccesso: avevo già scalato la montagna nel 1996.

Immagino che qualcuno giudicherà Joos e Loretan come irresponsabili: perché far scendere da solo un compagno in quelle condizioni, lungo una via così tecnica? Dopo cinquantadue giorni sull'Annapurna, erano così ansiosi di conquistare la vetta? Non è la conclusione a cui voglio giungere. Qualunque cosa si siano detti i tre alpinisti sulla cresta est il 22 ottobre, immagino che Bühler abbia convinto i compagni di essere perfettamente in grado di scendere senza aiuto, e che Joos e Loretan abbiano preso la decisione giusta lasciandolo andare: le corde fisse avrebbero garantito allo scalatore una discesa protetta. Infatti, Bühler non subì alcun incidente.

Loretan e Joos raggiunsero la caverna di neve sopra il Roc Noir, si sistemarono e si prepararono per l'assalto alla vetta del mattino seguente. Di nuovo, il sarcasmo:

> Avevo i piedi umidi, e la cosa mi preoccupava, alla vigilia dell'assalto a una cresta che terminava a ottomila metri, sferzata da un vento perpetuo. Così provai ad asciugarli sul fornelletto. Ebbi più successo con il sacco piuma di Fritz [Fritz Hobi, un altro membro della squadra che aveva prestato il sacco piuma alla coppia che avrebbe lanciato l'assalto finale], a cui diedi fuoco al primo tentativo. A quel punto la grotta di neve somigliava a una stia per polli.

I due riuscirono a rappezzare i buchi con dei cerotti Sparadrap, famosi per le qualità isolanti, contenendo così la tempesta di piume. Consumarono una cena «gastronomica» a base di purè di patate e formaggio, quindi si infilarono nel sacco piuma e tentarono di dormire, ma erano troppo eccitati in vista del grande giorno che – speravano – l'alba avrebbe annunciato.

Alle quattro e trenta del 23 ottobre, il cielo era sereno e il vento era cessato. Loretan e Joos saltarono la colazione e si misero in marcia alle cinque e trenta. Dopo appena mezz'ora, si trovarono di fronte una parete imponente: «Non era molto ripida, *mais il a "sale gueule", une vraie tête à claques*». Letteralmente: «Aveva una brutta faccia, una faccia da schiaffi». Mai userei metafore simili per descrivere una parete! Ma il concetto è chiaro: una parete odiosa.

Senza assicurazione, Loretan cominciò a salire e poi ridiscese. «Era troppo pericolosa» scrive, «e non avevo la minima intenzione di andarmene *ad patres* con una corda arrotolata nello zaino.» Di nuovo, il tono scherzoso di Loretan serve a camuffare la tremenda realtà: non voleva rischiare di cadere da quella parete tremenda senza nemmeno essersi legato con Joos. Tirarono fuori la corda, e Loretan diede al compagno quella che in gergo chiamiamo un'«assicurazione psicologica» (con poche probabilità di reggerlo, se fosse scivolato), mentre Joos tentava a sua volta di salire. La corda fece la differenza: Joos superò quel tiro spaventoso, e Loretan lo seguì.

Alle otto e trenta i due raggiunsero il colle sotto la vetta est. A quel punto avrebbero dovuto traversare non solo quel picco, ma anche un secondo – la vetta centrale – prima di puntare alla vera cima dell'Annapurna. La vetta est sembrava vicina, riportò Loretan, ma impiegarono cinque ore e mezzo per scalare oltre cinquecento metri. Avevano quindici chili sulle spalle ciascuno, un peso infernale a un'altezza simile. Erano così carichi poiché pensavano di aver bisogno di un campo intermedio tra il campo IV e la cima, che avrebbero utilizzato durante la salita e la discesa. Trasportavano una tenda, i sacchi piuma, un fornelletto, combustibile e cibo.

Loretan si lamenta del peso del suo zaino: «Quindici chili

che ci schiacciavano e disturbavano il fragile allineamento delle nostre vertebre. Avevo dei tremendi dolori alla schiena. Quel pendio era interminabile». Ancora una volta non assicurati, gli alpinisti adottarono due diversi stili di progressione, che Loretan descrive minuziosamente:

> Lui avanzava rapidamente, poi si riposava, mentre io mi muovevo lentamente e cercavo di fermarmi il meno possibile. Norbert la lepre, Erhard la tartaruga... Alla fine, i nostri ritmi divennero quasi paragonabili. Ma io sentivo diminuire le forze: un improvviso attacco di fame mi ricordò che stavamo arrampicando da nove ore senza aver messo niente nello stomaco.

Alle due del pomeriggio erano sulla cima est. Il vento, calmissimo all'alba, era aumentato, e ora sferzava con violenza la cresta orientale.

La cronaca di Loretan non tende quasi mai al misticismo, ma a quel punto i due compagni si abbandonarono a una sorta di magica trance:

> Accadde qualcosa di incredibile: quasi non ci fosse mai stato alcun dubbio al riguardo, ci lanciammo verso il colle che separava la cima est da quella centrale; come se l'energia di entrambi fosse stata programmata per conquistare la vetta principale, cominciammo quell'incredibile traversata. Non c'eravamo scambiati nemmeno una parola, perché i miei pensieri erano i suoi.

Anche a me è capitato di provare una simile, inspiegabile sintonia con Veikka. Su una montagna, procediamo senza dirci nulla. Poi mi viene un'idea, e gliela comunico: «Stavo pensando di fare così». E lui mi risponde: «Sì, c'ero già arrivato». È quel genere di rapporto inconscio che puoi avere unicamente con il partner perfetto, su un ottomila.

Joos e Loretan impiegarono solo un'ora per raggiungere il secondo colle, ma una volta là, esausti, decisero di bivaccare. A questo punto, nel suo memoir, Loretan inserisce un commento che ancora oggi mi lascia perplesso: «Un'ultima chiamata via radio [al campo base] per annunciare la nostra intenzione di scendere lungo la parete nord, dopo aver raggiunto la cima principale...».

Una decisione sconcertante: scendere dalla parete opposta, dopo essere giunti in vetta a un ottomila, è l'ultima risorsa a cui si ricorre in una situazione disperata. Mentre ci preparavamo per la nostra spedizione del 2002, presumevamo che Loretan e Joos fossero stati costretti a compiere quella monumentale traversata per evitare una discesa a corda doppia dalla cima centrale al colle finale. Una discesa che, evidentemente, impediva loro di ripercorrere la via dell'andata. J.-C. Lafaille chiese esplicitamente a Loretan che cosa l'avesse spinto a prendere quella decisione.

Eravamo così sicuri della nostra ipotesi sull'insidia della discesa a corda doppia che decidemmo di portare con noi corda a sufficienza da lasciare in posizione nel caso avessimo dovuto ripercorrere la parete di novanta metri. Di ritorno dalla vetta, una volta giunti all'estremità inferiore della corda fissa, saremmo risaliti con l'aiuto degli ascensori. Fin dall'inizio eravamo d'accordo che saremmo tornati dalla cresta est, e non dalla parete nord.

In realtà, il resoconto di Loretan fa intuire chiaramente che avessero stabilito in precedenza di effettuare la traversata. Solo *Gli 8000 ruggenti* lascia intendere che la decisione fu presa sul momento, nel tardo pomeriggio di quel 23 ottobre, quando i due svizzeri si preparavano a bivaccare sul colle sotto la cima centrale.

Nel 2002 ebbi un breve incontro con Loretan in un ristorante di Kathmandu. Era lì per guidare un gruppo di appassionati di trekking. J.-C. Lafaille ci presentò, ma non ci fu il tempo di fare due chiacchiere. In seguito, tuttavia, riuscii a contattarlo via e-mail, mentre si trovava nel minuscolo villaggio svizzero di Crésuz (274 abitanti nel 2008), dove vive semirecluso, non lontano dai luoghi in cui è cresciuto. Gli chiesi della traversata. Con mio grande stupore, mi rispose: «In effetti, il piano originale era quello di traversare da sud a nord, come facemmo. Il vento era troppo forte, e per noi la via più sicura era quella lungo la Cresta Olandese».

Sono ancora sbalordito da quella decisione. Verrebbe da chiedersi se lo scopo di Loretan fosse quello di amplificare l'eco che una simile impresa avrebbe avuto nell'ambiente alpinistico. Ma no, non era nel suo stile. Non andava in cerca di pubblicità. Nel mio messaggio, gli avevo scritto che consideravo la traversata del 1984 una delle maggiori prodezze mai compiute sull'Annapurna. «Non ti sembra di esagerare?» aveva ribattuto lui. Credo che, dal suo punto di vista, fosse stata una decisione puramente pratica.

Sopra una lastra di neve resa compatta dal vento, sul colle, i due scalatori scavarono qualcosa che era più simile a una tana claustrofobica che a una caverna. Forse il vento non consentiva di piantare una tenda in un luogo tanto esposto. L'alloggio era tutt'altro che accogliente:

> Finalmente, intorno alle diciotto, riuscimmo a sistemarci. Eravamo a circa 8020 metri d'altitudine, faceva freddo, tremavamo incontrollabilmente... Era la mia prima notte a 8000 metri, e avevo paura dell'esito del nostro bivacco. A quel punto, il più piccolo contrattempo si sarebbe potuto trasformare in una catastrofe.

Ma proprio quando il racconto comincia a descrivere la situazione estrema in cui si trovavano i due alpinisti, Loretan inserisce il passaggio più folle, una sorta di meditazione sull'assurdo. Quando me lo feci tradurre non riuscii a trattenere una risata, poiché esprimeva alla perfezione pensieri folli come: «Che ci faccio quassù?».

Mentre scavavano nella neve, Loretan non riusciva a togliersi dalla testa il primo verso di una canzone di Sade: «*Tell me why...*». E pare che le stesse parole risuonassero nella mente di Joos. (Quando si dice pensare all'unisono!) Anch'io ascoltavo le sue canzoni durante le scalate. Sade ha un fascino sensuale e misterioso, ma la sua musica è tranquilla, rilassante. *Why Can't We Live Together*, il brano che accompagnò i due svizzeri, si apre con una lunga e ipnotica introduzione strumentale. Poi arriva la voce dolce e triste di Sade:

Tell me why, tell me why, tell me why Why can't we live together?
Tell me why, tell me why Why can't we live together?
*Evereybody wants to live together Why can't we be together?**

Loretan intitola questo capitolo «*Tell me why* dice la canzone». Durante il bivacco scrive:

Chissà per quale motivo la canzone di Sade *Tell Me Why* continuava a risuonarci nella testa. Bella domanda: chissà perché eravamo lassù, a 8020 metri, tormentati da quel freddo che i nostri corpi tentavano di combattere tremando senza controllo, come cani che si scrollano di dosso le pulci... Sarei stato più che felice se quel ritornello si fosse fermato.

Qualcuno mi dica perché quel 24 ottobre, un mercoledì, strisciammo fuori dai sacchi piuma coperti di polvere di neve, e versammo dagli scarponi una quantità di neve il cui volume eguagliava

* «Dimmi perché non possiamo vivere insieme? Tutti vogliono farlo. Perché noi non possiamo?» (*N.d.T.*)

quello dei nostri piedi; e perché proseguimmo verso la cima principale anche se il vento era più violento del giorno prima, e sicuramente meno forte dell'indomani.

Quella mattina, dopo aver traversato la vetta centrale, si imbatterono nella parete di roccia di novanta metri che impedì loro di scendere all'ultimo colle. «Ringraziai gli dei che mi avevano fatto prendere due chiodi, due chiodi senza valore, due chiodi dal valore inestimabile.» Ne piantarono uno per ciascun ancoraggio, quindi effettuarono due discese a corda doppia lungo la parete, per poi recuperare i cinquanta metri di corda.

Le due discese che – nel 2002 ne eravamo convinti – li costrinsero a tornare giù lungo la parete nord, un espediente disperato. Una volta recuperata la corda, non è possibile ripercorrere lo stesso tratto. A rendere il tutto più confuso, Loretan scrive: «Perché non tornammo indietro da quella parte? Perché quella parete di roccia ci bloccava il passaggio». Pure, oggi insiste che la traversata era prevista nel «progetto iniziale».

Sull'ultimo colle, Loretan e Joos lasciarono cadere gli zaini.

«Ebbi la sensazione che mi fossero spuntate le ali» dice Loretan. Dopo appena un'ora di arrampicata, alle tredici e trenta raggiunsero la vetta: «Ci abbracciammo. Mi sentii invaso da una gioia immensa». (Un'emozione completamente diversa dalla totale assenza di sentimenti che Don Whillans e Dougal Haston – stando a quest'ultimo – provarono in quello stesso punto, nel 1970, e che aveva provato anche Lachenal vent'anni prima. Ecco che torna l'eterna domanda: com'è possibile che un simile trionfo comunichi a uno scalatore un senso di appagamento penetrante e duraturo, e lasci un altro completamente insensibile?)

Un punto che non smette di impressionarmi è che, indipendentemente dal motivo che li aveva spinti a scendere lungo la parete nord, mentre erano in vetta Joos e Loretan si resero conto che la scalata era solo a metà. *Tornare giù è obbligatorio*. Di nuovo, Loretan ne fa uno scherzo dal sapore esistenziale:

> Lo studioso di statistica in me mi diceva che quel giorno avevamo aperto una nuova via sul Glacier Dome, e completato la terza scalata del Roc Noir e la prima della cresta est dell'Annapurna con le sue tre cime (orientale, centrale e principale); e forse avevamo compiuto la prima traversata di un 8000 nepalese. [Loretan sembra dimenticare la traversata lungo la cresta ovest dell'Everest da parte di Hornbein e Unsoeld nel 1963.] Avrete notato che ho detto «forse»: perché per celebrare un'impresa del genere saremmo dovuti tornare vivi al campo base della parete nord e, come dice chi ha un braccio solo, quello era un altro paio di maniche.

In francese l'ultima frase recita: «*Comme disent les manchots, c'est une autre paire de manches*». Il gioco di parole tra *manchots* («con un braccio solo») e *manches* («maniche») è intraducibile. Ma il significato è chiaro: tornare giù vivi sarebbe stata una sfida non da poco.

Per orientarsi su una parete che nessuno dei due aveva mai visto, i due alpinisti avevano a disposizione una semplice cartolina che Loretan teneva in tasca: «Avevamo appena fatto una cosa magnifica» scrive, «eppure avevo la netta sensazione che la nostra avventura fosse soltanto all'inizio». Rimasero in vetta appena dieci minuti, poi cominciarono a scendere. Il terreno oltre il colle tra le cime centrale e principale era sconosciuto a entrambi. Finalmente, Loretan ammette quanto fossero tesi e nervosi:

> Avanzavamo con la massima cautela, quasi stessimo guadando un fiume, come se ogni passo potesse essere l'ultimo. Avevamo la sensazione che il vuoto assoluto di quella parete potesse portarci via. Per tutta la discesa, che durò due giorni e mezzo, fummo in tre: Norbert, io e la paura.

All'inizio del racconto, Loretan aveva riassunto la grandiosa impresa con un'altra frase memorabile: «Non mi sono mai spinto al limite come durante la traversata dell'Annapurna, in nessun'altra occasione mi sono sentito così lontano dai vivi e così vicino ai morti».

I due avevano deciso di provare a scendere lungo la Cresta Olandese, anziché lungo la via più pericolosa della prima ascensione, attraverso la Falce. Il problema principale, mentre camminavano pesantemente sui pendii sommitali, relativamente semplici ma molto vasti, era trovare l'estremità superiore della via. Loretan rievoca l'ansiosa ricerca:

> Per quel poco che potevamo vedere, la parete appariva come un'enorme pila di seracchi interrotta da pareti rocciose verticali. Sarebbe un'esagerazione affermare che la morte era una certezza, come sarebbe falso dire che eravamo sicuri di salvarci. In effetti, ci trovammo a navigare attraverso quella zona che separa la vita dalla morte: e credo che questa sia una definizione perfetta di sopravvivenza.

A circa 6800 metri d'altezza prepararono un altro bivacco, il quarto dopo quello nella caverna di neve sopra il Roc Noir. Mentre aprivano la tenda, si lasciarono scivolare dalle mani un paletto, che videro cadere lungo il pendio e fermarsi un centinaio di metri più sotto, su una cengia troppo pericolosa. Neppure in questa circostanza Loretan perde il suo caratteristico senso dell'umorismo: «Bisogna ammettere che oggigiorno le tende sono più che mai accurate: tutti i paletti, senza eccezione alcuna, sono necessari alla stabilità dell'edificio». Usarono un pezzo di corda per puntellare la tenda e si rifugiarono all'interno, dove Loretan preparò due litri di tè e brodo. «Nelle ultime trentasei ore non avevamo bevuto quasi nulla, e avevamo mangiato solo due Ovosport al giorno.» Per tutta la notte un vento impetuoso sferzò quel riparo inadeguato, che Loretan paragona a due celebri vascelli: «Non era la zattera della *Méduse*, ma neanche la *Clemenceau*». (*La zattera della Medusa*, famosissimo dipinto del francese Théodore Géricault, celebra la terribile lotta per la sopravvivenza seguita al naufragio della fregata *Méduse* al largo delle coste della Mauritania nel 1816. La *Clemenceau* fu la più grande portaerei della marina francese tra gli anni Sessanta e Novanta.)

La mattina del 25 ottobre, i due uomini attesero un'alba che non arrivava mai. Mentre continuavano a scendere con cautela, consultando la cartolina, rimasero sgomenti davanti alle pessime condizioni del terreno: la neve compattata dal vento era molle e marcia, ed erano circondati da seracchi che minacciavano di crollare. D'un tratto, però, Loretan intravide l'estremità superiore di una corda fissa, circa novanta metri più giù. Quella vista riaccese in entrambi un barlume di speranza: «Dunque qualcuno aveva già tentato quella via. Non era una zona sconosciuta all'umanità!».

Mentre lo scalatore cercava di capire come coprire quella distanza, fu invaso dalla paura: «Era tutto verticale; eravamo prigionieri del verticale». Loretan e Joos considerarono per un attimo di abbandonare la Cresta Olandese e di risalire per trovare l'inizio della via francese, nel punto in cui emergeva dalla Falce, ma si resero conto di essere troppo stanchi per compiere quella che sarebbe stata una fatica erculea. Quanto ad attrezzatura tecnica, potevano contare solo su cinquanta metri di corda sottile (del diametro di cinque millimetri, assai meno di una normale corda da arrampicata), su una piccozza da ghiaccio ciascuno e una vite da ghiaccio.

Quei novanta metri si sarebbero rivelati il passaggio più disperato dell'intera traversata. Joos diede a Loretan la sua piccozza, prese la vite e si aggrappò di peso alla corda, mentre il compagno lo calava quasi come un sacco. La speranza era di raggiungere una piattaforma meno di sessanta metri più sotto, dove Joos avrebbe potuto piantare la vite per fissare l'ancoraggio della lunghezza di corda successiva. Ma dopo cinque o sei metri appena, quest'ultimo urlò che la parete sottostante sporgeva verso l'esterno.

I due non ebbero scelta, Loretan calò Joos nel vuoto, mentre questi si sforzava di mantenere l'equilibrio, con lo zaino di quindici chili che minacciava di farlo capovolgere. Dopo aver continuato a dondolare avanti e indietro, finalmente raggiunse una cengia marginale, ma senza piccozza non poté tenersi in equilibrio sulla parete mentre liberava le mani per posizionare la vite.

Loretan sganciò il compagno, scese per diversi metri e in qualche modo gli fece arrivare una piccozza, che Joos gli restituì una volta sistemata la vite. Il racconto di quell'operazione imprecisa è poco chiaro, ma è del tutto probabile che il passaggio dell'attrezzo sia stato effettuato con l'ausilio della corda.

A quel punto, Loretan dovette scendere lungo la parete sporgente. «Adesso era il mio turno» scrive scherzoso, «e al solo pensiero sentii una stretta allo stomaco.» Individuò un blocco di ghiaccio che gli parve più solido degli altri, vi passò intorno la corda e lasciò che Joos lo calasse mediante un'assicurazione «a fionda». Se il blocco si fosse staccato, sarebbero precipitati entrambi. Invece tenne. «Nella roulette russa» dice Loretan a proposito di tale manovra, «viene un momento in cui il giocatore deve premere il grilletto.» E il grilletto fu il passo all'indietro oltre il margine della roccia aggettante.

Poiché la corda era troppo corta per coprire l'intera parete, Loretan dovette fermarsi a metà e ricavare una piccola sporgenza di ghiaccio da utilizzare come ancoraggio. Furono necessarie quattro discese a corda doppia per arrivare ai piedi di quel pilastro formidabile, dove Joos e Loretan trovarono l'estremità superiore della corda fissa piantata in precedenza.

Da quel punto le cose si fecero più semplici, poiché le corde fisse sbucavano qua e là dalla neve; d'altro canto, trovandosi su una pendenza di sessantacinque gradi, i due avevano il terrore di provocare una valanga. Si slegarono: «Se proprio dovevi scivolare e morire, era meglio farlo da solo e dimezzare il numero delle vittime».

Finalmente, alle quattro del pomeriggio, raggiunsero l'altopiano alla base della Cresta Olandese. «Ma le nostre paure non erano finite, poiché era proprio lì che giungevano tutte le valanghe che spazzavano l'Annapurna. E pensare che alcune spedizioni progettavano di attaccare la montagna da quella parete! Bisognava essere stanchi della vita, per tentare una cosa simile.» (Pensai esattamente la stessa cosa nel 2000, quando scampammo a una valanga dopo l'altra su quella parete gigantesca. D'altra parte, ci sarei tornato nel 2005...)

Il resto del racconto sembra tratto da una pagina di Edgar Allan Poe:

> Scorgemmo i resti di un campo. Ci avvicinammo, sperando di trovare qualcosa da mangiare, qualunque cosa purché fosse più sostanziosa delle nostre barrette. Invece c'imbattemmo nel corpo di uno sherpa, abbandonato da una squadra che era stata lassù l'anno precedente. Senza bara, a parte un sarcofago di ghiaccio, senza un tetto che non fosse il cielo.

Si prepararono a un altro bivacco. Nel cuore della notte furono svegliati dal rimbombo di una massiccia valanga. Invece di provare a guardare fuori dalla tenda o di mettersi in salvo, i due alpinisti si strinsero nei sacchi piuma e attesero il loro destino. La valanga si fermò rumorosamente appena più in alto sul pendio. La nuvola di vento che la precedeva seppellì il campo sotto una decina di centimetri di polvere di neve.

Alle tredici del 26 ottobre, finalmente lasciarono il ghiacciaio per passare su una morena laterale. «Le porte dell'inferno si erano appena chiuse dietro di noi», scrive Loretan, «contenendo le nostre paure, i nostri dubbi e la nostra angoscia.» Nell'ultimo paragrafo, celebra la loro sopravvivenza alla traversata con l'ennesima immagine da teatro dell'assurdo:

> Sulla solida terra, imparammo di nuovo a trascendere l'istante presente, e ci sorprendemmo a coniugare certi verbi al futuro: le parole «domani» e «se» non si legavano più in modo automatico: «Domani, se i seracchi tengono... Domani, se riusciamo a trovare la via... Domani, se superiamo lo strapiombo...».

Un'ora dopo essere passati sulla morena, si trascinarono come due «zombie morti di fame» nel campo base di una spedizione ceco-giapponese. Attoniti, alla vista di quei sopravvissuti venuti dal nulla, gli alpinisti li rifocillarono con cibo e bevande, congratulandosi con loro per quanto avevano fatto.

«Dieci giorno dopo, avremmo raggiunto i nostri compagni, a Kathmandu. Ma posso dire che il Giardino dell'Eden esiste: era lì, in quel momento.»

Non ho dubbi: la traversata del 1984 è stata una delle imprese più grandiose nella storia himalayana. Ma è innegabile che i due protagonisti rischiarono più e più volte di rimanere uccisi durante la discesa dal campo sul Roc Noir all'ultimo bivacco sotto la Cresta Olandese.

Qualcuno penserà che, dopo una prova simile, Loretan sia stato tentato di prendersi una pausa, o persino di rivedere le sue ambizioni alpinistiche. Dopo essersi spinto in un luogo «così lontano dai vivi, e così vicino ai morti», si era guadagnato un lungo periodo di riposo. Invece, l'estate successiva era sul ghiacciaio Baltoro, in Pakistan, per tentare una via nuova e altrettanto impegnativa sulla parete sud del K2, ancora inviolata.

Nei nove anni successivi, lo svizzero continuò allegramente a scalare altri ottomila, quasi sempre cercando vie nuove e audaci, senza accontentarsi di ripetere ascensioni già compiute da altri. Oggi, la più nota delle sue imprese non è la traversata dell'Annapurna, bensì la scalata velocissima del canalone Hornbein, sull'Everest, messa a segno nel 1986 con un connazionale, Jean Troillet: in stile alpino, senza ossigeno, impiegarono solo quarantatré ore ad arrivare in cima e a ridiscendere. La comunità alpinistica mondiale ne fu elettrizzata.

È una grande perdita per la letteratura alpinistica il fatto che la cronaca della sua avventura sull'Annapurna – a volte bizzarra, a volte brillante e ingegnosa, e alla fine incredibilmente modesta – sopravviva solo in una pubblicazione da tempo fuori catalogo. Quel capitolo degli *8000 ruggenti* resta per me uno dei racconti migliori scritti da uno scalatore su una spedizione su una delle montagne più alte del mondo.

Quando ripenso al nostro breve incontro in quel ristorante di Kathmandu, nel 2002, rimpiango il fatto che non sia durato di più. Nonostante le barriere linguistiche, alla luce di quanto avrei scoperto in seguito, sarei stato felice di starmene là seduto ad ascoltare quell'alpinista straordinario, mentre riviveva l'impresa sull'Annapurna. Ma Loretan era impegnato con i suoi clienti, e così non ci fu modo di chiacchierare con calma. Inoltre, ero un po' in soggezione all'idea di trovarmi davanti a quella leggenda vivente. Se ce ne fosse stata la possibilità, ci saremmo trattenuti volentieri, senza preoccuparmi di quanto avrebbe impiegato per raccontarci della cresta est.

Dopo aver compreso il racconto che si cela dietro i giochi di parole e le meditazioni sui temi eterni dell'alpinismo, sarei rimasto ore e ore con lui, ascoltando dalla sua viva voce tutti i dettagli di quell'avventura incredibile. Quando si tratta di Erhard Loretan, la prolissità diventa un piacere.

5

La porta della terra dei vivi

Gli alpinisti insistono nel dire che il loro non è uno sport competitivo. Pochi di noi hanno ammesso apertamente di aver tentato di battere i propri rivali, nella corsa alla vetta di una montagna. Una teoria alternativa, sposata da molti, è che la competizione, se esiste, è soltanto con noi stessi. Non ci spingiamo ai limiti per sottrarre un premio a qualcun altro, bensì per mettere alla prova le nostre abilità e i nostri nervi affrontando una sfida importante.

Quando cominciai ad accumulare successi sugli ottomila, in tanti (soprattutto giornalisti) mi chiesero se avessi deciso di diventare il primo americano a conquistarli tutti e quattordici. Altri scalatori avrebbero potuto partecipare alla gara, uno su tutti Carlos Buhler, che ha cinque anni più di me. Alla fine del 1997, avevo otto ottomila all'attivo, e Carlos sei. Inoltre aveva compiuto scalate lungo vie particolarmente ardue, inclusa la parete Kangshung dell'Everest e la parete nord del K2. Ma Carlos annunciò pubblicamente di non essere in gara con me, mentre rivolgeva la sua attenzione a picchi come il Menlungtse e l'Ama Dablam, inferiori agli ottomila metri. Circolò anche la voce che fossi in lizza con il britannico Alan Hinkes per diventare il primo anglofono a scalare i quattordici ottomila. In tutta onestà, posso garantire che tale primato non ha avuto alcun ruolo nelle mie motivazioni personali. L'Endeavor 8000 fu fin dall'inizio un progetto strettamente personale. Se fossi stato «battuto» da un altro americano (o da un inglese), non ci sarebbe stato alcun problema.

Detto ciò, nella storia dell'alpinismo abbiamo assistito a episodi innegabilmente competitivi. Il più famoso fu probabilmente la corsa alla conquista del Cervino, che vide il suo apice nel 1865, quando una squadra guidata dal grande scalatore inglese Edward Whymper – al suo ottavo tentativo – scalò la formidabile montagna dalla cresta nord-est, mentre un altro team capitanato dalla guida italiana Jean-Antoine Carrel – ex compagno di Whymper e ora suo acerrimo nemico – assaltava la cresta opposta. Quando il britannico giunse sulla cima, il 14 luglio, i suoi compagni fecero rotolare dei sassi giù dalla parete opposta, per imporre la propria vittoria sulla squadra di Carrel. Poche ore dopo, tuttavia, il trionfo andò in fumo quando un uomo scivolò, spezzando la corda a cui era legato, e quattro scalatori su sette trovarono la morte.

Chiaramente, alla fine del 1984 era in corso una competizione per aggiudicarsi il titolo di primo uomo al mondo ad aver conquistato i quattordici ottomila. Reinhold Messner era in netto vantaggio, con dieci vette all'attivo, ma Loretan, il suo amico e partner Marcel Rüedi, il polacco Jerzy Kukuczka e il tedesco Michl Dacher ne vantavano ben sei ciascuno. Pubblicamente, tutti negarono di essere in lizza per strappare l'ambito primato. Rüedi morì sul Makalu nel 1986; Loretan interruppe la sua campagna sugli ottomila dedicandosi a una serie di ardue ascensioni tecniche sulle Alpi e su montagne minori, come la Nameless Tower, in Pakistan; Dacher, compagno di Messner su diversi ottomila, e Kukuczka rimanevano gli unici in gara.

Grazie alla sua determinazione, per poco Kukuczka non

raggiunse Messner, ma il celebre alpinista sudtirolese chiuse i giochi sul Lhotse nell'ottobre del 1986. Un anno dopo, il polacco si aggiudicò il secondo posto, conquistando lo Shishapangma. (Per i dettagli sulla rivalità che oppose i due scalatori, e per le brillanti gesta compiute da entrambi sull'Annapurna, si veda il capitolo 6.)

Sorprendentemente si sarebbero dovuti attendere otto anni perché un terzo alpinista portasse a termine l'impresa. Alla fine del 1994, Loretan era giunto a quota dodici, come pure il francese, Benoît Chamoux. Al primo mancavano Shishapangma e Kangchenjunga, al secondo Makalu e Kangchenjunga. Chamoux era uno scalatore molto forte, capace di performance straordinarie, come la salita in solitaria della Cresta degli Abruzzi sul K2 in appena ventitré ore, realizzata nel 1986. Ma la sua carriera fu anche segnata da dure controversie. Elizabeth Hawley, arbitro di tutte le imprese himalayane, residente a Kathmandu, rifiutò di riconoscere la sua conquista dello Shishapangma, convinta che si fosse fermato su una cima secondaria. (L'impresa di Chamoux non è certo l'unica ascensione che la Hawley abbia messo in discussione.)

Lo Shishapangma è una montagna infida. Nel 1993 avevo raggiunto la cima centrale, inferiore di soli sei metri rispetto a quella principale. Ma la cresta tra i due picchi, affilata come un rasoio e orlata di cornici, lunga appena cento metri, mi parve troppo pericolosa per una traversata in solitaria, e così feci dietrofront.

Sarebbe stato bello poter affermare di aver scalato lo Shisha, ma non sarei riuscito a convivere con una simile menzogna. E poi Miss Hawley, come la chiamano tutti, mi avrebbe subito smascherato. Dovetti aspettare otto anni per tornare sulla montagna e per sconfiggere finalmente quella pericolosa traversata fino alla sommità principale.

Negli *8000 ruggenti* Loretan ammette una certa indecisione riguardo al progetto di diventare il terzo alpinista a «chiudere il cerchio» (per citare l'espressione usata dagli scalatori francesi).

«Mentirei» scrive, «se dicessi che la corsa ai quattordici ottomila non mi ha mai interessato. Ma per molto tempo l'ho lasciata ai media.» La gara si era già conclusa con il trionfo di Messner. «Trovavo incredibile che, otto anni dopo Kukuczka, e nove dopo Messner, ci fosse qualcuno al mondo – al di là di mio fratello e di mia madre – interessato a sapere chi si sarebbe aggiudicato il terzo posto nella corsa ai quattordici ottomila.»

Se Loretan fosse stato ancora ossessionato dagli ottomila, non sarebbe partito alla volta della Nameless Tower, e non avrebbe tentato la scalata del K2 lungo l'inviolata parete ovest, dopo aver già superato la Cresta degli Abruzzi nel 1985.

Poi però aggiunge: «Cominciai a conquistare un ottomila dopo l'altro, e in modo sottile mi lasciai prendere dall'idea». Quando anche Chamoux ebbe diversi ottomila all'attivo, i media si mostrarono molto interessati alla corsa per il terzo posto. Nella primavera del 1995 Loretan scalò lo Shishapangma. Cinque anni prima, con Jean Troillet e con il forte scalatore polacco Wojtek Kurtyka, aveva aperto una nuova via lungo la parete sud-ovest della montagna. Una grande impresa, ma – com'era accaduto al sottoscritto nel 1993 – il trio dovette fare dietrofront poco prima della cima vera, considerando l'ultima traversata eccessivamente esposta. Loretan vi tornò nel 1995, per assicurarsi di aggiungere la montagna all'elenco degli ottomila. Quella primavera, Chamoux arrivò in vetta al Makalu. Comunque fossero andate le cose sullo Shishapangma, nel 1990, non esitò a includerlo nel proprio curriculum. Per i media, entrambi gli scalatori avevano tredici ottomila all'attivo. E, per rendere la gara ancora più sensazionale, i due avrebbero cercato di conquistare l'ultimo – il Kangchenjunga – contemporaneamente, nell'autunno del 1995.

Incontrai Chamoux nella primavera di quell'anno: stava scendendo dal Makalu, mentre io, Veikka Gustafsson e Rob Hall salivamo. Avevamo deciso con Rob di dividerci le spese di un elicottero: in pratica, noi tre saremmo arrivati a bordo del mezzo con cui sarebbe ripartita la squadra francese. Ma le condizioni meteorologiche ci costrinsero ad atterrare molto più in basso rispetto al luogo dell'incontro concordato. Non era colpa di nessuno, certo non di Rob.

Incrociammo Chamoux mentre camminavamo verso il campo base avanzato. La sua squadra aveva perso un uomo sulla montagna, pertanto era comprensibile che l'umore non fosse dei migliori, ma Chamoux era furioso. Disse qualcosa come: «Dovevate venirci a prendere!».

L'autunno si avvicinava, e Loretan insisteva di essere entrato nella competizione per il «terzo uomo» con un certo disgusto:

> Ho sempre trovato pietoso *Top Gun*. Detesto il genere di competizione in cui per vincere basta mettere insieme una serie di gesta insignificanti. E poi, sin dalla conquista del Cervino, la montagna ci ha fatto capire molto bene che non ama le rivalità: ha posizionato la sbarra abbastanza in alto, e non ha bisogno del cronografo di noi umani.

Ciononostante, il 1° settembre la sua squadra piazzò il campo base sul versante sud del Kangchenjunga. Dieci giorni dopo giunse anche Chamoux, con un considerevole entourage, e sistemò le tende a pochi metri da quelle del rivale. Lo svizzero era sfuggito al radar dei media, mentre il francese corteggiava i giornalisti già da mesi. Adesso, ovunque c'erano reporter che pendevano dalle sue labbra. E il suo compagno, Pierre Royer, aveva l'incarico di girare una pellicola sulla sua marcia trionfale verso la vetta del quattordicesimo ottomila. Il campo francese era un autentico circo, con radio, tivù, telefoni e Internet che tenevano aggiornati un vasto pubblico in Francia.

Tra alpinisti svizzeri e francesi era in corso da decenni un'aspra competizione. Dopo la prima ascensione all'Annapurna, un piccolo gruppo di scalatori elvetici sollevò qualche dubbio sul fatto che Herzog e Lachenal avessero davvero raggiunto la vera cima.

Nel suo memoir, Loretan lascia trapelare tutto il suo disprezzo per quella «corsa» mediatica:

> Non avevo alcuna intenzione di giocare ai Cavalieri dell'Himalaya, di dire che quella competizione era un confronto di mediocrità, né di mettermi a gridare – mentre offrivo la mia maglietta bianca ai proiettili del nemico – «Messieurs, sparate pure per primi!» Invece, avrei urlato che, se davvero Benoît Chamoux voleva entrare nella storia come la terza persona ad aver conquistato gli 8000, non gli restava che provarci. Buona fortuna a lui!

Dal canto suo, più che ad arrivare in vetta Loretan era interessato a tentare la prima traversata della montagna. Solo dopo il 20 settembre, quando alcuni italiani che avevano esplorato altre parti della montagna gli dissero che un'impresa simile era da escludere per via delle condizioni della neve, ridusse i propri obiettivi a una semplice ascensione.

> Fu più o meno intorno a quella data che capii che Benoît era assolutamente determinato a battermi. Le tende non sono mai isolate acusticamente, e non dovetti tendere le orecchie per sentire una conversazione tra Chamoux e alcuni giornalisti [al campo base]. A volte avevo l'impressione che stesse mandando delle trup-

pe in battaglia: domenica 24 settembre, per esempio, i suoi sherpa partirono alla volta del campo III (7300 metri), nonostante i pendii fossero tutt'altro che stabili.

Una teoria inquietante, ammesso che Loretan abbia ragione. Mi sorprende che un alpinista del calibro di Chamoux abbia mandato avanti gli sherpa, soprattutto in condizioni così pericolose. Veikka e io non abbiamo mai arrampicato con loro, ma, se l'avessimo fatto, non li avremmo mai incaricati di battere traccia e piazzare i campi.

Al campo base, i rapporti tra le due squadre erano pessimi. «Tra la spedizione francese e la nostra» ricorda Loretan, «non si respirò mai un'atmosfera cordiale; semmai, i rapporti furono gelidi sin dall'inizio. E io non feci nulla per cercare il disgelo. La rivalità era palpabile, e rendeva l'aria densa e irrespirabile.»

Per il 20 settembre Loretan era pronto a partire alla volta della vetta, ma il brutto tempo lo fermò per una decina di giorni e oltre, dal momento che il campo base fu sommerso da mezzo metro di neve. Entrambe le squadre sapevano che, con ogni probabilità, più in alto le condizioni sarebbero state tremende.

Il 3 ottobre Loretan, Jean Troillet e André Georges salirono al campo III svizzero, piazzato due settimane prima. «La neve era molto profonda, e mi sfiancai per tracciare un sentiero» scrive Loretan. Al campo III trovarono le tende completamente sepolte. «C'era bisogno delle abilità di un archeologo per riportare il campo alla luce.»

Chamoux e Royer, insieme a quattro sherpa assoldati dal team francese e a cinque italiani, seguirono le sue tracce. A quel punto, tutti gli scalatori si misero al riparo in un «villaggio di dieci tende», mentre un vento violento sferzava i pendii. Il piano prevedeva di partire nel cuore della notte, piazzare il campo IV durante il giorno, e salire in vetta l'indomani. Gli svizzeri decisero di partire alle diciotto; italiani e francesi optarono per le due del mattino. I primi rispettarono la tabella di marcia, ma i pendii – che attaccarono prima con le racchette da neve, poi con i ramponi – erano in condizioni atroci. Georges e Troillet erano esausti, e pertanto fu sempre Loretan a battere traccia, ma due ore dopo decisero che i progressi erano troppo lenti. Così tornarono giù. Al campo III scoprirono che gli altri non avevano nemmeno messo il naso fuori dalle tende.

Delle mie trentuno spedizioni sugli ottomila, solo tre sono state organizzate in autunno: sulla parete est dell'Everest nel 1988, e sul Cho Oyu nel 1994 e nel 1996. È un compromesso difficile: dopo il monsone estivo, le montagne ammantate di neve tendono a essere meno tecniche, ma al tempo stesso presentano un maggiore rischio di valanghe. In primavera, ghiaccio duro e rocce esposte aumentano le difficoltà, ma il pericolo di slavine si riduce drasticamente. La differenza principale, tuttavia, consiste nel fatto che, in primavera, generalmente si arriva in quota intorno a maggio, quando la temperatura comincia a salire. In autunno non si raggiungono certe altezze prima di ottobre, quando le giornate si fanno più corte e più fredde, e il vento è dietro l'angolo. A mio parere, il gioco non vale la candela.

Il 4 ottobre il «caravan» (l'espressione è di Loretan) di quattordici alpinisti si mise in marcia, e riuscì a piazzare un campo IV a 7803 metri, circa 760 metri sotto la vetta. (Posso soltanto immaginare la tensione di quel giorno, con Chamoux e Loretan che fingevano di essere compagni di squadra, e di contribuire allo sforzo collettivo.) A quel punto, André Georges era sfinito, e il team svizzero per l'attacco finale si ridusse a Troillet e Loretan. Decisi ancora una volta a partire di buon'ora – sotto tale aspetto, Loretan fu un precursore delle abitudini più moderne – gli svizzeri stabilirono di muoversi alle ventidue. L'atmosfera al campo era solo superficialmente cortese. «Intorno alle quattordici» scrive Loretan, «Benoît Chamoux ci chiese a che ora intendessimo partire. Era convinto che alle ventidue il freddo sarebbe stato troppo intenso. Così, optammo per lasciare le tende alle due del mattino.» Dividendosi il compito di battere traccia, avrebbero reso quel fardello meno pesante.

Ma non andò così. Il 5 ottobre, Loretan, Troillet e il forte scalatore italiano Sergio Martini (che aveva all'attivo dieci ottomila) rimasero sempre in testa ad aprire la via. Loretan non nasconde il suo fastidio: «La neve era profonda, facevamo una fatica tremenda. Notammo quasi subito che i francesi intendevano lasciare a noi il lavoro pesante». I tre alpinisti decisero di fermarsi e aspettare che Chamoux e Royer li raggiungessero. «Impiegarono un'eternità ad arrivare alla nostra altezza» scrive Loretan, senza celare il suo disprezzo, «ma furono prontissimi a darci la precedenza, restituendoci il piacere di battere traccia.» Ebbi un'esperienza simile sull'Everest, nel 1996, durante le riprese del film girato in Imax di David Breashears. Il 23 maggio partii presto, da solo, per lanciare il mio assalto alla vetta, com'era stato deciso. Ma dopo ore di cammino nella neve profonda, mentre battevo traccia senza ossigeno, mi accorsi che due scalatori stranieri mi seguivano a una certa distanza. Seguendo le mie orme erano quasi riusciti a raggiungermi, ma ora sembravano intenzionati a mantenere la distanza che ci separava, anziché alternarci in testa. Quando mi fermavo per una pausa, si fermavano anche loro. Quando ripartivo, facevano lo stesso, mantenendo la mia andatura. Dopo un po' feci loro segno di avanzare per darmi una mano, ma loro scossero la testa. Ero così infuriato che avvertii una scarica di adrenalina, e mi sentii ancora più motivato a procedere da solo.

Nel 1995, chi assistette alla gara per la conquista del Kangchenjunga dovette ammettere che gli svizzeri erano più in forma dei francesi. Perfino un compagno di Chamoux confessò a Elizabeth Hawley: «Gli svizzeri erano molto più veloci. Loretan è il numero uno».

A quel punto, gli scalatori appresero via radio di un brutto incidente avvenuto più in basso. Riku, uno sherpa della squadra francese, era morto dopo aver perso l'equilibrio ed essere scivolato. Subito, i due sherpa al seguito di Chamoux e Royer abbandonarono l'assalto alla vetta e tornarono giù. Ma i due francesi proseguirono, prendendo una decisione per la quale in seguito sarebbero stati aspramente criticati. Quell'uomo era già morto, quindi non avrebbero potuto fare nulla per salvarlo. Era questo il dilemma: continuare o fare dietrofront?

Alcune settimane prima, con l'aiuto di un cannocchiale, Loretan aveva notato che, per arrivare in vetta, era necessario trovare il modo di aggirare un alto pilastro, che soprannominò la Tour Rouge. Quattro anni prima Sergio Martini aveva fallito quella stessa prova. Ora, convinto che la Tour Rouge non potesse essere aggirata, e che il freddo e il vento rendessero troppo pericolosa l'attesa, mentre gli svizzeri affrontavano la pericolosa traversata Martini si fermò a 8199 metri e tornò giù. Loretan e Troillet proseguirono da soli.

I due lottarono contro le raffiche violente e le temperature glaciali, e arrivarono sulla vetta nel primo pomeriggio. «Era la mia quattordicesima vetta oltre gli 8000 metri. Erano le quattordici e trentacinque, il cerchio era chiuso. Provai una sensazione forte, profonda. Un capitolo era concluso. Mi dispiacqui per Chamoux.»

Durante la discesa, sotto la Tour Rouge, Loretan e Troillet passarono a poche dozzine di metri dai francesi, ancora impegnati nella salita. I rivali si scambiarono un saluto con la mano. Poco dopo, Troillet chiamò Chamoux via radio per dargli alcuni consigli su come trovare la via. «Grazie, Jean» chiuse Chamoux. «Due parole di gratitudine» commenta Loretan, «posero fine a settimane di sconveniente rivalità.»

Già durante la discesa lo svizzero si chiese se Chamoux avesse qualche problema. «Non mi parve possibile che un uomo diventato famoso per le sue ascensioni veloci avanzasse così lentamente.» Forse soffriva per un edema, oppure per il freddo (stando a Loretan, quel giorno gli italiani registrarono un fattore *windchill* di sessantatré gradi sotto zero).

Più tardi, gli alpinisti più in basso appresero via radio che Royer aveva rinunciato e stava scendendo. Chamoux proseguì da solo, ma si arrestò a meno di sessanta metri dalla vetta. Quando calò la notte, tuttavia, il contatto via radio con i due francesi si interruppe. Evidentemente, dovevano essere stati costretti a bivaccare.

L'indomani, Loretan si convinse che fossero morti entrambi. Ma i francesi non abbandonarono le speranze, e riuscirono addirittura a trovare degli aerei per organizzare le ricerche. In Europa, un pubblico vastissimo seguì quel dramma, con orrore misto a fascino.

Stando a Elizabeth Hawley, che a Kathmandu avrebbe poi intervistato alcuni membri di entrambe le spedizioni, gli sherpa «si rifiutarono di salire a cercarli, dal momento che non avevano fatto nulla per aiutare Riku». Un americano di cui non si conosce l'identità le riferì che «i francesi non erano ben acclimatati. Provarono a tenere il passo degli svizzeri, e così si suicidarono». I corpi di Chamoux e Royer non sono mai stati ritrovati.

Loretan ritenne che potessero essere scivolati lungo la parete nord. Ma negli *8000 ruggenti* il suo giudizio finale è spietato: «Riflettendoci, mi dissi che, se in Francia non ci fossero stati milioni di spettatori a seguire in diretta il suo indebolimento e la sua sconfitta, forse Benoît Chamoux avrebbe ascoltato il suo corpo, e non il suo orgoglio».

Parole dure, suppongo, che tuttavia condivido. Uno degli errori peggiori che si possano commettere in montagna è lasciare che la competizione con altri alpinisti (soprattutto se esacerbata dai media) abbia la meglio sul buonsenso. Era tardi, ed entrambi erano sfiniti. Probabilmente Chamoux e Royer avrebbero dovuto rinunciare molto prima. Tuttavia, ho qualche esitazione a giudicare i francesi con il senno di poi. Chi può sapere cosa andò storto lassù, quel 5 ottobre 1995, quando Chamoux era ormai a un passo dall'obiettivo di tutta una vita?

In più di una spedizione sono stato testimone di una simile frenesia competitiva. Potremmo chiamarla «febbre da vetta». Scalatori appartenenti a squadre diverse ciondolano in uno dei campi inferiori, aspettando che il tempo si stabilizzi. All'improvviso, un team annuncia la propria intenzione di provarci, e tutti gli altri si affrettano a prepararsi per sferrare l'assalto. Il buonsenso svanisce, sostituito dalla paura che gli altri sappiano più di te, e che potresti lasciarti scappare l'unica opportunità di raggiungere la cima.

Dopo l'arresto sulla parete nord dell'Annapurna, nel 2000, mi sarei tormentato per un anno e mezzo per trovare il modo di tornare su quella montagna così pericolosa. Feci tutte le ricerche possibili sulle altre vie già aperte. Quel che sapevo della cresta est derivava soprattutto dalla breve storia di Messner. Il riassunto di poche pagine della traversata del 1984 affermava chiaramente che era stata un'impresa davvero audace, e sottolineava quanto fossero stati stanchi e vulnerabili i due svizzeri durante la discesa. Messner esalta Loretan, in un passaggio che ha aumentato ancora di più la mia curiosità su un genio dell'alpinismo così poco celebrato. Lo incontrò la prima volta a una fiera di Monaco, nei primi anni Ottanta, durante la quale quel «ragazzo magro» si avvicinò al podio dello speaker per chiedergli consigli sull'Himalaya. Nel 2000 scriveva:

> Quindici anni dopo, quello stesso Erhard Loretan sarebbe diventato il più importante scalatore d'alta quota della sua generazione e contemporaneamente si sarebbe ritirato dietro le quinte. Abbandonò la scena dell'alpinismo allo stesso modo in cui l'aveva calcata. Oggi fa ancora il carpentiere e non si interessa più di montagna.*

Avevo quasi deciso di mettere la cresta est nel cassetto delle «cose da archiviare e dimenticare», quando m'imbattei in uno scalatore francese di nome Christian Trommsdorff in un piccolo villaggio tibetano. Era il 2001, ed ero in viaggio per lo Shishapangma. Christian era stato su quella cresta l'anno precedente e, sebbene avesse fallito, era convinto che fosse l'unica via sicura su tutta la montagna, per quanto incredibilmente lunga ed esposta a venti forti. Veikka e io rileggemmo la cronaca di Messner, studiammo tutte le fotografie che riuscimmo a trovare, e decidemmo di organizzare una spedizione per la primavera del 2002.

Nel mio libro *In vetta senza scorciatoie* ho raccontato dettagliatamente la mia seconda esperienza sull'Annapurna. Pure, ancora una volta, a cinque anni di distanza, dopo aver riletto il mio diario, scopro una nuova consapevolezza su quanto accadde quella primavera.

Alla fiera Outdoor Retailer di Salt Lake City, nell'estate del 2001, accennai dei miei progetti a Bruce Franks, general ma-

---

* Reinhold Messner, *Annapurna. Cinquant'anni di un ottomila*, traduzione di Francesca Ilardi, CDA & Vivalda, Torino 2003, p. 93.

nager della ditta italiana Asolo, uno dei miei sponsor. Bruce mi parlò di un altro atleta sponsorizzato dalla società, il francese Jean-Christophe Lafaille, che aveva idee simili sull'Annapurna, e che come me cercava compagni. Ci presentò via e-mail, e con lo stesso mezzo – che non avevo mai utilizzato prima, e che paragonai a un corteggiamento via computer – Veikka e io decidemmo di fare squadra con un alpinista che non avevamo mai incontrato di persona. Ebbene, J.-C. si sarebbe rivelato uno dei partner migliori di tutta la mia carriera.

Al campo base trovammo un team composto da quattro alpinisti baschi, che puntavano come noi a scalare la cresta est. Decidemmo di unire le forze, ma alla fine solo uno dei quattro, Alberto Iñurrategi, sarebbe arrivato in alto. Anche Alberto si rivelò un compagno ideale, e insieme a J.-C. aprì molti dei tratti più duri. E questo nonostante l'impasse linguistica: io, Veikka e i baschi non sapevamo il francese, Alberto e J.-C. conoscevano solo poche parole di inglese. Riuscivo a comunicare con J.-C. parlando molto lentamente e usando frasi semplici, mentre io comprendevo quasi tutto quello che diceva. Ma per Veikka, finlandese, l'inglese era solo la seconda lingua e, quando sentiva quello francesizzato del nostro compagno, si voltava verso di me e mi chiedeva di tradurre. E spesso dovevo fare da interprete anche per J.-C.

Alberto aveva già scalato tredici ottomila. Se fosse giunto in vetta all'Annapurna, sarebbe diventato il decimo uomo a «chiudere il cerchio», e il quarto senza ossigeno. (Sergio Martini, che sul Kangchenjunga aveva fatto dietrofront, lasciando proseguire Loretan e Troillet, si era aggiudicato il settimo posto nel 2000.) Ma la cosa più toccante era la sua intenzione di dedicare l'ascensione – in caso di successo – al fratello Felix, morto sul Gasherbrum II nel 2000. Avrebbe portato con sé la sua piccozza da ghiaccio.

Le sue motivazioni erano notevoli. Per J.-C., invece, la montagna era diventata un'ossessione. Un termine che usava senza alcuna difficoltà.

Nel 1992, a ventisette anni, aveva partecipato alla sua prima spedizione himalayana; unico compagno era il suo miglior amico alpinista, nonché mentore, Pierre Béghin, quattordici anni più anziano di lui. All'epoca, Béghin era probabilmente lo scalatore più importante di tutta la Francia, vantando un curriculum superbo che includeva molte tra le pareti più difficili delle Alpi, e una dozzina di spedizioni sugli ottomila, cinque delle quali l'avevano visto arrivare in cima. In particolare, aveva aperto una nuova via sulla parete ovest del Manaslu, aveva compiuto un'ascensione in solitaria al Kangchenjunga e – forse l'impresa in assoluto più impressionante – aveva affrontato da solo una via diretta e inviolata sulla parete sud del Manaslu, sopravvivendo a un bivacco oltre i 7900 metri e a due valanghe da lui stesso provocate durante la discesa. E questo nonostante avesse perso numerose dita in seguito al congelamento durante la sua prima spedizione sul Manaslu nel 1977!

Per la sua campagna del 1992, Béghin aveva convinto J.-C. a tentare una nuova via sulla parete sud dell'Annapurna. Un decennio più tardi, quando ci trovammo a passare là sotto mentre marciavamo verso la cresta est e J.-C. ce la mostrò, non riuscii a trattenere un brivido. Invece della cresta sporgente come quella seguita da Bonington nel 1970, la via di Béghin, molto più a destra, scalava diverse increspature di neve estremamente ripide e dall'aspetto instabile, per poi gettarsi in una gola simile a una piega di roccia mista a ghiaccio, una sorta di imbuto naturale che raccoglieva valanghe e frane che cadevano dall'alto.

Non solo i due francesi intendevano conquistare la montagna senza il supporto di altri compagni o degli sherpa, ma insistettero anche per affrontare l'enorme parete in stile alpino, riducendo al minimo le corde fisse e facendo a meno dei campi riforniti. Tuttavia, la loro performance fu così brillante che il 10 ottobre avevano raggiunto quota 7315 metri, a tre quarti del percorso. A quel punto, tuttavia, furono costretti a bivaccare quasi in piedi, appesi alle imbragature e ancorati a un pendio di settanta gradi. Trascorsero una notte insonne, ma l'indomani proseguirono conquistando altri centottanta metri, solo per essere sopraffatti da una violenta tempesta. Scendere era per loro l'unica opzione possibile.

Visto il pochissimo materiale a disposizione, dovettero razionare friend, chiodi e viti da ghiaccio per attrezzare i punti più ripidi, per poterli superare con discese a corda doppia. Com'è tipico in queste situazioni, furono costretti a usare un solo «pezzo» alla volta, come ancoraggio. (Gli ancoraggi, per definizione, sono attrezzi che bisogna abbandonare sul posto.) Durante una discesa, Béghin strappò una vite che non era riuscito a girare fino in fondo. Terrorizzato, J.-C. sacrificò uno dei suoi pezzi per assicurare l'ancoraggio, piantandolo nella neve e fissandolo alla vite con il nylon.

Erano giunti quasi in fondo al canale, l'ostacolo peggiore dell'intera via, quando Béghin piazzò un grosso friend in una fessura nella roccia. Lafaille aveva rafforzato l'ancoraggio con un chiodo ma, quando il compagno cominciò a scendere, gli disse: «Toglilo. Il mio friend è okay». J.-C. lo accontentò.

Béghin fece qualche passo veloce all'indietro nella neve, finché non passò su un terreno verticale appendendosi di peso alla corda. Sollevò gli occhi. Lui e J.-C. si scambiarono un'occhiata. In quell'istante udirono un rumore: il friend non aveva tenuto. Sotto lo sguardo impotente del compagno, Béghin precipitò nell'abisso.

«Per molto tempo non riuscii a muovermi» ricordò in seguito Lafaille. «Credo di essere rimasto fermo per almeno mezz'ora. Ero disperato, pietrificato dalla paura.»

Poiché corde e attrezzatura erano scomparse con il compagno, era bloccato in una situazione quasi impossibile. Per sopravvivere, avrebbe dovuto superare 2400 metri di terreno altamente tecnico, senza una corda per calarsi. La prova che affrontò nei giorni successivi sarebbe diventata una delle operazioni di autosalvataggio più straordinarie nella storia dell'alpinismo.

Con estrema cautela, scese gli oltre duecento metri verticali appena sotto l'ancoraggio fallito, usando solo due piccozze da ghiaccio (la sua e quella di Béghin) e i ramponi per tenersi attaccato alla montagna. Dopo un altro bivacco insonne su una piccola cengia, riuscì a riportare in superficie una corda fissa di appena venti metri, con cui riuscì a improvvisare una serie di discese a corda doppia. Usò come ancoraggi i picchetti della tenda e, in un'occasione, una bottiglia di plastica sepolta nella neve!

Il secondo giorno, un masso caduto dall'alto gli procurò una frattura composta al braccio destro, da quel momento inutilizzabile. Straziato dal dolore, e con il rischio di morire dissanguato, fu quasi sul punto di abbandonarsi alla disperazione. Per me è finita pensò. Sono morto.

Eppure, dopo aver realizzato una stecca con il giubbotto, e dopo essere sopravvissuto a un altro terribile bivacco, si rimise in marcia; preferì camminare durante la notte, nella speranza di ridurre al minimo il rischio di essere colpito da altri massi.

Quando lasciò la parete e si trascinò attraverso il ghiacciaio fino al campo base di una spedizione slovena, era sopravvissuto a cinque giorni di terrore, angoscia e dolore, realizzando una stupefacente discesa in solitaria.

Al ritorno in Francia fu accolto come un eroe, nonostante il lutto pubblico per la perdita di Béghin. Ma da quella prova era uscito distrutto. «Mi chiusi come un'ostrica» confidò in seguito a un giornalista.

Il primo pensiero fu quello di abbandonare l'alpinismo. Le conseguenze psicologiche di quello che aveva passato gli costarono il matrimonio e molte amicizie. Ferito nel profondo, si isolò, convinto di non potersi più fidare di nessuno. Si sottopose a numerosi interventi chirurgici, per via della frattura al braccio destro. Non sapendo che cosa fare della sua vita, cominciò a camminare – e poi ad arrampicare – sulle colline intorno a Gap, la sua città. Nel giro di due anni riprese a scalare. Lentamente, il senso di colpa e la depressione causati dalla perdita del compagno si unirono in un sentimento nuovo e accanito: la vendetta. Vendetta contro la montagna che aveva ucciso il suo migliore amico.

Vendetta e ossessione: due termini che J.-C. Lafaille non si vergognava di usare. Per quanto mi riguarda, non hanno nulla a che vedere con la mia motivazione. L'idea stessa rappresenta un pericolo, un invito a spingersi oltre ogni ragionevole limite. Del resto, non sono uno scalatore come lui. Probabilmente, è stato l'alpinista più dotato con cui mi sia legato in cordata su un ottomila. Come avrei avuto modo di vedere sull'Annapurna, era anche disposto ad accettare margini di sicurezza molto più stretti rispetto a quelli che ero disposto ad accettare io. Ma era un genio nel calcolare i rischi e, grazie alla sua straordinaria abilità, mise a segno un'impresa grandiosa dietro l'altra.

Nel 1995, ad appena tre anni dalla tragedia di Béghin, tornò sull'Annapurna per mettere in atto la sua vendetta, scegliendo di ripercorrere la via Bonington in solitaria. Grazie alle sue brillanti capacità su terreni tecnici, arrivò a quota 7498 metri (a metà della Fascia di Roccia dei britannici), dove lui e Béghin si erano fermati nel 1992. Quindi, scelse prudentemente di tornare indietro a causa delle pessime condizioni della neve e del tempo in peggioramento.

Tornò nel 1998 con una squadra italiana, di nuovo intenzionato a tentare la via Bonington. Ma rimase deluso dalle tattiche troppo caute dei compagni, che optarono per un attacco secondo l'antiquato «stile spedizione», con corde fisse continue e campi riforniti. Le condizioni della neve ostacolarono i progressi degli alpinisti, a causa dei cumuli insolitamente profondi che nascondevano la roccia sottostante. Il 25 aprile J.-C. era in testa, con mezz'ora di vantaggio sugli altri, e intendeva piazzare le ultime corde fisse sotto il primo campo sulla parete vera e propria, ignaro della catastrofe che all'improvviso si stava consumando sotto di lui.

Un enorme lastrone di neve compattata dal vento si era staccato dalla parete, facendo sobbalzare tre italiani che riuscirono a malapena a tenersi aggrappati alla montagna. Mentre cadeva lungo il pendio, il cumulo strappò via chiodi e corde fisse, e investì quattro sherpa impegnati a trasportare i carichi, che furono trascinati giù per quasi mille metri; uno rimase ucciso, mentre due furono feriti, e riuscirono a riguadagnare il campo base solo grazie agli sforzi eroici del quarto.

Due giorni dopo, un elicottero russo recuperò gli sherpa feriti. Gli italiani erano troppo scossi dall'incidente per proseguire. E, come loro, J.-C. era pronto a gettare la spugna.

Dopo quella sconfitta, decise momentaneamente di abbandonare l'Annapurna. All'epoca scrisse: «Dopo il terribile incidente del 25 aprile, per me fu chiaro che non sarei più tornato sulla parete sud. Due morti sulla stessa montagna, era troppo!».

Nel frattempo, tuttavia, si era innamorato di Katia, una bionda sensazionale, ciclista professionista, che se la cavava anche come scalatrice. Si sposarono nel 2000, e quasi subito Katia si assunse il compito di gestire la carriera di J.-C. Lui era sempre stato un uomo riservato, poco interessato a farsi pubblicità, e ora Katia riuscì a trasformarlo in una celebrità mediatica. E si convinse che la mossa migliore, per la sua carriera, sarebbe stata quella di diventare il primo francese ad aver scalato tutti gli ottomila. (Nessun francese è ancora riuscito a «chiudere il cerchio», mentre ci sono riusciti tre sudcoreani, tre italiani, tre polacchi, un kazako, un messicano e un finlandese.)

Naturalmente, la moglie da sola non sarebbe riuscita a spingerlo a tornare sull'Annapurna. J.-C. era un uomo risoluto nelle sue decisioni e con obiettivi profondamente personali. L'ossessione dell'Annapurna era sempre lì, latente. Più di una volta, J.C. disse alla stampa che avrebbe rinunciato volentieri a dieci ottomila «in cambio di dieci minuti sull'Annapurna».

Inoltre, continuava a pensare a Pierre Béghin. Il suo primo mentore era stato una sorta di poeta dell'alpinismo, dello stesso stampo di Gaston Rébuffat, la grande guida di Chamonix che aveva scalato la montagna nel 1950. Béghin aveva il dono degli aforismi efficaci, e molti dei suoi detti erano impressi nella mente di J.-C. Undici anni dopo la morte dell'amico, nel suo memoir *Prigioniero dell'Annapurna* citò alcune sue dichiarazioni: «La vita quotidiana mi fa diventare matto. Non contiene sale a sufficienza, per me»; «Ho l'ansia del tempo che passa e mi scivola tra le dita». Il suo mantra preferito, citato per intero nel libro, è un romantico credo che spiega il rapporto di amore e odio con l'alpinismo:

> Lassù, provo al tempo stesso esaltazione e paura. Esaltazione, perché ho la sensazione di dominare il mondo intero. Di aver superato centinaia, addirittura migliaia di metri verticali, e di dominare questo mondo di luce, con i suoi mari di nubi e le sue valli cupe. Ma c'è anche questa paura. Questo terrore. Sento davvero di essere molto distante da tutto, di trovarmi in una situazione di estrema precarietà. Di essere lontanissimo da quelle che sono le basi della mia vita. Di essere perduto, alla fine del mondo... sul

tetto del mondo. Di non riuscire neppure a immaginare il modo di tornare indietro.

All'inizio della primavera del 2002, J.-C. e io avevamo deciso di scalare la parete sud dell'Annapurna e di fare un tentativo lungo la cresta est. Sarebbe stata la mia seconda campagna sull'Annapurna in tre anni. Per lui la quarta in un decennio. Se c'è mai stato un uomo determinato a conquistare un ottomila per mettere a tacere i propri fantasmi, quello è senza dubbio J.-C.

Nel mio primo libro, *In vetta senza scorciatoie*, scrissi di essere rimasto scioccato quando scoprii (grazie a un amico che tradusse per me diversi passaggi di *Prigioniero dell'Annapurna*) che, durante la spedizione del 2002, J.-C. aveva coltivato la fantasia segreta di unirsi a noi solo per la prima parte della scalata, per poi tentare l'ascensione in solitaria della via già seguita nel 1992, lungo la parete sud, dove Béghin era rimasto ucciso. Ma adesso, rileggendo il mio diario e passando al setaccio i miei ricordi, rammento che, quando passammo sotto la parete, J.-C. guardava quella linea e diceva, nel suo inglese stentato: «Sto pensando di andare lassù... Mi è venuta quest'altra idea...».

Forse in quel momento non lo presi sul serio. Ricordo che, effettivamente, menzionò la possibilità di lasciare il resto del gruppo e tentare una via su quella parete, da solo. Voleva contribuire il più possibile allo sforzo sulla cresta est, acclimatarsi e, alla fine, cimentarsi in questa prova. Ma non ha alcuna importanza, visto che abbandonò l'idea. Si rese conto che la cresta est era una sfida quanto mai ardua.

Quanto a me, rileggendo le mie riflessioni di allora, scopro di essere stato in una condizione di costante tensione durante quella spedizione. Paula e io avevamo due figli (Ella era nata nel 2000), e sentivo terribilmente la loro mancanza. Il mio diario è pieno di commenti come: «Sono rimasto sveglio fino alle nove di sera per chiamare Paula e i bambini [con il telefono satellitare]. Tutto okay – hanno ricevuto le cartoline». E: «*Non vedo l'ora di tornare a casa!*».

Quella primavera avevo quarantadue anni, ed ero alla mia ventiseiesima spedizione su un ottomila: mancavano solo Broad Peak, Nanga Parbat e Annapurna per completare l'Endeavor 8000, e già sapevo che, se tra quelle tre montagne ce n'era una in grado di mettermi davvero alla prova, con ogni probabilità sarebbe stata l'ultima. La mia ansia non derivava solo dalla battuta d'arresto subita sulla parete nord nel 2000, con tutti i rischi che avevamo incontrato, ma anche da ciò che avevo letto e sentito sui tentativi di altri team. Non era un'avventura da prendere alla leggera.

I primi anni, partire per l'Himalaya non era stato tanto straziante: non lasciavo a casa nessuno che per me contasse più di una montagna, e che sapevo si sarebbe preoccupato ogni singolo giorno fino al mio ritorno. Ma dopo il matrimonio, e dopo la paternità, partire divenne il momento più difficile di ogni spedizione.

Paula e io convenimmo che salutarci all'aeroporto non era il modo migliore per separarci. A volte Gil ed Ella non venivano neppure, o comunque restavano sui loro seggiolini, in auto, mentre Paula mi faceva scendere davanti all'ingresso. Invece, optammo per organizzare una bella cenetta la sera della vigilia, e per dirci «ti amo» e «a presto» nell'intimità di casa nostra. Ma era dura anche così. Gil era molto attaccato a me, e si lasciava prendere dall'emozione. Ella piangeva, ma dopo la mia partenza stava bene: sa tenere a bada le emozioni, mentre Gil piange fino a inzuppare la manica di lacrime. Che incubo: lasciare a casa due splendidi bambini che piangevano a causa di quello che sentivo di dover fare.

Per questo le chiamate con il telefono satellitare erano tanto importanti. E nel mio diario le cito spesso. A volte, le annotazioni sono semplici promemoria da buon marito e padre di famiglia: «Più tardi chiamerò Paula, sperando di poter sentire anche Gil ed Ella», o: «Ho chiamato subito Paula – abbiamo parlato a lungo. Ho telefonato due volte. Le ho chiesto dei piccoli». In altre occasioni, rivelano solo quanto fossi teso emotivamente: «Mi mancano molto, *moltissimo*. Quanto vorrei essere a casa con loro, *adesso*! Potrebbero volerci altri venti giorni... diamine!».

Per quanto desiderassi tornare a Seattle, tuttavia, non ho mai lasciato che la nostalgia minasse la mia determinazione a dare il meglio, o a restare sulla montagna tutto il tempo necessario per lanciare l'assalto alla vetta. Avevo visto diversi alpinisti scoraggiarsi a metà strada, e inventare scuse ragionevoli che giustificassero la necessità di tornare a casa prima. È una tentazione dolorosa e intensa, soprattutto quando la vita al campo si rivela priva di ogni comodità e costellata di lavori faticosi e ingrati, o quando bufere e tempeste di giorni e giorni ti fanno dubitare di poter avere anche una sola possibilità di provarci. D'altronde, se lasci che la nostalgia di casa abbia la meglio sulla tua ambizione, non ha senso intraprendere un'avventura simile.

A volte, riuscivo a soffocare questa tentazione considerandola da una prospettiva storica. Quando esploratori del calibro di Scott e Shackleton tentarono di raggiungere il Polo Sud, gli uomini dell'equipaggio sapevano che avrebbero trascorso un anno e mezzo al freddo, in mezzo a distese di ghiaccio, senza la possibilità di inviare notizie a casa, o di riceverne. Addirittura prima, intorno alla metà dell'Ottocento, i marinai inglesi che tentavano di forzare il «passaggio a Nord-Ovest» – la via marittima verso l'Oriente, a nord di Canada e Alaska – potevano rimanere lontani anche tre o quattro anni, senza avere contatti con i loro cari. È difficile da immaginare. E da qualche parte ho letto dell'interminabile viaggio russo guidato da Vitus Bering, a cui andò il merito della scoperta europea dell'Alaska. La sua «Grande spedizione settentrionale» durò undici anni, dal 1733 al 1743. Dei settantasette uomini a bordo della nave che si spinse più lontano, solo quarantasei tornarono vivi. Tra le vittime ci fu lo stesso Bering, che venne seppellito su un'isola disabitata al largo della Kamchatca. (E noi pensiamo che una spedizione di tre mesi sull'Himalaya sia dura!)

Quando i tre baschi si resero conto di averne avuto abbastanza, la squadra si ridusse a J.-C., Alberto, Veikka e me. Passammo le ultime due settimane di aprile e la prima di maggio a tracciare una via che ci conducesse in cima alla cresta est. Scalammo oltre 1800 metri di pendii ripidi coperti di neve e ghiaccio, con qualche passaggio «misto», piazzammo corde fisse e stabilimmo un campo II a metà strada, poco sotto la vetta di un picco sussidiario (il Singu Chuli), e un campo III in cima alla cresta est. Scegliemmo un percorso considerevolmente più a sinistra (o a ovest) di quello seguito da Loretan e Joos nel 1984. In effetti non mi spiego perché avessero scelto quella via: sembrava molto più difficile della nostra, era più ripida e li aveva costretti a scalare la vetta del Glacier Dome, che noi riuscimmo ad aggirare sulla sinistra.

Furono J.-C. e Alberto ad attrezzare i tratti cruciali, durante l'ascensione. L'ometto francese – arrivava a un metro e cinquantasette appena, e per questo Veikka lo soprannominò «lo Hobbit» – fu un'autentica rivelazione. Ero sempre stato abbastanza in forma per tenere il passo dei compagni più veloci, che spesso superavo. Ma faticavo a stare dietro a J.-C. Già il 18 aprile scrivevo nel mio diario: «Come uomo di punta è incredibile... va, va, va. Mi semina!».

A impressionarmi, inoltre, furono l'energia incredibile e la straordinaria puntualità di J.-C. e Alberto. Se decidevamo di metterci in marcia alle sei del mattino, capitava che fossero attivi già mezz'ora prima. Nulla a che vedere con alpinisti con cui avevo scalato in passato, esageratamente letargici quando si trattava di partire la mattina. Il 16 aprile scrissi: «Sono stupito, sono due stacanovisti. Non perdono tempo, non si riposano. Hanno già preparato gli zaini per domani, e sono impazienti di mettersi in cammino».

Prima del 2002, Veikka era stato con me in otto spedizioni sugli ottomila. Era diventato il mio partner preferito, su cui sapevo di poter contare in ogni momento: ero certo che si sarebbe fatto carico della sua metà del peso, che avrebbe dimostrato la mia stessa abilità, che avrebbe pagato la sua parte di costi, e avrebbe diviso con me i lavori più «sporchi» della vita al campo. Ma quella primavera in lui notai qualcosa di diverso. Non si stava comportando come al solito.

Una serie di gesti relativamente banali, da parte sua, cominciarono a irritarmi. Pensai fosse semplice pigrizia ma, anziché chiedergli che cosa non andasse, mi tenni tutto dentro. È uno dei miei difetti: tendo troppo spesso a evitare il confronto, non do mai voce alle mie lamentele. Nel mio diario, invece, mi sfogai contro di lui. Povero Veikka! Quando rileggo quei commenti, mi sento piccolo piccolo, soprattutto alla luce di ciò che apprendemmo dopo la spedizione. Ecco qualche estratto:

> Veikka si è offerto di ricavare una piattaforma [nella neve], a patto che pensassi io a piantare la tenda... Okay. Ha fatto un lavoro di merda. Montata la tenda, siamo entrati... il pavimento era in pendenza, pieno di bozzi, e non c'era abbastanza spazio. Mi sono infuriato... non poteva fare qualcosa di più decente?

Non ha cucinato per colazione, anche se ieri sera avevo preparato una pentola con della neve che avrebbe potuto sciogliere (era il suo turno) mentre ci vestivamo, così avremmo riempito le bottiglie d'acqua... Non ha recepito il messaggio, e io non gli ho detto niente.

Non appena siamo arrivati al campo I, ieri, ho sciolto un sacco d'acqua, e ho riempito bottiglie e pentole – mentre Veikka poltriva. A cena non ha fatto niente, così l'ho imitato... Avrei potuto scaldare qualcosa, ma non mi andava di servire anche lui, così ho evitato. Forse sto ingigantendo la cosa, ma mi ha infastidito parecchio... Ovviamente, sono stato zitto.

VG non dà segno di voler uscire dal sacco piuma... i suoi indumenti pesanti sono al campo II, quindi deve rimanere lì dentro per restare al caldo! Così, faccio per accendere il fornelletto, mentre l'uccellino se ne sta comodo nel suo bozzolo.

La performance più allarmante, da parte di Veikka, avvenne quando scese dal campo II al campo I per portare un carico, da solo. Normalmente se la cava benissimo a ritrovare una via, ma quel giorno, tornando al campo superiore, la smarrì. Impiegò ore per orientarsi di nuovo e ritrovarla e, quando arrivò al campo II, era pericolosamente vicino all'ipotermia.

Perché non gli chiesi semplicemente che cosa non andasse? In ogni caso, nemmeno lui conosceva il motivo di tanta debolezza. La verità venne a galla alcuni anni dopo, quando gliene parlai mentre lavoravo al mio primo libro. Alcuni mesi dopo il ritorno dall'Annapurna, si sottopose a un check-up medico completo. Scoprì di soffrire di una grave forma di anemia. Quasi non credeva alle sue orecchie: «È impossibile! Non posso essere anemico, sono un alpinista!».

Il medico capì che l'estate precedente aveva contratto l'anchilostomiasi mentre faceva trekking in Nuova Guinea. Sull'Annapurna non voleva fare lo scansafatiche: era debilitato dai vermi che succhiavano il sangue dal suo intestino. A posteriori, la sua performance di quella primavera ha dell'incredibile, considerato il disturbo che lo aveva colpito. Anni dopo, quando mi raccontò del suo dramma al telefono, finalmente potemmo farci una risata, dimenticando una volta per tutte le tensioni del 2002.

A maggio cominciammo a seguire uno schema preciso: era quasi sempre J.-C. Lafaille ad aprire la via. In parte perché era velocissimo e tecnicamente molto dotato. E poi perché *doveva* andare da primo. *Da primo o niente*, sembrava questo il suo motto. Nel suo memoir, J.-C. ammette che, dopo la morte di Béghin e il difficile periodo di guarigione, impiegò molto tempo per imparare a fidarsi nuovamente di qualcuno. Forse, nel 2002 aveva fiducia solo negli ancoraggi e nelle corde che lui stesso aveva piazzato.

Il campo III, sulla sommità della cresta est a 7010 metri d'altezza, era riparato da una piccola parete di ghiaccio che bloccava buona parte del vento. Mentre guardavamo a ovest da quel punto di vista privilegiato, mi resi conto della difficoltà della via. Eravamo a circa sei chilometri dalla cima, a est. Non è una grande distanza, se si sta attraversando un terreno pianeggiante o se si sta risalendo un ghiacciaio. Ma su una cresta come quella, a quell'altitudine, diventa una sfida mostruosa, quasi sempre sul filo del rasoio, costantemente esposti a venti che possono diventare fortissimi. Nessuno di noi si era mai confrontato con nulla di simile, per il semplice fatto che *non* esistono creste altrettanto lunghe e con quell'altezza costante, in Himalaya e Karakorum. Potrei citare solo quella che unisce le cinque cime del Kangchenjunga.

Avevamo già stabilito che, indipendentemente da quello

che sarebbe potuto succedere lassù, non saremmo scesi dalla parete nord, come avevano fatto Loretan e Joos nel 1984. Dal mio punto di vista, un'opzione simile equivaleva a un suicidio. Eravamo convinti che gli svizzeri non avessero ripercorso la cresta est a causa di un paio di discese a corda doppia. Così ci assicurammo di portare corde a sufficienza da piazzare e lasciare al loro posto, per poter risalire con i nostri ascensori.

Alberto, con il suo umorismo velato, diceva scherzando di avere qualche rupia in tasca, nel caso fosse stato costretto a scendere dalla parete nord e raggiungere un villaggio dove cercare un passaggio per Kathmandu. Ma nessuno di noi coltivava seriamente quell'idea. Oggi, sapendo che i due straordinari alpinisti svizzeri avevano pianificato la traversata sin dall'inizio, mi sento ancora più in soggezione davanti alla loro impresa.

Tornammo al campo base per riposarci e rifocillarci, e finalmente ci mettemmo in marcia. Dal campo II chiamai ancora Paula per avere notizie dei bambini, e mi sforzai di non lasciar trapelare dalla voce l'ansia e l'incertezza. Nel diario, però, scrissi: «Spero che le condizioni della neve siano decenti, o sarà dura, cazzo!».

Il 13 maggio partimmo alle sei del mattino. Era una giornata perfetta. Ciononostante, la tirata di 1200 metri fino al campo III, e poi al IV, con gli zaini pesanti e la neve che ci arrivava alle caviglie, fu un bell'«ostacolo», «come il tragitto da campo Muir alla vetta del Rainier... ugh!» E aggiunsi: «Non mi sentivo in gran forma, oggi», anche se riuscivo a tenere il passo. Ancora una volta, Veikka arrancò e rimase indietro.

Il giorno seguente, approfittando del bel tempo, proseguimmo lungo la cresta est, poiché intendevamo arrivare in vetta in stile alpino. Di nuovo, Alberto e J.-C. lasciarono il campo prima dell'ora prestabilita, mentre io mi affannavo a seguirli. Veikka impiegò un po' più di tempo, e si mise in marcia qualche minuto dopo. Alberto e J.-C. batterono traccia tutto il giorno, e con mia grande delusione non riuscii a tenere il loro passo. Anche se coprimmo una distanza considerevole lungo la cresta, a sera avevamo guadagnato solo centoventi metri d'altitudine.

A metà mattina mi fermai sulla sella appena prima del Roc Noir, e aspettai Veikka. Sempre più in apprensione, guardai gli altri due salire lungo la ripida parete di neve a sud della sporgenza. Quella sera scrissi:

> Ho cominciato ad avere fifa... neve alta sulla parete, non va bene per niente. Questo è il momento in cui comincio a mettere in dubbio tutto – sto per superare il limite. La parete di 240 metri sembra pericolosa, per non parlare della cresta che troveremo di là. La mia parte cauta prende il sopravvento e mi dice di mollare, di tornare giù adesso. Potremmo anche arrivare in cima, ma come faremo a tornare – quando ci sarà più neve, saremo stanchi, e il tempo potrebbe peggiorare? Comincio a farmela sotto dalla paura.

Mentre aspettavo Veikka, tenni lo sguardo fisso su J.-C. e Alberto, sopra di me, sulla sinistra. Il francese batteva traccia, come al solito, avanzando a fatica nella neve che in alcuni punti arrivava alle cosce. Alberto lo seguiva a una dozzina di metri di distanza, badando a calcare le orme lasciate dal compagno sul pendio ripidissimo. Potevano comunicare solo nel loro inglese stentato, e d'un tratto udii il francese gridare: «Attento! Neve brutta, brutte condizioni!». Nella sua voce colsi un'urgenza – e una tensione – che non avevo mai sentito prima.

Per aggirare il Roc Noir, J.-C. aveva traversato a sinistra, girando attorno a un crepaccio, quindi aveva ripreso a salire per riguadagnare la cresta. Ma la pendenza era di almeno quarantacinque gradi e, sotto la neve morbida, i suoi ramponi grattavano contro la roccia fresca e decomposta. Avevo l'impressione che l'intera parete sarebbe potuta franare da un momento all'altro.

Veikka non mi aveva ancora raggiunto quando decisi di cominciare la traversata. Percorsi una quindicina di metri, ma a ogni passo mi sentivo invaso da una paura sempre più cupa: «Non dovresti sentirti così! Questo va contro tutto quello in cui credi, a proposito della sicurezza in montagna!».

Rinunciai e tornai alla postazione relativamente sicura da cui avevo cominciato a osservare i progressi di J.-C. e Alberto. Alla fine arrivò anche Veikka, che mi convinse a riprovare. Giunto allo stesso punto, però, provai gli stessi dubbi. Mi voltai di nuovo, e gli dissi: «Ho una brutta sensazione». Lui annuì, d'accordo con me.

Decidemmo di aspettare che i nostri compagni si fossero allontanati, per evitare di essere investiti da cumuli o lastre di neve che avrebbero potuto far cadere mentre arrampicavano. Ma la temperatura saliva, e il rischio di valanghe aumentava.

Alla fine, optammo per piantare una tenda e aspettare che la notte portasse il freddo, e condizioni più sicure. Ma quando cominciammo a discutere delle varie opzioni, la tensione aumentò:

> Ero più che mai stressato al pensiero di dover risalire il pendio, e di proseguire... non me la sentivo. VG era in ansia quanto me. Poi, la nevicata del pomeriggio ha incrementato le nostre paure. Alla fine intorno alle due del mattino J.-C. ha chiamato [via radio] dalla cresta. Ha detto che il pendio è brutto anche con le corde, e appena oltre la Roc Noir comincia una traversata di ghiaccio scoscesa e difficile. Azzardare un'impresa del genere – dovendo

anche tornare indietro – significa andare oltre ciò che consideriamo ragionevolmente sicuro.

Mi resi conto di trovarmi in una situazione che non avevo mai vissuto prima. Non ero mai stato sul punto di rinunciare, quando tutti i miei compagni erano determinati ad andare avanti. Ma al tempo stesso quel dilemma mi riportò alla mente i ricordi vividi dell'esperienza che avevo vissuto sul K2, esattamente dieci anni prima. Il giorno dell'assalto alla vetta, mentre una forte nevicata annunciava l'arrivo di una bufera, ero tormentato dalla convinzione che saremmo dovuti scendere subito. I miei compagni, Charley Mace e Scott Fisher, non ebbero i miei scrupoli: volevano sferrare l'attacco. Io li seguii, per una strana inerzia: passavano i minuti, le ore, e continuavo a rimandare il momento della decisione, finché non optai per andare con loro. Arrivammo in vetta, ma durante la discesa al campo alto ero sicuro che saremmo stati investiti e uccisi da una valanga. Ce la cavammo senza incidenti: provai un grande sollievo, ma nessuna gratificazione. Sapevo di aver commesso l'errore più grosso della mia carriera, e in quel momento giurai a me stesso che non sarebbe più accaduto.

Fu proprio quella lezione appresa sul K2 a darmi il coraggio di prendere una decisione davvero difficile. Le terribili condizioni della neve del torrione avevano spinto verso la zona rossa l'ago del mio personale «rischiometro». Nel mio diario annotai: «Eravamo combattuti entrambi, ma alla fine, dopo ore di silenzio, sapevamo che saremmo tornati giù. Una volta presa questa decisione, mi sono sentito immensamente sollevato... è stato così per entrambi. La via è troppo lunga. E i margini di sicurezza si fanno sempre più ristretti».

Durante la notte trascorsa al campo IV, a 7132 metri, J.-C. e Alberto erano riusciti a piantare la tenda oltre il Roc Noir. Per quanto sollevato, dopo aver deciso di rinunciare, ebbi parecchi problemi a prendere sonno. Suppongo che a tormentarmi fosse una fastidiosa sensazione di sconfitta, anche se razionalmente ero abbastanza sicuro di aver preso la decisione giusta. Come sarei riuscito a scalare l'Annapurna? Quella ritirata significava che avrei dovuto ricominciare da capo.

In cima al Roc Noir, J.-C. aveva piantato un'unica «bacchetta», un pezzo di bambù con un nastrino legato a un'estremità, il cui scopo più ovvio era quello di contrassegnare la via del ritorno. Per lui, tuttavia, aveva un significato molto più potente, quasi simbolico. Come scrisse in seguito in *Prigioniero dell'Annapurna*:

> Ho provato tanti sentimenti diversi sull'Himalaya, ma nulla di paragonabile a quello che sentii nel momento in cui, per l'ultima volta, mi girai lasciandomi alle spalle quel fragile bastoncino di bambù... In quell'istante, pensai: «Ehi, stai davvero entrando in un altro mondo». Per tornare vivi da quell'avventura, ci saremmo dovuti costringere a tornare verso quel nastro iniziale, verso quell'avamposto preliminare.

Dopo avermi parlato via radio, J.-C. provò una certa delusione all'idea che sarei tornato indietro. Come scrisse in seguito: «So quanto gli costò quella decisione. Spesso, fare dietrofront richiede uno sforzo maggiore che proseguire. Comprendevo le sue ragioni... L'alpinismo è un'avventura personale».

Il 15 maggio, Veikka e io scendemmo fino al campo base. Al campo II, tirai fuori il telefono satellitare e chiamai rapidamente Paula, per dirle che stavamo tornando giù. «Avrebbe voluto parlare più a lungo, ma ho dovuto dirle che non potevamo fermarci.» Eravamo determinati a non fare tappe intermedie, finché faceva freddo e gli ancoraggi erano stabili.

Al campo base conobbi Katia, la moglie di J.-C. Due giorni prima, chiamando via radio dal campo III, J.-C. era rimasto sbigottito sentendo la sua voce. Da sola, senza dirgli nulla, era volata a Kathmandu, aveva trovato un mezzo di trasporto fino all'ultima città collinare, aveva assunto dei portatori ed era arrivata sin lì. Il suo arrivo rese J.-C. «folle di felicità». Durante le giornate fatali dell'assalto alla vetta, Katia si comportò come un controllore del traffico aereo, incoraggiando il marito e riferendogli le previsioni meteorologiche, ma sempre rammentandogli di non abbassare la guardia.

Devo ammettere che, quando venni a sapere della sua presenza, mi domandai se avrebbe reso le cose più difficili a J.-C. Mentre tutti attendevamo di sapere che cosa stesse succedendo sulla cresta est, Katia camminava avanti e indietro sul ghiacciaio, la radio in mano. Emotivamente era un disastro, per quanto si sforzasse di sembrare coraggiosa per sostenere il marito.

Il 15 maggio, J.-C. e Alberto proseguirono lungo la cresta est. Di comune accordo, avevano deciso di restare il più possibile slegati, così che ciascuno potesse muoversi al proprio passo. Quasi subito si resero conto che gli zaini erano troppo pesanti, così abbandonarono paletti da neve, ricariche di combustibile e una parte dei viveri. Tornato in Francia, J.-C. avrebbe detto alla stampa: «Dopo il Roc Noir, ho avuto la sensazione di chiudere una porta alle mie spalle. Ero lontano dalla terra dei vivi. Non avevo mai provato nulla di simile, su nessun'altra montagna».

Mi sorprende il fatto che abbia usato la stessa metafora di Erhard Loretan. È chiaro che J.-C. l'aveva consultato, prima di partire alla volta della sua quarta spedizione sull'Annapurna, e che doveva aver letto diverse volte *Gli 8000 ruggenti*. Si direbbe che avesse assorbito il suo modo di pensare sulla vita e la morte.

«Quella giornata divenne interminabile» scrisse poi. Il vento soffiava a quarantacinque, sessanta chilometri l'ora. La cresta non presentava particolari difficoltà tecniche, ma a preoccupare i due alpinisti erano le diaboliche cornici. Diversi grandi scalatori – tra cui anche l'austriaco Hermann Buhl e il francese Patrick Berhault – sono morti dopo aver scambiato per terreno solido una cornice che poi sarebbe crollata sotto i loro piedi. Solo nei passaggi più rischiosi si legarono in cordata.

Verso sera, erano entrambi esausti. Bivaccarono appena prima della cima centrale, a 7894 metri. Una volta ricavata una piattaforma con le piccozze da ghiaccio – «Perché diavolo non c'eravamo portati una pala?» si rimproverò J.-C. – strisciarono nella tenda, e Alberto giurò che non sarebbe uscito fino al mattino dopo. Invece, il compagno tornò fuori prima che facesse buio, per piazzare due corde ultraleggere di cinquanta metri lungo un ripido pendio di neve e ghiaccio misti a roccia marcia.

Avevano raggiunto il punto cruciale della spedizione. Erano così tesi che pensarono seriamente di rinunciare. La qualità del contatto radio con il campo base era pessima, ma Katia riuscì a comunicare loro le previsioni che aveva ricevuto dal meteorologo della squadra a Chamonix. Il 16 maggio si annunciava come una giornata quasi perfetta, la migliore dell'intera settimana. Dopo, però, le condizioni sarebbero peggiorate rapidamente.

I due scalatori sapevano che la parete di roccia lungo la quale Loretan e Joos erano stati costretti a scendere a corda doppia – e che doveva aver impedito loro di tornare indietro – li attendeva poco oltre la vetta centrale. La mattina del 16 lasciarono la tenda da bivacco al suo posto, quasi certi di dover trascorrere un'altra notte in quel fragile rifugio. Era presto quando arrivarono alla parete, dove entrò in gioco la superba tecnica alpinistica di J.-C., il quale trovò il modo di aggirare i tratti di discesa a corda doppia scendendo circa trecento metri lungo il versante nord della cresta. Quindi si legò ad Alberto, e rimase in testa per tutta la pericolosa traversata che riconduceva alla cresta est. A tutti gli effetti stava arrampicando in solitaria: se Alberto fosse scivolato, non sarebbe riuscito a trattenerlo, e sarebbero precipitati entrambi.

Alle dieci del mattino erano in vetta all'Annapurna.

> E lassù, a 8091 metri d'altezza, mi lasciai andare a un profondo grido di gioia, di liberazione, mentre Alberto immortalava quel momento con la sua macchina fotografica digitale. Poi venne da me; ci scambiammo poche effusioni, ma sincere e sentite. Ci abbracciammo. Io scoppiai a piangere, sopraffatto dall'emozione. E lui strinse al petto la piccozza da ghiaccio del fratello.

La scalata, naturalmente, non era conclusa. Come me, J.-C. era perfettamente consapevole del fatto che, sugli ottomila, è più facile mettere un piede in fallo durante la discesa che durante la salita. Dalla vetta chiamò Katia via radio. Erano entrambi al settimo cielo, ma quasi subito la moglie lo ammonì: «Fa' attenzione, adesso. Vai piano. Non è ancora finita».

In seguito, il francese volle catturare ancora i suoi pensieri più profondi, mentre tornava a valle con il compagno dopo aver trascorso mezz'ora appena sulla cima.

> Libero dall'Annapurna?
> In quel momento, mi resi conto di quanto fossimo isolati dal resto del mondo, di quanto fossimo ancora prigionieri in uno spazio più vicino al cosmo che alla Terra... Katia aveva ragione: non era finita, ebbi addirittura la sensazione che non sarebbe mai finita quando provai a calcolare quello che ci aspettava.

(Un amico che conosce il francese mi ha fatto notare che, come Loretan, J.-C. si diverte con i giochi di parole: «*Ce n'est pas fini, cela me parait même infini*».)

Verso sera, giunsero in vista della tenda da bivacco appena sotto la cima centrale. E fu «una visione tremenda». Il vento aveva strappato tre dei quattro picchetti che la tenevano ancorata alla montagna. La tenda svolazzava furiosamente, e J.-C. si lanciò ad afferrarla prima che fosse troppo tardi. Se fosse volata via, probabilmente sarebbero morti. Presero tenda e attrezzatura e scesero ancora: per avere meno peso sulle spalle, abbandonarono i sacchi piuma.

L'ultimo bivacco fu di gran lunga il peggiore. Essendo rimasti senza combustibile per il fornelletto da campo, avevano trascorso un giorno e una notte senza quasi bere acqua. Non riuscirono a dormire e, quando uscirono dal rifugio il 17 maggio, il tempo cominciava a peggiorare. Per alleggerire i carichi lasciarono altro materiale.

Via radio, dal campo base seguimmo passo dopo passo la disperata discesa dei nostri amici. Come dissi nel mio primo libro, fu un po' come ascoltare l'Apollo 13 che tornava fra mille difficoltà sulla Terra.

Finalmente, individuarono l'unica bacchetta di bambù che J.-C. aveva piantato in cima al Roc Noir. Ora il compagno lo convinse a compiere un ultimo sacrificio. Si sbarazzarono della tenda da bivacco, sebbene pesasse poco più di un chilo e mezzo. Restava loro un'ultima sfida tecnica: scendere dalla cresta lungo la parete sud del Roc Noir, traversare a destra e riguadagnare la sicurezza della cresta su cui Veikka e io avevamo piazzato il nostro campo IV. Esausti, affrontarono l'ultimo ostacolo con straziante cautela… e uscirono vincitori.

Oltre il Roc Noir, scrisse J.-C., «finalmente avevo riaperto la porta che mi ero chiuso alle spalle quattro giorni prima. Ero tornato nella terra dei vivi».

L'indomani, il 18 maggio, salii sul ghiacciaio e andai loro incontro con del cibo e un thermos di tè caldo. Ci salutammo con un abbraccio, e mi complimentai con loro per la grande impresa che avevano compiuto. In seguito, J.-C. scrisse quanto avesse significato per lui quel semplice gesto.

Diversi amici mi hanno chiesto se non sia stata una pillola troppo amara da mandar giù il fatto che fossero riusciti laddove io avevo rinunciato. In tutta onestà, provai solo orgoglio e ammirazione per la loro ascensione. «Una cosa è certa, hanno camminato sul filo del rasoio!» scrissi nel mio diario. Ancora oggi, considero la loro impresa una delle più grandi mai compiute sull'Himalaya. E in *Prigioniero dell'Annapurna* J.-C. definisce quell'esperienza come «gli otto giorni più belli della mia vita di alpinista». Arrivai a Seattle solo alla fine di maggio, più di un mese e mezzo dopo la mia partenza. A modo mio, ero esausto quasi quanto i miei compagni. Tra tutte le spedizioni sugli ottomila, quella del 2002 sull'Annapurna è stata la più lunga e stressante a cui abbia mai partecipato, insieme a quella di dieci anni prima sul K2.

Se non altro, nel 1992 avevo conquistato una nuova cima; sull'Annapurna, invece, avevo fallito ben due volte. Se volevo completare la mia Endeavor 8000, dovevo affrontare ancora quella montagna terribile. E avrei dovuto trovare un modo di arrivare in cima abbastanza sicuro da giustificare il rischio che avrei corso.

Per me non sarebbe mai diventata un'ossessione, ma nei tre anni seguenti questa faccenda mi sarebbe costata diverse notti in bianco.

6
Messner e Kukuczka

Nell'ottobre del 1986, quando toccò la vetta del Lhotse, Reinhold Messner divenne il primo uomo al mondo ad aver scalato tutti i quattordici ottomila. Tuttavia, la cosa curiosa è che dichiarò di aver cominciato a coltivare tale ambizione solo quattro anni prima, alla conquista del nono. Nel suo memoir, *Sopravvissuto. I miei 14 ottomila*, afferma che, nel 1982, l'obiettivo di «chiudere il cerchio» era solo secondario: «Un altro progetto, quello di percorrere vie sempre più difficili, di andare alla ricerca di obiettivi sempre nuovi, era diventato molto più importante ai miei occhi».*

Pare, inoltre, che Messner sia stato il primo a proporsi tale sfida. Alla fine degli anni Settanta un'idea del genere sarebbe stata inconcepibile, essendo già abbastanza difficile (e costoso, in un'epoca in cui gli alpinisti non potevano contare su ingenti sponsorizzazioni) arrivare su *un* ottomila. Durante la cosiddetta «età dell'oro dell'alpinismo himalayano», tra il

---

* Tutte le citazioni, dove non altrimenti indicato, sono tratte da Reinhold Messner, *Sopravvissuto. I miei 14 ottomila*, traduzione di Daniela Maschera, Istituto Geografico De Agostini, Novara 1987, e da Reinhold Messner, *Annapurna. Cinquant'anni di un ottomila*, cit. (*N.d.T.*)

1950 e il 1964, solo due scalatori – Hermann Buhl e Kurt Diemberger, entrambi austriaci – parteciparono alla prima ascensione di più di un ottomila. Buhl giunse in cima al Nanga Parbat da solo, nel 1953, e quattro anni dopo salì in vetta al Broad Peak con Diemberger, che nel 1960 faceva parte del terzetto che toccò per primo la sommità del Dhaulagiri. (Lionel Terray li segue a breve distanza, avendo scalato il Makalu nel 1955, cinque anni dopo aver rinunciato altruisticamente a salire l'Annapurna per sostenere gli sforzi di Herzog e Lachenal.)

Si dovette aspettare il 1975 perché qualcuno arrivasse a vantare tre cime all'attivo, e non sorprende che si trattasse proprio di Messner: Nanga Parbat, Manaslu e Gasherbrum I (undicesima montagna del pianeta, conquistata diciotto anni prima da una squadra americana). L'impresa del 1975 segnò una svolta, dal momento che Messner e il suo compagno – Peter Habeler – fedeli al vero stile alpino, scelsero di non avvalersi dell'aiuto di portatori e sherpa in quota.

Come ho già accennato nel capitolo precedente, nel 1984 era in corso una vera e propria gara per accaparrarsi il titolo di primo conquistatore dei quattordici ottomila, anche se i cinque candidati insistevano di non essere interessati alla competizione. Messner impiegò sedici anni a portare a termine l'impresa, mentre lo straordinario scalatore polacco Jerzy Kukuczka lo eguagliò in soli otto anni, arrivando secondo per soli undici mesi.

Come abbiamo visto, otto anni dopo Erhard Loretan rimase stupito sapendo che qualcuno avrebbe puntato al terzo posto. Ma il testa a testa con Benoît Chamoux culminò negli eventi drammatici che si consumarono sul Kangchenjunga nel 1995.

Gli inseguitori non si scoraggiarono. L'anno dopo, il messicano Carlos Carsolio arrivò quarto, e il polacco Krzystof

Wielicki quinto. Furono miei compagni di squadra su Gasherbrum I e II, nel 1995, e si rivelarono partner eccellenti. Oltre all'avventura della scalata, amavano la marcia di avvicinamento alla montagna, e il viaggio di ritorno.

Nel 2005 mi aggiudicai il dodicesimo posto: ero il sesto alpinista al mondo ad aver «chiuso il cerchio» senza ricorrere alle bombole d'ossigeno. Nell'estate del 2010, la lista includeva ventuno persone, tra cui il mio grande amico e partner di sempre Veikka Gustafsson (nono scalatore ad aver centrato l'obiettivo senza ossigeno), che completò la serie nel 2009 sul Gasherbrum I. L'ambizioso obiettivo continua a motivare alcuni tra i migliori alpinisti al mondo, e a suscitare grande interesse da parte del pubblico. (In Finlandia, per esempio, Veikka è famoso come una rock star, ed è celebrato soprattutto per essere stato il primo finlandese a essere salito sul tetto del mondo nel 1993.)

Negli ultimi anni si è scatenata una competizione accesa e perlopiù amichevole fra tre donne vicine ad aggiudicarsi il primo posto femminile: Edurne Pasaban, basca, Nives Meroi, italiana, e Gerlinde Kaltenbrunner, austriaca. Ma nel maggio del 2010 la sudcoreana Oh Eun-Sun, sbucata dal nulla, scalò l'Annapurna e strappò l'ambito premio alle avversarie.

Così pare, almeno. Alcune fonti, tra cui la Pasaban, che arrivò seconda per tre sole settimane di ritardo, mettono in dubbio la conquista del Kangchenjunga da parte della sudcoreana nel 2009. Le prove si basano sulla sospetta foto scattata in vetta, e sulla presunta testimonianza di alcuni sherpa che appoggiarono la scalata. Elizabeth Hawley, arbitro di tutti i record himalayani, la registrò come la ventunesima alpinista ad aver chiuso il cerchio, ma bollò la sua impresa come «contestata», in attesa di ulteriori chiarimenti.

Purtroppo, per vedere il proprio nome comparire in una classifica tanto elitaria, più d'uno scalatore ha avuto la tentazione di imbrogliare. Nel capitolo precedente ho accennato alla disputa sulla rivendicazione di Chamoux sullo Shishapangma. Oltre a Oh Eun-Sun, altri tre alpinisti sono stati ampiamente screditati, e hanno visto il proprio nome contrassegnato da un asterisco.

Tra gli alpinisti esiste una lunga tradizione di fiducia riguardo alle ascensioni che affermiamo di aver compiuto. Ma ciò non ha impedito che venissero perpetrate autentiche truffe. La più nota è forse la bugia di Frederick A. Cook, che dichiarò di aver compiuto la prima ascensione al Mount McKinley, in Alaska, con un solo partner, nel 1906. Ugualmente sospetta, secondo molti osservatori (anche se personalmente non sono così sicuro che si tratti di un imbroglio), fu l'affermazione dell'italiano Cesare Maestri, che nel 1959 dichiarò di aver scalato il Cerro Torre in Patagonia, spesso definito «la montagna più dura della Terra». Poiché il suo partner, Toni Egger, rimase ucciso durante la discesa, quando sotto una bufera superò l'estremità della corda lungo la quale si stava calando, nessun superstite poté contraddire la parola di Maestri. Ma gli scalatori che seguirono la loro via non trovarono prove che i due fossero arrivati nemmeno a metà percorso, e tantomeno che fossero giunti in vetta.

La triste abitudine di affermare il falso potrebbe addirittura subire un'escalation. Un conto è glissare sopra un'affilata cresta sommitale di cento metri per guadagnare gli ultimi venti metri e toccare la cima dello Shishapangma; un altro è comportarsi come l'austriaco Christian Stangl, che nell'agosto del 2010 si rese protagonista di una incredibile bravata.

Dopo il disastro consumatosi sul K2 nel 2008, quando undici alpinisti trovarono la morte nel giro di trentasei ore, l'estate successiva un gruppo di scalatori capaci e ambiziosi tornò sulla montagna. Ma il tempo terribile e le condizioni della neve – notoriamente pericolose – impedirono qualunque tentativo di salire in vetta. Pure l'estate successiva non vide successi, nonostante gli sforzi di alcuni tra gli uomini più forti al mondo. Questo fino al 12 agosto, quando Stangl tornò al campo base raccontando di aver toccato la vetta grazie a un «assalto lampo» in solitaria, nonostante la neve orribile, e di essere sopravvissuto a una discesa disperata. La sua impresa fu acclamata a livello internazionale come l'unica salita trionfale al K2 degli ultimi due anni.

Ma altre persone presenti sulla montagna misero subito in dubbio la sua ascensione. E, quando l'austriaco mostrò l'unica fotografia scattata sulla vetta, una schiera di investigatori topografici scoprirono che era stata realizzata a soli 7500 metri, oltre mille sotto la cima!

Alla fine di agosto Stangl aveva confessato. Ma, personalmente, trovai alquanto fastidiose le scuse che consegnò alla stampa. Posso soltanto augurarmi che questa buffonata, e i deboli motivi addotti da Stangl sui motivi del suo gesto, non abbiano avviato un nuovo trend nell'alpinismo himalayano. Ecco cosa disse:

> Suppongo di essere arrivato a questo spinto dalla paura della morte, unita a quella ancora più forte del fallimento. Risultati e successo erano e sono fattori determinanti nel mio sport. Credo di aver tentato di nascondere quel fiasco dopo tre estati e ben sette tentativi sulla montagna. Non ho ricevuto pressioni dai miei sponsor. La pressione, semmai, è venuta da me. Il timore di morire è brutto, ma quello dell'insuccesso – in una società così competitiva – è persino peggiore.

Messner scalò l'Annapurna nel 1985, Kukuczka nel 1987. Entrambe le ascensioni rappresentarono una vera e propria svolta su una montagna così ardua e pericolosa: nessuno dei due era disposto a ripetere le ascensioni compiute dalle spedizioni precedenti. Come scrive Messner: «Mi interessava invece andare un passo oltre rispetto a tutti quelli che mi avevano preceduto».

Il grande alpinista altoatesino si concentrò sulla parete nordovest. Durante la spedizione del 1950, Herzog e Terray avevano tentato una via estremamente tecnica su quella che chiamarono «cresta nord-ovest», prima di rinunciare a meno di 6000 metri. Solo dopo quel tentativo fallito, durato cinque giorni, spostarono l'attenzione sulla pericolosa via lungo la parete nord, che attraversava la Falce.

Il «pilastro di nord-ovest», come viene chiamato oggi, fu tentato di nuovo nel 1973, nell'81, nell'83 e nell'86, da team italiani e francesi. Quattro fallimenti, che costarono sette vite. Nessuno si sarebbe più spinto lungo quella via fino al 1996, quando una squadra internazionale riuscì a mandare in vetta un polacco e un ucraino, dopo aver attrezzato con quasi duemila metri di corde fisse un terreno particolarmente difficile.

Nel 1985 Messner non puntò sul pilastro di nord-ovest, bensì su una via più a sinistra, che attraversava fasce di ghiaccio sospese e risaliva uno spaventoso bacino concavo. Messner aveva studiato la parete dal versante opposto con Friedl Mutschlechner, nel 1984, ed era giunto alla conclusione che fosse un percorso «fattibile». Ma, come scrisse in seguito nel libro in cui ripercorreva la storia di quella montagna, *Annapurna. Cinquant'anni di un ottomila*, Mutschlechner «si rifiutò [...] di partecipare alla spedizione poiché la considerava "troppo pericolosa"».

Nella primavera del 1985, Messner mise insieme una squadra formata da cinque alpinisti, due tirolesi e due altoatesini, il più forte dei quali era Hans Kammerlander, con cui aveva fatto coppia in altre tre ascensioni agli ottomila. Nonostante fosse più giovane di lui di dodici anni, sarebbe diventato il suo partner favorito su Himalaya e Karakorum. Anche gli altri tre compagni erano più giovani.

Visti i dissensi che alla fine rovinarono la spedizione, alcuni dei commenti di Messner andrebbero considerati *cum grano salis*. In *Annapurna. Cinquant'anni di un ottomila* un passaggio piuttosto curioso parla del suo ruolo nel team. Sebbene fosse evidente che era lui l'organizzatore e il leader, Messner scrive:

> Consideravo mio dovere portare un gruppetto di giovani scalatori relativamente inesperti fino al campo base, e lì consigliarli in vista della vetta. Ovviamente anch'io ero interessato alla cima, ma non alla cordata di testa.

In *Sopravvissuto* aggiunge un'opinione velatamente critica:

> Nel formare il gruppo, mi accorsi che i giovani alpinisti consideravano questo tipo di imprese in modo diverso dal nostro di quindici anni prima: a loro non importava unicamente la parete, bensì anche il suo valore commerciale. Ciò era comprensibile: una spedizione vittoriosa per loro poteva voler dire accrescere la propria fama, e quindi i propri guadagni, aspirazione senz'altro legittima.

Da una lamentela relativamente mite, Messner passa poi a una vera e propria invettiva:

> Negli ultimi anni il numero dei bravi alpinisti professionisti è cresciuto al punto da rendere sempre più dura la concorrenza. Ciò non è di per sé un male. Non mi piace invece un certo tipo di ciarlataneria, di chi cerca di affermarsi spacciando delle mezze verità. Ecco che allora vi è chi vende le proprie imprese fornendo informazioni poco chiare, chi stabilisce confronti illegittimi con

spedizioni del passato per emergere dalla folla degli alpinisti di oggi, con i quali non reggerebbe altrimenti il confronto.

Impossibile capire a quali ciarlatani si riferisca. In ogni caso, sin dall'inizio della sua carriera Messner si è reso famoso per le controversie che ha scatenato. In tutti i suoi libri ci si aspetta di trovare dichiarazioni come queste, che aggiungono un pizzico di sale alla narrazione, e al tempo stesso, in questo caso, fanno luce sugli attriti che divisero la squadra del 1985.

Prima di concentrarsi sulla parete nord-ovest, Messner prese con sé Kammerlander ed esplorò la zona a est, per controllare la via seguita nel 1950 dai francesi sulla parete nord. L'alpinista ammise che la via della prima ascensione sarebbe stata un'alternativa di ripiego, se quella di nord-ovest si fosse rivelata troppo difficile o rischiosa. E, se anche il team avesse rispettato il piano originario, avrebbe percorso quella al ritorno, per evitare i pericoli di una discesa lungo il versante nord-ovest. Nel punto in cui i francesi avevano installato il campo base, i due alpinisti trovarono una roccia commemorativa che recava incisi i nomi delle vittime delle spedizioni lanciate nel corso degli anni. Davanti a quel lugubre *memento mori*, i due amici discussero delle possibilità sulla parete nord-ovest, mentre si avvicinavano alla base della via francese. Quindici anni dopo, nella sua storia dell'Annapurna, Messner ricostruisce così quel dialogo:

> «Sulla nostra parete ci hanno già provato in molti» dissi durante una breve sosta.
> «Sì, ma più a sinistra e anche più a destra rispetto alla linea da noi immaginata...» ribatté Hans interrompendo nuovamente la marcia.
> «Ma non ce l'hanno mai fatta.»

«Come mai?»

«Perché tutti hanno tentato il percorso più logico.»

«Per via delle valanghe! Fanno paura anche a me.»

«Pure a me.»

«Qui ci sono valanghe dappertutto.»

«Dovremo stare attenti a non farci travolgere» disse Hans, e riprendemmo il cammino.

Mentre Messner e Kammerlander perlustravano la via francese, i tre compagni avevano cominciato a salire la parete nord-ovest, attrezzandola con corde fisse. Messner elogia i loro sforzi: «I novellini dell'Himalaya stavano dimostrando non solo notevoli doti di scalatori, ma anche resistenza e impegno».

I tre «novellini» scesero al campo base per godersi il meritato riposo, mentre Messner e Kammerlander risalirono le corde fisse per piazzare il campo II, «fare una ricognizione del secondo tratto di parete» e decidere se fosse il caso di proseguire o rinunciare.

A quel punto qualcosa andò storto, e la squadra si divise in due cordate in competizione fra loro. La spiegazione di Messner, povera di dettagli, è quantomeno criptica:

> Fin dall'inizio Hans e io formavamo una delle due cordate. Eravamo ben sintonizzati e restammo uniti nel corso di tutta la spedizione. L'altra cordata però si sentiva gregaria e questo stato d'animo di sicuro non era d'aiuto. Si crearono tensioni che tuttavia rimasero latenti. La rivalità tra cordate si mantenne viva fino al ritorno a casa.

Messner e Kammerlander riuscirono a piazzare un piccolo campo II a circa 6000 metri. Il mattino seguente, mentre preparavano gli zaini, Kammerlander «insistette affinché portassimo tutto con noi, attrezzi e materiale... nel caso fossimo arrivati fino in cima. Progetto audace!». Evidentemente pensava che, se le condizioni fossero rimaste buone, avrebbero dovuto proseguire in stile alpino, senza ridiscendere per fare provviste. È probabile che quel piano estemporaneo sia stato la causa dell'antagonismo sorto in seno al gruppo. Leggendo tra le righe, è facile immaginare che gli altri tre ritenessero di aver fatto il lavoro più pesante, battendo la traccia e attrezzando l'arduo terzo inferiore della parete, solo per farsi scavalcare dalla coppia più esperta, che avrebbe utilizzato le corde fisse come trampolino di lancio per la vetta. Quanto accadde nel 1985 rispecchia il conflitto sorto nel team inglese quindici anni prima, quando gli sforzi della squadra – in particolare di Estcourt e Boysen – servirono a lanciare Whillans e Haston verso la cima.

Nelle sue cronache Messner sa essere duro nei confronti dei compagni, ma si dimostra anche spietatamente autocritico. Non solo ammette che fu Kammerlander la vera forza trainante durante la salita, ma arriva a descrivere i dubbi e le paure che lo assalirono:

> Non erano tanto le difficoltà oggettive – tormente, scariche di pietre, slavine – a intimorirmi quanto piuttosto l'insicurezza interiore... La paura non svanisce con l'aumentare dell'esperienza, semmai si cristallizza. Ogni nuova spedizione significava un maggiore sforzo su me stesso: un altro attacco, un altro tentativo.

Messner mi trova completamente d'accordo. Soprattutto quando si tratta dell'Annapurna. Dopo il mio secondo fallimento, nel 2002, divenne davvero difficile «ingoiare il rospo e riprovare».

Il 22 aprile, viste le condizioni di bel tempo, i due ripresero a salire. «Stavamo per spiccare il grande salto... La giovanile incoscienza di Hans era stata la miglior consigliera: "Dai, proviamo".»

La scalata si fece via via più difficile, con delicati movimenti su lastre di roccia miste a nevai. Tuttavia, Messner e Kammerlander guadagnarono quota a grande velocità. Quella sera riuscirono a piantare la tenda «su una sottile cengia compresa tra un seracco, un crepaccio e gli abissi». Quando vi strisciarono dentro, infuriava un temporale. Trascorsero una notte agitata, dormendo molto poco. «Il fragore della tormenta copriva le nostre voci. Non ci rimase che tacere, la comunicazione restò sospesa. Aspettavamo che il tempo, migliorando, ci offrisse la possibilità di riprendere a salire.»

Il 23 aprile si annunciò come un'altra giornata di bel tempo. «Si parte!» Coprirono circa trecentocinquanta metri di terreno difficile, e bivaccarono di nuovo a meno di seicento metri dalla cima.

L'indomani, l'incertezza: il ruggito del vento spazzava la cresta, ma la parete si presentava tranquilla. «Si continua? Perché no!»

Sulla cresta sommitale Kammerlander divenne la forza trainante, e rimase in testa fino alla fine. Alle undici i due amici erano in vetta. «Ce ne stavamo lì, tremanti, combattuti tra l'orgoglio e la fretta di scendere. Sapevamo perfettamente che la vittoria era un piatto da gustare freddo, in basso, al sicuro.»

Come avremmo fatto anche Veikka e io, nel 2005, Messner e Kammerlander guardarono giù dalla parete sud, vertiginosamente ripida. Rimasero impressionati: «E poi l'incredibile via seguita da Whillans e Haston nel 1970: le pareti di un baratro senza fondo!».

Era impensabile scendere lungo la via francese ma, ripercorrendo la cresta sommitale, la coppia rischiò di cedere alla stanchezza. «Mi era chiaro che il recupero non lo potevamo più effettuare da seduti... impossibile rimettersi in piedi.» Il vento era così forte che ogni tanto dovevano aggrapparsi alle rocce per non essere spazzati via dalla cresta. I polpastrelli delle mani e le piante dei piedi erano insensibili. E, quando diedero inizio alla discesa, Messner cominciò ad avere le allucinazioni che spesso lo assalivano nelle situazioni estreme.

> Quando la piccozza scivolava sulla roccia, avevo l'impressione di sentire delle voci... Non era un luogo creato per l'uomo. Ma ormai eravamo lì. Strani pensieri mi affollarono la mente. Non fantasie di onnipotenza, ma una necessità di onnipotenza dettata dalla sorte. Che cosa poteva significare?

Mi sorprende il fatto che, sugli ottomila, spesso Messner «sentisse le voci», avesse allucinazioni e «strani pensieri» su questioni metafisiche d'ogni genere, e che nonostante questo riuscisse sempre a prendere decisioni sensate. Indubbiamente è stato uno degli scalatori d'alta quota più forti al mondo – forse il più forte in assoluto, considerando la sua carriera. D'altra parte, una delle chiavi del suo successo è stata la capacità di rinunciare in diverse occasioni. Con l'Annapurna aveva conquistato undici ottomila in quindici anni, e aveva alle spalle dieci prime ascensioni. Ma in *Sopravvissuto* riconosce di aver compiuto «anche molte rinunce: nel lungo periodo trascorso su quelle vette mi ero dovuto arrendere ben dieci volte».

Sotto questo aspetto, credo, ci somigliamo molto. Mi ci sono volute ventidue spedizioni per scalare le quattordici vette. Tra il 1987 e il 2005, in un arco di tempo di diciotto anni, mi sono arreso otto volte. Ma sono convinto che sia il prezzo da pagare per sopravvivere in un territorio tanto insidioso.

Per me, pazienza e tenacia sono state fondamentali non solo

per avere successo, ma anche per tornare a casa sano e salvo. Più di una volta ho dovuto reprimere la mia ambizione e aspettare che le condizioni fossero perfette. Non credo di aver mai «fallito» nelle mie scalate: non ho mai rinunciato per mancanza di allenamento, motivazione o preparazione. Tutti i miei «mancati successi» – preferisco chiamarli così – sono dipesi da cause di forza maggiore. E ritengo si possa dire lo stesso per Reinhold Messner.

Durante la discesa lungo la parete nord-ovest, tuttavia, Messner e Kammerlander erano allo stremo delle forze. Si erano aspettati di incontrare i compagni saliti ad aiutarli, e ormai erano così spaventati che gridarono in cerca di aiuto. In quel momento cruciale apparvero i due scalatori più forti del terzetto rimasto al campo base, Reinhard Patscheider e Reinhard Schiestl. Un dono di Dio. In *Sopravvissuto*, Messner esprime tutta la sua gratitudine nei confronti dei due compagni:

> Ci guidarono giù dal grande canale posto al centro della parete, si presero cura di noi al campo e ci aiutarono ad affrontare la notte. Sulle nostre tende si accumulavano ininterrottamente mucchi di neve, e se Reinhard Patscheider non si fosse preoccupato di spalare ora per ora la neve, esausto com'ero, sarei morto soffocato nella tenda, sotto i cumuli sempre più pesanti.

L'indomani, Kammerlander e Messner rientrarono al campo base, dove si ripresero in fretta. Qualche giorno dopo, i tre scalatori più giovani si lanciarono verso la vetta, ma la neve fresca aveva reso la parete troppo pericolosa. A 7200 metri fecero dietrofront. Durante la discesa, Patscheider – che non era assicurato – scivolò e precipitò per quattrocento metri. «Per sua fortuna, riuscì a liberarsi dello zaino e ad arrestare la caduta proprio un attimo prima di abbattersi su un salto di ghiaccio alto oltre un centinaio di metri, che avrebbe significato per lui morte certa.» Quella tragedia sfiorata mise la parola fine alla spedizione.

Posso affermare senza alcun dubbio che questa scalata è stata una delle imprese più notevoli mai compiute sull'Annapurna. Tra quanti hanno commentato la «gara» tra Kukuczka e Messner, qualcuno ha rimproverato all'altoatesino di aver optato per vie più semplici o meno innovative rispetto al rivale polacco. Un'autentica sciocchezza.

Piuttosto strano è il fatto che abbia scritto due resoconti tanto differenti sull'avventura del 1985. Il primo, incluso in *Sopravvissuto. I miei 14 ottomila*, è relativamente stringato, in parte perché si tratta di un volume fotografico con testi abbastanza brevi. Nonostante si scagli contro gli alpinisti più giovani e affamati di visibilità mediatica, ma che non reggono il confronto con i loro predecessori, non fa nomi, e non critica i tre compagni della sua squadra, né accenna alle tensioni interne.

Ben diverso, sotto questo punto di vista, è *Annapurna. Cinquant'anni di un ottomila*. Tuttavia, al momento della pubblicazione (2000) Patscheider e Schiestl erano già deceduti, il primo in seguito a un incidente in montagna, il secondo in uno schianto automobilistico. I dissapori tra i cinque alpinisti restano una questione privata. Non conosceremo mai le eventuali critiche di Patscheider e Schiestl. A quanto mi risulta, né Kammerlander né il quinto membro del team, Prem Darshano, si sono mai espressi pubblicamente sulla spedizione.

Forse Reinhold Messner è il più grande scalatore di tutti i tempi, come spesso è stato acclamato. Secondo alcuni suoi amici, è famoso anche per portare rancore per decenni. Ci vollero vent'anni per ricomporre la lite con Peter Habeler, con cui si era reso protagonista di una brillante ascensione all'Everest senza bombole d'ossigeno nel 1978.

Non si può negare, però, l'audacia delle sue scalate, come

quella dell'Annapurna lungo la parete nord-ovest. Oltre che coraggioso, Messner è un visionario. È stato lui, più di chiunque altro, a promuovere lo stile alpino in Himalaya. Salì in vetta all'Everest senza ossigeno nonostante alcuni dei suoi compagni di squadra fossero sicuri che sarebbe morto, o avrebbe riportato gravi danni cerebrali. Due anni dopo vi tornò, sempre senza ossigeno e nella stagione dei monsoni, per scalare in solitaria l'arduo canalone Norton, compiendo un'impresa tra le più straordinarie mai realizzate sulla prima montagna del pianeta. Dal mio punto di vista, rappresenta anche la dimostrazione di forza fisica e psicologica più stupefacente da parte di un alpinista.

Non dimentichiamo che Reinhold Messner è stato il primo non solo a pensare di conquistare i quattordici ottomila, ma anche a riuscirci.

Lo incontrai in una sola occasione, all'Outdoor Retailer, la fiera biennale di Salt Lake City. Era la fine degli anni Novanta, e lavoravo allo stand della Mountain Hardwear, all'epoca il mio sponsor principale. Qualcuno disse: «Messner è qui!». Lo vidi circondato dal suo entourage. Era di fronte a me, e stava osservando un paio di manopole di un produttore di attrezzature da outdoor.

Non mi sarei presentato, nonostante fosse uno dei miei eroi. Avevo letto tutti i suoi libri, almeno quelli che ero riuscito a procurarmi. Il primo fu *Settimo grado*, l'illuminante polemica sul futuro dell'alpinismo tradotta in inglese nel 1974, quando avevo solo quindici anni. Ma qualcuno che lo conosceva – qualcuno più grintoso del sottoscritto – propose di presentarci.

«Sarebbe fantastico» risposi. Raggiungemmo Messner allo stand, e il mio amico fece le presentazioni. Non credo avesse mai sentito parlare di me. Mi parve occupato, e stordito.

Tutti volevano toccare quella celebrità, e preferivo non infastidirlo.

Gli strinsi la mano, e gli dissi di getto: «È un onore conoscerla. Ho letto tutti i suoi libri».

Era lì, davanti a me, con la barba folta e una massa di capelli castani e ondulati. Mi fissò con i suoi occhi penetranti, e poi, con il suo accento marcato, mi disse: «Non è possibile!».

Mi feci piccolo piccolo. Aveva ragione, naturalmente: ormai Messner ha pubblicato più di cinquanta libri, e alla fine degli anni Novanta alcune delle sue opere – due omaggi alle Dolomiti e un libro dedicato al deserto dei Gobi – non erano ancora state pubblicate in inglese. Avrei potuto giustificarmi dicendo che volevo solo esprimergli il mio rispetto per quanto era riuscito a fare, ma ero troppo intimidito. Così sgattaiolai via. Non l'avrei più incontrato. È un peccato: mi piacerebbe davvero bere una birra con lui e trascorrere un paio d'ore a parlare di scalate.

Tra i grandi alpinisti himalayani, il compagno di Messner sull'Annapurna, Hans Kammerlander, rimane uno dei più sottovalutati. Ha completato vie diabolicamente complicate sulle Alpi, ha scalato la formidabile cuspide del Cerro Torre in Patagonia in appena diciassette ore (andata e ritorno), e si è reso famoso per le sue discese dagli ottomila sugli sci. Come ha riconosciuto lo stesso Messner, fu lui il «motore» che li portò in vetta all'Annapurna. Ed è lui, in *Annapurna. Cinquant'anni di un ottomila*, ad avere l'ultima parola riguardo a quell'audace ascensione. Quando la squadra si mise in marcia sulla via del ritorno, Kammerlander lanciò un'ultima occhiata alla parete nord-ovest e commentò: «Sulle Alpi, dopo una spedizione, ho sempre creduto di conoscermi. Ma se supero gli ottomila metri mi rendo conto che non è vero. Non conosciamo abbastanza noi stessi e il nostro corpo, noi stessi e la montagna».

Dopo l'Annapurna, Kammerlander continuò a scalare ottomila. Nel 2000 ne aveva undici all'attivo. La sua nemesi personale fu il K2, che l'aveva costretto per ben due volte a fare dietrofront: la prima ad appena cinquecento metri dalla cima, quando ritenne troppo elevato il rischio di valanghe.

Nel 2001 finalmente centrò l'obiettivo. Si era messo in marcia per affrontare in solitaria la via Cesen, sperando di scendere dalla Cresta degli Abruzzi. Mentre era sulla montagna, incontrò il mio caro amico – e partner sull'Annapurna – J.-C. Lafaille, anch'egli impegnato in un'avventura in solitaria. Unirono le loro forze, arrivarono in vetta insieme e tornarono giù sani e salvi. Kammerlander riteneva che le condizioni della neve non consentissero una discesa sicura sugli sci. (Nell'estate del 2010, il talentuoso scalatore svedese Fredrik Ericsson precipitò e morì mentre risaliva il Collo di Bottiglia. Era sua intenzione scendere sugli sci. A oggi, sul K2 nessuno ci è ancora riuscito.)

Conquistato il K2, gli restavano solo due ottomila: Kangchenjunga e Manaslu. E aveva scalato tutte le montagne più importanti senza ossigeno. (Non ho mai criticato chi ricorre alle bombole; Kammerlander, invece, ha dichiarato pubblicamente che, dopo l'impresa di Messner e Habeler sull'Everest, il ricorso all'ossigeno non era più «considerato accettabile in questo sport».) Nell'estate del 2001, solo otto alpinisti avevano chiuso il cerchio, e soltanto tre di loro senza ossigeno. Ma anziché provare ad aggiudicarsi il nono posto, Kammerlander fece qualcosa che nessuno aveva mai fatto, e che nessuno ha più fatto da allora (anche se il sottoscritto ci pensò su seriamente, dopo il secondo fallimento sull'Annapurna). Disse basta. Non credo che il Kangchenjunga avrebbe dato problemi insormontabili a un alpinista del suo calibro. Piuttosto, il suo tallone d'Achille fu il Manaslu, su cui nel 1991 aveva visto morire due amici. Uno di loro – ucciso da un fulmine durante la discesa – era Friedl Mutschlechner. Proprio quest'ultimo aveva riferito a Messner che la parete nord-ovest dell'Annapurna era troppo pericolosa.

Di ritorno dal K2, nel 2001, nel corso di una conferenza stampa Kammerlander disse: «Ho vissuto troppe tragedie su quella montagna, non ho intenzione di affrontare i miei incubi. Posso vivere tranquillamente con tredici ottomila all'attivo. Ci sono tante splendide vette che posso scalare, in tutto il mondo. Ma non il Manaslu».

Un'integrità che non si può che ammirare. Il ricordo doloroso di quella perdita ebbe la meglio sulla fama. Kammerlander scalava per il motivo giusto: soddisfazione personale, e nient'altro.

Con l'Annapurna, Messner aveva espugnato undici ottomila. Aveva scalato il primo nel 1970, con l'epica ascensione della parete Rupal del Nanga Parbat. Durante una discesa disperata sul versante opposto – il Diamir – il fratello di Reinhold, Günther, scomparve. Jerzy Kukuczka conquistò il suo primo ottomila (Lhotse) nove anni dopo, ma alla fine del 1985 poteva vantarne già nove: estremamente determinato, stava per raggiungere l'avversario.

A «gara» finita, entrambi furono generosi con l'avversario. Addirittura, si scambiarono epigrafi nei rispettivi libri sulla conquista dell'ultimo ottomila. «Congratulazioni per il tuo grande slam!» scrisse Kukuckza a Messner, e questi gli rese onore con un: «Non sei secondo a nessuno. Sei grande».

La prima ascensione invernale all'Annapurna, compiuta da Kukuczka nel 1987, segnò una svolta almeno quanto la nuova via aperta da Messner e Kammerlander sulla parete nord-ovest. È piuttosto strano, quindi, che in *Annapurna. Cinquant'anni di un ottomila* Messner non dedichi nemmeno una parola all'impresa del collega. La salita del polacco non è inclusa nella «Storia delle salite sull'Annapurna» in appendice al libro, che pure comprende la spedizione «tutta femminile» di Arlene Blum (1978), e la ripetizione della via originale lungo la parete nord (1979) da parte di una spedizione francese «assai pubblicizzata per la componente sciistica» (l'espressione è di Messner). Bisogna cercare nell'appendice successiva, intitolata «Sono arrivati in vetta» per trovare i nomi di Kukuczka e del suo compagno, Artur Hajzer, piazzatisi al trentasettesimo e al trentottesimo posto nella classifica degli alpinisti saliti in cima all'Annapurna.

Le stoccate del polacco a Messner, nel suo *Il mio mondo verticale*, sono indirizzate alla fama e all'ego del sudtirolese. Il primo incontro tra i due avvenne nei pressi di Namche Bazar, la città collinare nella valle del Khumbu. Era l'ottobre del 1979, e Kukuczka era di ritorno dalla scalata al Lhotse, il suo primo ottomila. Era sdraiato nella sua tenda quando sentì qualcuno che gridava: «Arriva il signor Messner! La spedizione del signor Messner!».*

> Due sherpa correvano col fiatone e se avessero conosciuto un detto polacco, avrebbero gridato: «Spostatevi aringhe...».**
> [...] Piantarono la sua tenda, indugiando a lungo all'interno per sistemare tutto con cura, appesero la lampada, e stesero un lussuoso giaciglio. Osservavamo questo strano via vai facendo finta che per noi non fosse una novità, ma l'occhio si girava sempre in quella direzione. Dopo qualche minuto sbucò la carovana.

---

* Tutte le citazioni sono tratte da Jerzy Kukuczka, *Il mio mondo verticale*, traduzione di Manuela Burchi e Jurek Sztekie, Edizioni Versante Sud, Milano 2003. (*N.d.T.*)

** Il detto completo è: «Spostatevi aringhe, arriva il re». Qui «aringa» significa «plebeo». (*N.d.T.*)

Stava arrivando lui.
Lo vidi per la prima volta: era naturale e aperto.

I due si scambiarono qualche parola. Quando il polacco dichiarò di aver conquistato il Lhotse, Messner «fece solo una smorfia, né di apprezzamento né di ammirazione». (Sarebbe stato l'ultimo ottomila del sudtirolese.)

«E tu che piani hai?» chiede poi il polacco.
«Ama Dablam...» risponde Messner.
«Ero un po' sorpreso» confessa Kukuczka. «Questa cima raggiungeva i 6856 metri.» Sarcasticamente, intende dire: «Che ci faceva un grande alpinista come lui su un picco minore?».
Kukuczka riesce finalmente a ottenere l'attenzione di Messner quando menziona il suo tentativo del 1977 sul Nanga Parbat, durante il quale, a quasi 8000 metri, trovò una «torcia».
«Sette anni fa con mio fratello eravamo arrivati a quel punto della parete sud. Lui morì durante la discesa: quella doveva essere la sua torcia. Stava proprio sostituendo la pila.»
«Dopo sette anni» scrive Kukuczka, «[l'avevo trovata] io. Qualche cosa dunque ci accomunava, anche se non riuscivo a staccare gli occhi dalla sua stupenda attrezzatura, quella che avevo visto portare dagli sherpa, con tute più leggere della piuma.» Si scambiarono gli indirizzi, e Kukuczka si impegnò a ritrovare la torcia e a spedirla all'illustre collega, e a «[mettere] per iscritto qualcosa riguardo alle circostanze in cui [l'aveva] trovata» per il libro sul Nanga Parbat che il sudtirolese stava per pubblicare. (Nonostante le ricerche, una volta a casa, la torcia non venne mai più ritrovata.)
Tre anni dopo, nel 1982, i due si incontrarono di nuovo, questa volta sul Broad Peak nel Karakorum; e di nuovo ci fu tensione. Il polacco e il suo partner, Wotjek Kurtyka, avevano un permesso per tentare la parete est del K2, inviolata, ma per acclimatar-

si decisero di puntare al Broad Peak seguendo la via normale. Tecnicamente avrebbero commesso un illecito: l'autorizzazione in loro possesso non prevedeva che scalassero la dodicesima vetta del pianeta. Mentre scendevano, incrociarono Messner e due portatori pachistani che salivano, intenzionati come loro a scalare il Broad Peak ripetendo la via della prima ascensione del 1957. (La presenza dei pachistani dovette mettere particolarmente a disagio Kukuczka, riguardo a quella che definì la sua «montagna rubata».)

Stando alla versione del polacco, le prime parole di Messner furono: «Da dove tornate?».

«Facevamo un'uscita per acclimatarci, eravamo nelle vicinanze della cima» rispose vagamente Wojtek.

Ma a Messner questo non bastava. Ci guardò per un po' senza dire una parola e quindi chiese direttamente: «Allora, siete stati sulla vetta o no?».

«Siamo stati nelle vicinanze della vetta» Wojtek ripeté incisivamente.

Messner aveva sorriso un po'.

«Sì, sì, capisco.»

«E... se posso chiedertelo: non dire in giro che ci hai visti qui.»

«Va bene, va bene» disse lasciando cadere l'argomento.

Altrove, nel capitolo dedicato al Broad Peak, Kukuczka si scaglia contro l'idea stessa dei permessi venduti dai governi per scalare le loro montagne. «Già il fatto di trovarmi su [una montagna] me la fa sentire un po' come mia» dichiara, «e qualsiasi tipo di regolamentazione che stabilisce che "di qua puoi andare e di là non puoi" mi fa ridere; sarebbe come dire che l'aria sopra il mio terreno è mia, quindi non si deve respirare.»

Due anni dopo, Kukuczka e Kurtyka tornarono sul Broad Peak seguendo una nuova via, traversando le cime nord e centrale, questa volta legalmente. Ma nel 1982, al ritorno in Polonia, lessero il libro appena pubblicato da Messner sulla conquista di tre ottomila (Kangchenjunga, Gasherbrum II e Broad Peak) realizzata in un anno, praticamente uno dopo l'altro. Era il primo «tre al prezzo di uno» nella storia dell'alpinismo himalayano. Kukuczka conclude il capitolo «La montagna rubata» con una nota di perplessità e, forse, di rancore nei confronti del rivale più famoso:

> Poco dopo era uscito un libro di Reinhold Messner [...] in un anno aveva conquistato tre montagne di ottomila metri [Diceva anche]: «Lungo la via per il Broad Peak, all'altitudine di circa 6400 metri, incontrammo coloro che tornavano dalla vetta, Wojtek Kurtyka con un altro polacco...».
> Ancora oggi mi chiedo se si fosse semplicemente dimenticato di ciò di cui lo avevamo pregato in quell'incontro.

Dopo la conquista del Cho Oyu, il suo ottavo ottomila (1985), Kukuczka era pienamente consapevole del risalto dato dai media alla sua competizione con Messner. È un argomento che, a differenza del rivale, Jerzy affronta esplicitamente nel *Mio mondo verticale*:

> Mi rendevo conto che, dopo il Cho Oyu, avevano cominciato a trattarmi come colui che inseguiva Reinhold Messner, e che aveva le capacità per sostenere quell'inseguimento. Quando mi riferirono questa cosa feci una smorfia di disappunto: era chiaro che potevo anche rincorrerlo per un po', ma per poter vincere quella corsa avrebbero dovuto imprigionare Reinhold nel suo castello e permettere a me di fare in Himalaya ciò che avrei voluto.

La stoccata a proposito del castello non era una metafora: nel 1985, Messner aveva acquistato Castel Juval, all'imbocco della val Senales, che poi trasformò nella sua abitazione.

Il contrasto tra le difficoltà economiche di Kukuczka e le ricche sponsorizzazioni dei migliori alpinisti occidentali è un tema ricorrente nel *Mio mondo verticale*. Da questo punto di vista, i risultati ottenuti dai polacchi sull'Himalaya appaiono ancora più notevoli. L'attrezzatura di cui disponevano – dai sacchi piuma alle tende, dalle corde ai chiodi – era di gran lunga inferiore a quella utilizzata nei campi europei o americani. Per sbarcare il lunario e finanziare i suoi viaggi in Nepal e Pakistan, Kukuczka dipingeva ciminiere industriali, un lavoro estenuante e pericoloso, ma adatto agli alpinisti.

Nell'autunno del 1986, mentre era sul Manaslu con Artur Hajzer (i due stavano tentando di aprire una nuova via), Kukuczka ricevette la notizia che Messner aveva appena conquistato il Makalu, il suo tredicesimo ottomila. Ed era al corrente del progetto dell'italiano di conquistare anche il Lhotse. Poi una mattina sentì alla radio:

> «Ieri il celebre alpinista Reinhold Messner è salito sulla cima del Lhotse. È diventato quindi il primo uomo a raggiungere la vetta di tutti i quattordici ottomila».
> In mensa calò il silenzio [...] Artur non resistette più ed esclamò: «E allora? Vogliamo lasciar perdere questa montagna?».

La reazione di Kukuczka fu ambivalente:

> Aspettavo questa notizia, ma adesso che era arrivata, nonostante tutto, ero diventato triste. Era lui, comunque, il primo. Ero deluso, ma anche inaspettatamente sollevato. Finalmente tutto quel chiasso intorno alla nostra competizione era finito. Ora potevo tranquillamente proseguire per la mia strada. Mi mancavano ancora il Manaslu, l'Annapurna e [lo Shishapangma].

Il memoir di Kukuczka è molto diverso nello stile e nel tono da opere come, per esempio, *Gli 8000 ruggenti* di Loretan, ma non per questo è da considerarsi meno straordinario. Credo sia difficile trovare un libro di alpinismo più sobrio e discreto. In meno di trecento pagine Kukuczka riporta una cronaca dei suoi quattordici trionfi. E credo che solo un alpinista possa rendersi conto della modestia con cui il polacco riassume alcune delle imprese più stupefacenti mai realizzate sull'Himalaya.

Anche durante la competizione con Messner, Kukuczka volle affrontare sfide che andavano ben al di là delle imprese dei suoi predecessori. In almeno dieci delle sue scalate aprì nuove vie (in un'occasione in solitaria), per non parlare delle prime tre ascensioni invernali. Solo durante la prima spedizione sul Lhotse, nel 1979, scelse di ripercorrere una via nota in una stagione «normale» (primavera o autunno sull'Himalaya, estate sul Karakorum). E chiuse il cerchio in appena otto anni. Nella storia dell'alpinismo non esiste impresa paragonabile a questa.

Quando il polacco mise gli occhi sull'Annapurna, al suo carnet mancava solo lo Shishapangma. Ormai battuto da Messner, decise di provarci in pieno inverno. Già sei spedizioni avevano tentato l'impresa, e nessuna aveva avuto successo. Soltanto una squadra riuscì ad arrivare sulla cresta sommitale, ma durante la discesa quattro scalatori rimasero uccisi. Una spedizione giapponese non raggiunse nemmeno il campo base, quando i portatori si rifiutarono di condurre a termine l'arduo avvicinamento da nord.

Kukuczka accarezzò l'idea di cimentarsi con la formidabile parete sud, anziché lanciare l'assalto lungo la via francese. Che cosa scegliere? Una facile marcia di avvicinamento, o una molto difficile? Le difficoltà tecniche o il freddo? Alla fine optò per la parete nord, pur sapendo che «non si poteva contare neanche su un'ora di sole al giorno». La scelta di ripercorrere la via dei pionieri francesi garantiva temperature glaciali, raramente sopportate dagli scalatori in Himalaya.

Ancora una volta l'«infernale organizzazione», ossia la raccolta dei finanziamenti necessari per la spedizione, creò una serie di ostacoli non trascurabili. All'ultimo minuto, un giornalista polacco residente in Italia, che aveva «attraversato il Borneo e l'Atlantico in barca a vela», ma che non aveva la benché minima esperienza in montagna, offrì quattromila dollari a Kukuczka in cambio di un posto in squadra. Nonostante i cattivi presentimenti, l'alpinista aveva bisogno di quel denaro, e finì per acconsentire. Il giornalista completò coraggiosamente la marcia fino al campo base, ma a quel punto rinunciò, terrorizzato.

L'approccio da nord, come ebbi modo di verificare personalmente nel 2000, è già abbastanza duro in aprile. D'inverno presenta difficoltà e pericoli fuori del comune. Durante la marcia dei polacchi, nel gennaio del 1987, solo diciannove dei sessanta portatori ingaggiati in pianura riuscirono ad arrivare al campo base, sebbene avessero ricevuto una paga cinque volte superiore a quella che avrebbero guadagnato nella stagione «normale».

Nonostante i contrattempi, la squadra partì e piazzò una serie di campi. Il 30 gennaio i quattro scalatori più forti cercarono un luogo in cui stabilire il campo IV. Oltre a Kukuczka e ad Artur Hajzer, già insieme sul Manaslu, c'erano Wanda Rutkiewicz e Krzystof Wielicki. Con Wielicki, come ho già accennato, avrei fatto coppia nel 1995 su Gasherbrum I e II (e sarebbe stato ancora una tigre, nonostante i suoi quarantacinque anni di età). Quanto alla Rutkiewicz, era senza dubbio la migliore scalatrice del suo periodo. Prima della morte prematura, avvenuta nel 1992 poco sotto la vetta del Kangchenjunga, conquistò otto ottomila; dovendo scommettere sulla prima donna che avrebbe «chiuso il cerchio», quasi tutti avrebbero puntato su di lei.

Se fosse stata una squadra americana, o comunque guidata da Messner o Bonington, a mettere a segno la prima ascensione invernale all'Annapurna, sicuramente sarebbe stato scritto un libro intero sull'impresa. Nel *Mio mondo verticale*, Kukuczka dedica soltanto sette pagine al suo trionfo. «Inferno freddo», questo il titolo del capitolo sull'Annapurna. E se, da un lato, bisogna leggere tra le righe per cogliere le difficoltà della salita, dall'altro, l'autore rievoca vividamente il freddo che provò:

> Quello che ci faceva più soffrire era il freddo. Era gennaio e salivamo sulla montagna sempre all'ombra. Nonostante ciò, il sole ci aveva fatto una bella sorpresa e per qualche ora al giorno aveva scaldato con i suoi raggi il campo base. D'inverno questo significava molto: anche se solo al campo base c'erano dei momenti in cui si poteva godere dei suoi caldi e gioiosi raggi. La grazia del sole di gennaio non arrivava, però, al versante Nord della montagna. Solo gli alpinisti sanno cosa significa l'ombra fredda... una continua ombra di ghiaccio dove non si può riposare neanche un attimo da un gelo penetrante, deprimente, che toglie ogni speranza. In tenda fa freddo, esci e fa freddo, cammini e ancora freddo, solo il movimento è in grado, non tanto di scaldare, ma almeno di salvare un pochino da quel gelo oscuro.

A temperature simili, i pendii che in aprile o maggio apparivano coperti di neve dovevano essere ghiacciati:

> Soffrivamo continuamente il freddo; quel freddo buio in cui ci muovevamo era stampato nella mia mente forse per sempre, per non contare il ghiaccio. D'inverno questa parete si tramuta in un cumulo di ghiaccio talmente duro da rendere difficile perfino pian-

tare i denti affilati dei ramponi. A ogni passo si doveva scavare dando calci nel terreno per trovare un appoggio. Questa «vetrificazione» si era già instaurata dai 6000 metri, per questo la salita procedeva lentamente.

Anziché preparare una piattaforma per la tenda, gli scalatori dovettero ricavare una cengia nel ghiaccio a colpi di piccozza. Riuscirono a piantarvi una sola delle due tende da due, in cui si strinsero tutti e quattro. Durante la notte venne costantemente martellata da minuscoli frammenti di ghiaccio e, come dice seccamente Kukuczka: «Ognuno di noi non aveva dubbi: in qualsiasi momento sulla nostra tenda poteva cadere qualcosa di molto più grosso». Quel sinistro bivacco si trovava da qualche parte al centro della parete, sotto la Falce, nel bacino di raccolta che nel 2000 considerammo un luogo suicida, per via delle continue valanghe.

Il 31 gennaio seguì un'altra lenta e pericolosa giornata di scalate, che culminò in un ulteriore bivacco a 6797 metri. Questa volta, però, i quattro riuscirono a piantare entrambe le tende.

Il piano era scendere fino al campo base la mattina, riposarsi e poi lanciare l'assalto alla vetta. Ma quella sera Kukuczka notò con sorpresa di sentirsi «sostanzialmente bene». Rifletté a lungo, poi esclamò:

> «Domani io vado più su! Chi viene con me?»
> Si era fatto silenzio e negli occhi di Wanda vidi chiaramente la sorpresa. Dovette passare un po' di tempo, prima che dall'altra tenda sentissi la voce di Artur rispondere: «Io!».

Wanda Rutkiewicz disse di non essersi ancora acclimatata e che sarebbe scesa. Dopo qualche minuto, Wielicki aggiunse: «Va bene, io scenderò con Wanda. Attaccheremo la vetta al prossimo tentativo». Per il resto della spedizione, e per mesi dopo il ritorno a casa, Kukuczka sarebbe stato tormentato dal timore di aver scaricato il compagno. Ma questi, altruista, non lo biasimò mai.

Così, il 1° febbraio Hajzer e Kukuczka ripresero a salire, da soli. Quella sera arrivarono a 7498 metri, dove si accamparono di nuovo. Ma il tempo cominciò a guastarsi. «Piantammo la tenda e qui avvertii per la prima volta che nel mio organismo c'era qualcosa che non andava. Mi muovevo sempre di più come una mosca nel brodo, ma ero ancora ottimista.»

All'alba, la tenda era avvolta da una nebbia impenetrabile: «Non si vedeva niente». I due cominciarono a vestirsi, deboli e letargici. Kukuczka propose un giorno di riposo. «Artur mugugnò qualcosa di incomprensibile e con un certo sollievo si riavvolse nel suo sacco a pelo.»

Solo alle prime ore del mattino del 3 febbraio Hajzer e Kukuczka si misero in marcia verso la vetta. Erano ancora in un parziale *whiteout*, ma il vento si era un po' calmato. Avanzarono a fatica attraverso il nevaio apparentemente sterminato, tormentati dai falsi avvistamenti della cima. Finalmente, alle sedici, la raggiunsero.

Kukuczka scrive che, a casa, ogni volta che raccontava delle sue ascensioni agli ottomila, gli amici insistevano per sapere cos'avesse provato in vetta. A proposito dell'Annapurna, dice indirettamente: «Cosa potevo rispondere? Quando non sentivo più niente mi concentravo sulla respirazione».

Le sedici: troppo tardi in maggio, ancora di più a febbraio. I due compagni sapevano di avere solo un'ora di luce. Ridiscendere sarebbe stato estenuante.

È a questo punto che la narrazione supera se stessa quanto a modestia. Si fece buio quando i due erano ancora lontanissimi dal campo più elevato. Continuarono a scendere, barcollando:

> Camminavamo al lume delle torce. Per tutta la durata della salita avevo cercato di memorizzare la via per la quale avremmo poi fatto ritorno, ma nelle tenebre tutto questo bagaglio di ricordi non serviva proprio a niente. Dalle nove era già buio ed eravamo stanchi. Tentammo comunque di raggiungere la tenda. Scendevamo rapidamente, doveva essere lì, da qualche parte, cercavamo ma non ne risultava traccia. Forse era più in basso, ormai barcollavamo sulle gambe, ma la ricerca non portava a niente.

Kukuczka non menziona mai le bacchette, i paletti verdi da giardino che è essenziale piantare nella neve ogni cinquanta, cento metri, per ritrovare la via al buio o in un *whiteout*. Dubito che i polacchi le avessero usate; poche spedizioni europee lo fanno.

Poi accadde il miracolo: «Alle dieci, attraversando la neve, dopo aver perso definitivamente la speranza di ottenere un esito positivo delle nostre ricerche, inciampai in qualcosa di morbido. La nostra tenda!».

Quando si dice cavarsela per un soffio!

L'indomani Hajzer e Kukuczka avevano riguadagnato il campo base, su cui erano cadute due spanne di neve. Wielicki e la Rutkiewicz fecero un secondo tentativo, ma le condizioni erano atroci, e Wanda soffriva di un disturbo bronchiale. Si fermarono al campo IV. La spedizione era finita.

A quanto pare, non solo Kukuczka non provò nulla in cima, ma in seguito non cedette neppure alla tentazione di vantarsi della sua superba scalata. Il breve capitolo si chiude con una dichiarazione impassibile: «Lasciammo alle nostre spalle l'Annapurna, che per la prima volta si era arresa agli esseri umani d'inverno, a due persone soltanto, e ci rallegrammo perché nessun nome era stato aggiunto alla lista degli uomini scomparsi e che col loro sacrificio avevano contribuito a creare la sua terribile fama».

Il 18 settembre 1987, undici mesi dopo la vittoria di Messner, Kukuczka giunse in vetta allo Shishapangma, il suo quattordicesimo e ultimo ottomila. Ancora una volta ebbe come partner Artur Hajzer, e ancora una volta aprì una nuova via, in questo caso lungo la cresta ovest. Sarebbe dovuta essere un'occasione di gioia suprema, «l'ultimo granello del mio rosario himalayano...». Ma purtroppo non andò così. Dalla cronaca del polacco non trapela alcun senso di trionfo:

> Non riuscivo a liberare la gioia che provavo per questo successo. In teoria [sarebbe dovuta] essere quattordici volte più grande della conquista di ogni singola montagna. Ero un po' stordito da questi avvenimenti, ma un uomo non è sempre preparato a poter gioire in ogni condizione. Soltanto una volta, salendo sul Nanga Parbat, mi ero inventato di fare un salto sulla cima con le braccia trionfalmente allargate e stese verso l'alto. Faceva pena quel mio salto e mi era costato tanto sforzo che avevo detto a me stesso: mai più...
>
> Ma perché non ero capace di gioire anche in questo momento, allegramente, spontaneamente, pienamente? Perché sprofondavo in pensieri spaventosamente razionali, del tipo: «Sono proprio salito?» e «Non è stato così male»? Che questa fosse la mia quattordicesima cima, non era proprio così importante, poteva benissimo essere la terza o la settima...

Tutto ciò mi lascia perplesso. Perché alcuni tra i migliori scalatori al mondo non si sentono appagati – e provano invece un senso di vuoto – nel momento in cui raggiungono l'obiettivo di una vita? Quando riuscii finalmente a espugnare la mia nemesi, nel 2005, fui invaso da una gioia e da una soddisfazione incontenibili, che rimasero con me per molto tempo anche dopo il ritorno a casa.

Il senso di vuoto di Kukuczka mi ricorda ciò che provò Lachenal dopo la conquista dell'Annapurna. Ma il francese sapeva che avrebbe perso le dita, e l'orrore di quella prospettiva superava di gran lunga l'estasi a cui invece si abbandonò il suo compagno, Maurice Herzog. Il polacco, al contrario, non aveva perso nulla... a parte l'obiettivo che inseguiva da otto anni.

Il libro si conclude con uno stato d'animo ambiguo, adatto al più schivo e riservato dei memoir alpinistici. Riconsiderando la sua impresa, Kukuczka scrive: «Qualcosa è veramente finito? No, il mondo verticale non finisce mai. È là, aspetta. Io qui tornerò ancora... fra poco...».

E tenne fede alla sua promessa. Quando completai l'Endeavor 8000, l'ultima cosa che volevo era partire per un'altra spedizione. Desideravo solo stare a casa con Paula e i bambini, e crogiolarmi in quella meravigliosa sensazione di appagamento. Sapevo che non mi sarei lasciato tentare ancora dagli ottomila; non così presto, comunque. Avrei pensato all'Everest solo nel 2009, quattro anni dopo l'Annapurna. Dopo la conquista del Lhotse, nel 1986, Reinhold Messner tornò soltanto sul Nanga Parbat, su cui tentò di aprire una nuova via nel 2000. Ma compì una serie di altre imprese notevoli, come la traversata dell'Antartide sugli sci e senza alcun supporto.

Kukuczka continuò a premere sull'acceleratore. Nell'autunno del 1989 affrontò di nuovo il Lhotse, preferendo alla via aperta dagli svizzeri nel 1956, la parete sud, ancora inviolata. Quello strapiombo gigantesco – oltre tremila metri dalla base all'estremità superiore – si avviava rapidamente a diventare l'«ultimo grande problema dell'Himalaya», ancora irrisolto nonostante i tentativi di molti grandi, fra cui Messner. Scalando la parete sud, il polacco sperava di rimediare all'unica macchia nel suo curriculum altrimenti perfetto.

Con un unico partner, un connazionale, partì alla volta della vetta alla fine di ottobre. Dopo aver affrontato due bivacchi oltre la quota degli ottomila, Kukuczka stava battendo traccia su un muro quasi verticale. La cresta sommitale era ormai vicina, pochissimi metri più su. Ma qualcosa andò storto, e scivolò. Il suo compagno tentò di frenare la caduta, ma lo strattone improvviso al dispositivo di assicurazione provocò la rottura della corda. Kukuczka precipitò ai piedi della parete.

Girò voce che i due alpinisti stessero usando una corda di seconda mano, acquistata per pochi soldi a Kathmandu. Se è andata davvero così, le difficoltà economiche che costringevano gli scalatori polacchi a cimentarsi sull'Himalaya con attrezzatura di scarsa qualità contribuirono direttamente alla morte di uno dei più grandi alpinisti della sua generazione. D'altro canto, Jerzy sapeva senza dubbio che una corda del genere non sarebbe stata affidabile in una situazione così estrema. Perfino una corda nuova, logorata dalla scalata o dalle valanghe, si sarebbe potuta spezzare per la tensione provocata dalla caduta. Comunque siano andate le cose, la sfortuna mise tragicamente fine alla vita di un uomo e di uno scalatore straordinario.

Tra tutti coloro che hanno lasciato un segno sull'Annapurna, Jerzy Kukuczka è la figura più enigmatica. *Il mio mondo verticale* contiene pochi dettagli sulla sua personalità. Era chiaramente spinto da una motivazione profonda. Era un idealista e un purista. Forse, come scrisse J.-C. Lafaille di Pierre Béghin, era il genere d'uomo che non avrebbe sopportato la quotidianità della vita domestica. Lasciò la moglie e due bambini, che nel memoir non vengono quasi mai menzionati. L'unico ritratto della moglie, Celina, riguarda la nascita del secondo figlio della coppia, nel 1985. Un bambino «radiosamente gioioso» scrive Kukuczka. «Quando gli facevo il bagnetto, sorrideva calorosamente.» Ma l'arrivo del piccolo creò qualche problema. Kukuczka era in partenza per il Dhaulagiri, ma temeva che la sua assenza avrebbe turbato la moglie. Quando finalmente Jerzy si decise a sollevare la questione, Celina acconsentì mitemente. «Quando mi buttai nel vortice di tutte le questioni organizzative» scrive Kukuczka, senza alcuna ironia apparente, «piano piano si spegnevano in me i sensi di colpa per la diserzione dai doveri paterni. Ma non avevo altra via d'uscita.»

Non ho mai incontrato Jerzy Kukuczka, ma penso fosse un alpinista completamente diverso da me. La famiglia è sempre stata una delle cose più importanti della mia vita. Anzi, *la* più importante. Partire non era mai stato un modo per fuggire da Paula e dai bambini: al contrario, lasciarli è diventato sempre più difficile.

Ma ciò che colpisce della stupenda carriera di Kukuczka è la dedizione assoluta alle montagne più alte della Terra. Il suo scopo non era battere Messner, ma percorrere le vie più difficili nello stile più puro. L'integrità, l'evidente modestia, la discrezione con cui racconta le scalate, il sottile senso dell'umorismo che traspare di tanto in tanto: un uomo davvero difficile da eguagliare. Da parte mia, ammiro profondamente Jerzy Kukuczka, così come ammiro qualunque scalatore abbia affrontato imprese a cui io non avrei mai neppure pensato.

7
Cometa sull'Annapurna

Nella primavera del 1996 mi trovavo sull'Everest, quando la catastrofe resa tristemente famosa dal libro *Aria sottile* di Jon Krakauer si abbatté sugli scalatori al Colle Sud. Era la notte fra il 10 e l'11 maggio. La nostra squadra Imax, guidata da David Breashears, si trovava al campo II, dopo essersi ritirata in attesa di condizioni meteo migliori, quando la tempesta colse di sorpresa gli alpinisti sulla cresta sud-est, uccidendone cinque: tra loro c'erano anche i miei cari amici ed ex compagni Scott Fischer e Rob Hall.

Nessuno saprà mai con esattezza cosa accadde. Dopo la tragedia, tuttavia, buona parte della responsabilità ricadde su Anatolij Bukreev, il superscalatore kazako assunto come guida da Fischer, che insistette per tentare la vetta senza bombole d'ossigeno. Quel giorno fu il primo a toccare la cima, per poi ridiscendere rapidamente al campo IV, al Colle Sud. Bukreev dichiarò in seguito di aver rispettato le intenzioni di Fischer: preparare bevande calde e radunare le bombole per gli scalatori più lenti e in difficoltà.

Krakauer è particolarmente duro con Bukreev, e lo accusa di aver abbandonato egoisticamente i suoi clienti per conquistare la vetta; inoltre, afferma che il kazako non intendeva usare l'ossigeno per non attardarsi durante la discesa, quando avrebbe dovuto aiutare i compagni in difficoltà. (Senza ossigeno, il freddo estremo non consente di fermarsi troppo a lungo.) Poi lo elogia per come affrontò la tempesta riportando al campo IV i clienti ormai allo stremo, come Sandy Pittman e Charlotte Fox. Bukreev rispose affidandosi alla penna di G. Weston DeWalt, che narra la sua versione della storia in *The Climb*. Tra DeWalt e Krakauer seguì un'accesa disputa quando il secondo rispose alle accuse del primo in un poscritto pubblicato nelle successive edizioni di *Aria sottile*.

Non solo Krakauer criticò la decisione di Bukreev di non utilizzare l'ossigeno. David Breashears definì quella scelta «incredibilmente irresponsabile». «L'unico posto in cui dovrebbe trovarsi una guida è con i suoi clienti o appena dietro di loro.» Anche Reinhold Messner espresse il suo parere: «Nessuno dovrebbe fare la guida sull'Everest senza bombole».

Quella primavera, Bukreev e io ci incotrammo diverse volte. Viaggiavamo in direzioni opposte: lui saliva mentre io scendevo, o viceversa. Lo avevo conosciuto sulle montagne del Pamir nel 1987. Lavoravo come guida sul Pik Lenin, mentre Anatolij era una «guida da campo»: gli scalatori sovietici più forti affiancavano i team di altri Paesi nel coordinamento logistico e, in caso di necessità, offrivano il loro supporto nelle ascensioni. All'epoca gli alpinisti sovietici non avevano modo di procurarsi attrezzature di buona qualità, così scambiavano viti da ghiaccio in titanio fatte in casa con qualunque articolo occidentale riuscissero a trovare. Aspettavano pazienti che terminassimo le scalate, poi cominciavano a girarci intorno come avvoltoi e aprivano le trattative. Ricordo una lunga serata trascorsa nella mia tenda con Anatolij: mi sbarazzai di parecchio materiale in cambio di qualche vite da ghiaccio nuova e lucente, le trattative addolcite da diversi bicchierini di vodka. Desiderava anche un cappello viola stile bomber della

JanSport. Glielo lasciai: lo portò per anni, in quasi tutte le sue ascensioni.

Anatolij era evidentemente uno scalatore di talento, dalla forza straordinaria, ma è difficile giudicare fino a che punto si sia comportato in modo responsabile nel 1996. Le guide sovietiche avevano uno stile peculiare, che ad alcuni di noi poteva sembrare spietato. Con i clienti erano molto più dure rispetto ai colleghi occidentali. È un atteggiamento che personalmente considero valido, soprattutto sulle montagne più alte. Dal 1996 sono diventato ancora più esigente con i miei clienti. Ritengo sia preferibile che imparino a diventare autosufficienti, anziché viziarli e renderli incapaci senza la presenza costante della guida.

Ma è possibile che sull'Everest sia successo dell'altro. L'inglese di Anatolij era molto impreciso; per chi non conosceva il russo non era semplice comunicare con lui. Durante la discesa del 10 maggio la barriera linguistica tra Scott e il kazako potrebbe avere causato equivoci fatali.

Ciononostante, le decisioni di Bukreev mi lasciano perplesso. Pur avendo scalato tutti gli ottomila senza l'ossigeno, quando lavoravo come guida sull'Everest portavo sempre maschera, erogatore e bombole, per aiutare un cliente in caso di difficoltà. Inoltre trovo insensati la sua corsa in vetta e il ritorno al Colle Sud. Come scrissi nel mio primo libro, *In vetta senza scorciatoie*: «Si rimane col proprio gruppo per prevenire un disastro; non lo si abbandona per prepararsi alla catastrofe». Detto ciò, è indiscutibile che, anche senza ossigeno, quella primavera Anatolij si dimostrò più forte di qualunque scalatore provvisto di bombole. A posteriori, credo che Anatolij non abbia mai avuto la possibilità di spiegare le proprie motivazioni al pubblico, forse come diretta conseguenza di quanto accadde un anno e mezzo dopo sulla parete sudovest dell'Annapurna.

DeWalt non era uno scalatore esperto, e conosceva il russo in modo superficiale. Durante le interviste Anatolij e il giornalista comunicavano in inglese, o si servivano di interpreti. E tutto ciò, immagino, andò a svantaggio del kazako. La cronaca delle ore cruciali in cui sfidò la tempesta per portare in salvo i clienti si riduce a semplici botta e risposta. Nella notte tra il 10 e l'11 maggio, mentre era comodamente rannicchiato al campo IV, Anatolij vide Lene Gammelgaard, Klev Schoening e Martin Adams che avanzavano incespicando nella tormenta, annunciando che altri erano ancora là fuori, al buio, indifesi. E in *The Climb* descrive così l'urgenza di tentare un salvataggio:

> Sì, dato loro dell'ossigeno delle bombole che io avevo... tre... una Martin, una Klev, una Lene. Prese dalla tenda. Do questo per persone, e situazione è questa. Capisco che devo essere pronto. Comincio prendere scarpe, ma non è così facile. Io cercate, e trovate, le porto. Sono grandi. Scarponi. Prima non li avevo. Adesso io pronto per uscire.

Fu indubbiamente quello che disse, nel suo inglese stentato, cercando di spiegare a DeWalt cosa accadde quella notte. Tuttavia, un brano del genere non solo confonde il lettore, ma dipinge una caricatura di Anatolij, che appare come un alpinista fortissimo ma insensibile e incapace di esprimersi.

«Se volete sapere chi era davvero, non leggete *The Climb*. Leggete *Above the Clouds*.» Ho sempre risposto così a chiunque me l'abbia chiesto. Il libro, meno noto del primo, fu pubblicato postumo nel 2001. È l'appassionato progetto della fidanzata di Anatolij, Linda Wylie, e raccoglie i diari alpinistici dello scalatore e altri brevi brani tradotti dal russo, tra cui la cronaca della spedizione del 1996 e quanto accadde dopo.

L'uomo che emerge da queste pagine è premuroso, eloquente, addirittura poetico, e dimostra di avere una filosofia personale sulla vita e l'alpinismo.

In *Above the Clouds* Anatolij chiarisce la decisione di scendere rapidamente al Colle Sud il 10 maggio e di non scortare i clienti:

> Sapevo che, quando fossero rimasti senza ossigeno durante la discesa, avrebbero avuto un improvviso calo di forza e capacità. Prestare assistenza fisica a qualcuno, a un'altitudine simile, è difficile, se non impossibile; la cosa migliore, in quelle circostanze, è fornire una nuova scorta di ossigeno. Parlando con Scott, gli manifestai il mio desiderio di scendere e raggiungere rapidamente il Colle, così da poter portare bombole e bevande calde dal campo d'assalto, a chiunque fosse stato allo stremo. Sapevo di avere l'energia per farlo. Scott mi diede retta; disse che era la cosa giusta da fare. Mi disse di andare giù.

Che diritto abbiamo di mettere in discussione queste parole? Se Anatolij diede un suggerimento che Scott appoggiò in pieno – indipendentemente dal giudizio negativo di qualcuno – possiamo biasimarlo per questo? Fischer era il capo, e accettò la proposta di Anatolij.

D'altro canto, il giorno dell'attacco alla vetta Scott era gravemente indisposto. Si muoveva con estrema lentezza e, anche se cercava di nascondere la propria condizione, è probabile che non fosse perfettamente lucido quando Anatolij lo incrociò durante la discesa, e semplicemente acconsentì alla sua richiesta.

Nel suo diario, pubblicato in *Above the Clouds*, Anatolij nega di aver agito per egoismo: «Non mi parve affatto di aver scelto la via più facile. Sarebbe stato molto più semplice rimanere con il gruppo, e continuare a scendere lentamente». Salì dal Colle Sud alla vetta senza ossigeno, per poi ridiscendere al campo IV, e aveva ancora l'energia sufficiente per risalire e aiutare i compagni: un'impresa che richiede una forza sovrumana. A parte Bukreev e Neil Beidleman, l'altro assistente di Scott, tutti gli scalatori che avevano riguadagnato il campo erano subito crollati nelle loro tende.

Altri alpinisti presenti sulla montagna, tra cui Jon Krakauer, non credettero però alla sua affermazione: ritennero che Anatolij non sopportasse l'idea di scendere lentamente e di fare da baby-sitter ai clienti. Sostennero invece che Scott l'avesse rimproverato diverse volte per essere corso giù abbandonando i clienti, e che Anatolij non gli diede retta.

Above the Clouds rivela anche quanto si sentisse ferito per la controversia sorta intorno al suo comportamento sull'Everest. Di ritorno a Santa Fe, suo rifugio negli Stati Uniti, fu assediato dai reporter:

> In America le mie azioni furono mal interpretate, e la mia discesa dalla vetta fu condannata... Da parte mia, posso affermare – guardando negli occhi chi ho davanti – di aver fatto quella che mi parve la cosa migliore per la nostra squadra.
> In pratica per tutta l'estate fui coinvolto in violente discussioni fomentate dalla prospettiva che la pubblicità aveva dato agli eventi accaduti sull'Everest. E a criticarmi erano persone che non avevano alcuna conoscenza professionale sulla situazione, o esperti che non si erano mai trovati in circostanze simili.

Anatolij non nomina mai Jon Krakauer tra i suoi critici, ma un commento è chiaramente rivolto all'autore di *Aria sottile*: «Non so come qualcuno che si trovi a ottomila metri di quota per la prima volta possa pensare di avere l'esperienza che una guida acquisisce in decenni».

Inoltre, Anatolij sottolinea l'illusione che sta alla base del fenomeno dei clienti paganti, disposti a sborsare cifre enormi per essere guidati sull'Everest:

> Oltre gli ottomila metri, si entra in un mondo regolato da norme proprie. Il diritto di accedervi non può essere acquistato: si può pagare per godere dell'esperienza di una guida – accumulata in decenni di lavoro – ma il fatto di usarla correttamente e di sopravvivere (quando la situazione si fa critica, a quelle altitudini) dipende dalla forza dell'individuo stesso. Nella peggiore delle ipotesi una guida può solo morire, dopo essersi assunta la responsabilità impossibile di salvare un cliente.

Anatolij ebbe la sua rivalsa nel dicembre dello stesso anno, quando l'American Alpine Club lo insignì del David A. Sowles Memorial Award, concesso «ad alpinisti che si sono distinti per altruismo e dedizione, e hanno accettato di correre rischi e di sacrificare un obiettivo per assistere i compagni in pericolo». Il premio riconosceva gli sforzi eroici dello scalatore kazako, che uscì nella notte per ricondurre al campo i clienti bloccati dalla tempesta, e successivamente tornò sulla cresta sud-est nel tentativo di salvare Scott Fischer.

Di recente, tuttavia, due clienti di Scott, Pete e Klev Schoening, andarono su tutte le furie quando seppero del riconoscimento assegnato ad Anatolij: secondo loro, il 10 maggio 1996 l'alpinista kazako si era comportato in modo imperdonabile e ingiustificato. E l'opinione di Pete non è da sottovalutare, considerato che nel fiore degli anni è stato uno dei più grandi alpinisti americani. Nel mio libro sul K2, elogio la miracolosa assicurazione con cui, nel 1953, salvò la vita a quattro compagni sulla Cresta degli Abruzzi.

Quando tutti gli scalatori coinvolti nella tragedia del 10 e l'11 maggio ebbero lasciato la montagna, al campo base organizzammo una funzione per ricordare i caduti. Nel suo inglese stentato, Anatolij parlò di Scott Fischer. Anch'io avrei voluto dire qualcosa: in fondo, Scott e Rob Hall erano due tra i miei più cari amici. Ma non mi vennero le parole. Avevo un nodo in gola. Alla fine, rimasi seduto ai margini della piccola folla, e ascoltai gli altri, tenendo per me i miei pensieri.

Poi Anatolij fece qualcosa che avrebbe suscitato ulteriori critiche. Il 16 maggio, solo tre giorni dopo che gli ultimi sopravvissuti erano stati ricondotti al campo base, partì da solo per lanciare un attacco lampo al Lhotse, quarta montagna del mondo vicina all'Everest. E diede una straordinaria prova di resistenza e forma fisica, raggiungendo la cima in appena ventuno ore.

Così lasciò a Neil Beidleman – unica guida sopravvissuta del team Mountain Madness di Scott Fischer – la triste incombenza di badare ai clienti esausti. Qualcuno giudicò il suo gesto una dimostrazione di totale insensibilità: perché aggiudicarsi un altro trionfo, dopo una catastrofe come quella? Ed ecco la sua spiegazione logica:

> All'inizio di marzo, Scott aveva inserito il mio nome e quello di alcuni clienti interessati in un permesso per scalare il Lhotse, pagando anche la nostra parte. Qualcuno troverà incomprensibile l'impulso che mi spinse a salire in vetta dopo una tragedia come quella appena consumatasi. E penserà che il mio sia stato un atto di orgogliosa ambizione. È difficile da spiegare. Le montagne sono la mia vita. In quel momento, pensai allo standard che Scott aveva fissato per tutti noi scalando Lhotse ed Everest uno dopo l'altro. Ripetere quell'impresa, e pagare il prezzo che lui stesso aveva pagato in termini di sforzo fisico, era un modo per esprimergli il mio rispetto come alpinista. Era il mio modo per dirgli addio.

Un passaggio commovente, che suona sincero. C'è un unico problema: Scott non aveva mai compiuto un'impresa del genere, anche se era stato il primo americano in vetta al Lhotse, nel 1990. (Fui io a mettere a segno il «due al prezzo di uno» descritto da Anatolij, nel 1994, ma non credo abbia fatto confusione con il sottoscritto!)

Questo antefatto diventa rilevante alla luce di ciò che avvenne un anno dopo la tragedia, alla fine del 1997: viene da chiedersi, infatti, se sull'Annapurna Anatolij si fosse posto un obiettivo particolarmente pericoloso per rivalersi sui critici. Non sono l'unico a essermi posto questa domanda. Ma dopo averci riflettuto penso che la risposta sia negativa.

È innegabile che Anatolij fosse un alpinista molto ambizioso.

Nel 1996 era lanciatissimo nella corsa ai quattordici ottomila, e ciò spiega la decisione improvvisa di sfidare il Lhotse. Nonostante la controversia sorta intorno a lui durante l'estate di quell'anno, era determinato a non perdere neppure una stagione sull'Himalaya:

> Intorno alla metà di agosto, la pressione di tutte quelle discussioni era divenuta insopportabile. Mi sentivo indifeso e psicologicamente spossato, per via di quelle accuse. Sapevo che la miglior medicina, per me, sarebbe stata la fatica fisica. Avevo bisogno di respirare l'aria povera di ossigeno che circonda i giganti che puntellano il cielo tibetano.

Nell'autunno del 1996 Anatolij scalò il Cho Oyu e, subito dopo, lo Shishapangma. Lo incontrai in settembre al primo campo base, mentre accompagnavo un gruppo di clienti come guida. Quando scambiavamo quattro chiacchiere, nei giorni di riposo, mi parve più silenzioso e riflessivo del solito.

L'estate dell'anno successivo mise a segno un altro «due al prezzo di uno», conquistando Broad Peak e Gasherbrum II.

A quel punto vantava undici ottomila. Gli mancavano soltanto Gasherbrum I, Nanga Parbat e... Annapurna.

Solo cinque alpinisti erano riusciti nell'impresa. A Messner, Kukuczka e Loretan erano seguiti il messicano Carlos Carsolio e il polacco Krzysztof Wielicki (1996). Avevo arrampicato con entrambi, e in loro avevo trovato due validi compagni su cui poter contare. È un peccato non aver affrontato altre scalate con loro.

La conquista dei quattordici ottomila avrebbe trasformato la vita e la carriera di Anatolij. Il kazako era arrivato ai vertici dell'alpinismo sovietico, registrando record di velocità sul monte Elbrus e sul picco del Comunismo. Si era aggiudicato una laurea in scienze sportive *honoris causa* nel suo Paese. Ma nel 1996 era ancora povero come la maggior parte dei suoi rivali dell'Europa orientale. Per lui, come per Jerzy Kukuczka, raggranellare i fondi per una spedizione richiedeva uno sforzo di per sé immane.

Si dovette attendere il 2009 per vedere il nome di un russo nell'elenco degli alpinisti giunti in vetta ai quattordici ottomila. Aprendo una nuova via sul Cho Oyu, Denis Urubko divenne il quindicesimo a chiudere il cerchio (l'ottavo senza ossigeno). Nato in Russia, si trasferì in Kazakistan a diciassette anni, un anno dopo il crollo dell'Unione Sovietica. Urubko ha sempre arrampicato come kazako e non come russo.

Ma nel 1997 l'elenco degli ottomila scalati da Anatolij era «macchiato» da un paio di asterischi. Sullo Shishapangma, nell'ottobre del 1996, aveva raggiunto solo la cima settentrionale, o «centrale», e aveva abbandonato l'assalto in solitaria davanti alla cresta orlata di cornici che conduce alla cima vera. Come avrebbe fatto il sottoscritto nel 1993, si era fermato per le condizioni pessime della neve (io avrei rimediato solo nel 2001, traversando la cresta finale). In *Above the Clouds* ammette apertamente di non aver raggiunto la vera cima. Non tentò mai di nascondere la verità, a differenza di tanti altri suoi colleghi.

Nella primavera del 1997, io e Veikka Gustafsson incontrammo Anatolij sul Broad Peak. Durante l'ascensione eravamo un giorno indietro rispetto a lui, che arrampicava in solitaria. La mattina della salita al nostro campo elevato passammo accanto alla sua tenda. Ci salutò cordialmente, e ci invitò a fermarci; ci preparò tè e caffè. Immaginammo che stesse tornando giù, dopo aver conquistato la vetta. L'indomani seguimmo le tracce che aveva lasciato, spazzate dal vento. Poi, esattamente come sullo Shishapangma, restammo bloccati a un centinaio di metri dalla cima da una brutta cresta, orlata di cornici da un lato, soggetta a valanghe dall'altro.

Le impronte di Anatolij si fermavano esattamente lì, così pensammo: «Se anche lui ha fatto dietrofront qui, stiamo prendendo la decisione giusta». Trovandoci così vicini alla cima, avremmo potuto dire di averla raggiunta: non avevamo testimoni. Ma a Kathmandu ammisi pubblicamente che c'eravamo arrestati poco più sotto. Sapevo che, prima o poi, sarei dovuto tornare lassù per portare a termine ciò che avevo lasciato a metà.

Nel suo diario, Anatolij affronta tale discrepanza in modo piuttosto evasivo:

> Ero vicino alla cima, quando una cornice franò sotto i miei piedi. Spiccai un salto da quell'isola che precipitava nel vuoto, e atterrai miracolosamente sulla roccia solida. Alle sedici e trenta, dal picco osservai il rilievo intorno a me. L'estremità opposta della cornice pericolosamente innevata sembrava avere la stessa altezza del punto in cui mi trovavo, metro più, metro meno. Per quanto mi riguardava, ero giunto in vetta.

Certo, era una scrittura privata, non destinata alla pubblicazione. E Anatolij non ebbe mai la possibilità di chiarire quella bizzarra dichiarazione. Linda Wylie, curando i suoi diari, gli dà piena fiducia riguardo alla conquista del Broad Peak, e rende onore alla sua impresa: «Era salito in vetta a quattro ottomila in ottanta giorni... mai nessuno aveva ottenuto un simile risultato in così breve tempo». Ma il fatto che sia la Wylie a fare tale dichiarazione cambia le cose. Mi piace pensare che Anatolij abbia registrato per i posteri la pura verità. In tal caso, alla fine del 1997 gli sarebbero mancati cinque ottomila, e non tre.

Quasi anticipasse le critiche future, o fosse ancora turbato per la controversia dell'Everest, lo scalatore concludeva il diario della salita al Broad Peak con un manifesto ardito e insolente:

> Nessuno è al corrente di tutti i record realizzati su quelle montagne. Ogni scalata è diversa perché le condizioni sono diverse. Si potrebbe dire che si è sempre in competizione, e che ciascuno di noi raggiunge un risultato personale. L'alpinismo è una lotta con se stessi, che consiste nell'affrontare una situazione naturale e nell'accettare quello che viene.

Come se quell'anno e mezzo sulle montagne, tra la primavera del 1996 e l'autunno del 1997, non fosse stato abbastanza febbrile, Anatolij accettò l'incarico di capo delle guide che avrebbero accompagnato sull'Everest un gruppo di soldati dell'esercito indonesiano. Erano tutti uomini in perfetta forma fisica, ma totalmente inesperti in montagna. Anatolij ammette di aver accettato per denaro, ma anche per la promessa da parte del capo dei militari: in qualunque momento avrebbe potuto tentare l'assalto alla vetta, se avesse giudicato i rischi accettabili. Inoltre, persuase gli indonesiani ad assumere due dei suoi compagni russi come assistenti guide.

La spedizione raggiunse l'apice alla fine di aprile. Curiosamente, Anatolij svolse il suo compito in modo completamente diverso rispetto a quanto aveva fatto nel 1996. Questa volta usò l'ossigeno sopra il Colle Sud. Piazzò un campo intorno agli 8400 metri, a metà tra il normale campo IV e la vetta, riprendendo la tradizione dei primi tentativi lanciati sull'Everest negli anni Cinquanta. Una mossa azzeccata, a mio parere: Anatolij sapeva che gli indonesiani potevano non essere abbastanza forti da superare gli oltre quattrocento metri dal Colle Sud alla cima, per poi ridiscendere al campo in un solo giorno.

Alla fine, il più determinato dei soldati riuscì a malapena a giungere in vetta: «Avanzò ostinatamente al rallentatore» scrive Anatolij, «e si lasciò cadere per abbracciare il treppiede che segna ufficialmente il tetto del mondo». Ma la guida fece tornare indietro altri due indonesiani giunti in vista del traguardo, il primo a meno di cento metri, il secondo ad appena una ventina!

Personalmente approvo questo stile, che preferisco all'abitudine di portare il maggior numero possibile di clienti in vetta, così da registrare una percentuale di successo più alta. Anatolij si rese conto che arrivare in cima allo stremo delle forze è un grave errore. Nessuno scalatore in queste condizioni avrebbe l'energia necessaria per tornare giù sano e salvo, se non con l'aiuto delle guide.

Il campo intermedio servì al suo scopo, e salvò la vita ai tre alpinisti. Non ci furono vittime in quella spedizione. Ma, con un atteggiamento quanto mai perverso, i critici approfittarono del successo per screditare ulteriormente il comportamento dell'anno precedente. Questa volta Anatolij aveva agito correttamente. Se avesse fatto lo stesso durante la spedizione di Scott Fischer, insinuarono, ci sarebbero state meno vittime. Ma gli autori di questi commenti sembravano trascurare il fatto che nel 1996 nessun cliente aveva perso la vita. L'unico a non fare ritorno dalla montagna era stato Scott.

Nel 1997 Anatolij insistette per farsi chiamare «consulente», anziché guida. «Posso essere un allenatore e un consigliere» spiegò in *Above the Clouds*. «Posso spendere tutte le mie energie per tentare di salvare una persona. Ma non garantisco successo e assenza di rischi.»

Con un tono quasi mesto, conclude il racconto dell'avventura con i militari indonesiani: «La nostra squadra scese verso il dolce abbraccio della vittoria... Ma soprattutto fummo fortunati nella nostra roulette russa. Quella spedizione ebbe una conclusione che non mi provoca una fitta bruciante al cuore».

Nell'autunno del 1997 Anatolij aveva trentanove anni. Verrebbe la tentazione di attribuire la grinta frenetica delle scalate di quel biennio alla volontà di mettere a tacere i suoi detrattori, con performance impeccabili sulle montagne più alte del mondo. Ma credo che il punto sia un altro. Sono convinto che Anatolij avrebbe arrampicato con la stessa determinazione anche se la tragedia del 1996 non fosse mai accaduta.

Nell'epilogo alle edizioni successive di *Aria sottile*, Jon Krakauer racconta dell'incontro tra due grandi alpinisti alla fine dell'estate del 1997; un incontro – stando all'autore – legato alle ambizioni di Anatolij nei confronti dell'Annapurna. Anatolij invitò Reinhold Messner a unirsi a lui sui monti Tien Shan, al confine tra Cina e Kazakistan, per un'arrampicata relativamente tranquilla. Messner accettò:

> Durante la visita di Messner, Bukreev chiese al leggendario alpinista italiano alcuni consigli per la propria carriera di scalatore. Dalla sua prima volta sull'Himalaya, nel 1989, Bukreev aveva accumulato una straordinaria serie di ascensioni ad alta quota. Tranne in due casi, tutte le imprese si erano svolte su tracciati tradi-

zionali, battuti relativamente spesso, senza troppe difficoltà tecniche. Messner gli suggerì che se voleva essere annoverato tra i più grandi scalatori del mondo avrebbe dovuto spostare i suoi sforzi verso vie più impegnative, difficili e mai scalate.

Bukreev prese a cuore quel consiglio.*

Jon lo aveva saputo direttamente da Messner, e anche a me era stata riferita una versione del tutto simile. D'altronde mi domando se Anatolij abbia messo in atto il suo piano audace proprio in seguito alla severa osservazione di Reinhold. Forse lo fece semplicemente perché gli capitò di trovarsi in compagnia di uno scalatore altrettanto ambizioso, con un sogno molto simile: il trentenne italiano Simone Moro.

Con Simone scalai il Nanga Parbat nel 2003, quando J.-C. Lafaille e io ci unimmo al piccolo gruppo italiano di cui era alla guida. All'epoca era una leggenda dell'alpinismo, e per me fu un onore condividere un ottomila con lui. Lo trovai cordiale e amichevole. Sapeva raccontare benissimo le barzellette, e al campo base faceva ridere a crepapelle i suoi compagni. Poi era così gentile da tradurre le battute in inglese, coinvolgendo anche noi «stranieri».

Sfortunatamente, durante quella spedizione contrasse un edema polmonare durante la salita finale al campo elevato; saggiamente, decise di scendere. Il giorno dopo J.-C. e io raggiungemmo la vetta. Era il mio dodicesimo ottomila; mancavano all'appello soltanto il Broad Peak (che avrei scalato con Lafaille dieci giorni dopo) e l'Annapurna. Nonostante si fosse in parte ripreso, Simone non riuscì ad andare oltre il cam-

* Jon Krakauer, *Aria sottile*, traduzione di Lidia Perria, Corbaccio, Milano 1998, p. 343.

po III. Al su insuccesso contribuirono anche le pessime condizioni meteorologiche.

Per qualche ragione, sul Nanga Parbat non chiesi mai a Simone di raccontarmi nei particolari la sua spedizione sull'Annapurna con Anatolij Bukreev, anche se scambiammo qualche parola al riguardo. Avevo solo un'idea approssimativa di ciò che accadde durante la memorabile avventura dell'inverno 1997-98. L'«American Alpine Journal» aveva pubblicato un breve commento di Simone, che tuttavia era passato inosservato nell'ambiente alpinistico anglofono.

Nel 2003, però, Moro aveva pubblicato *Cometa sull'Annapurna*. Poco tempo fa, durante uno scambio di e-mail, ho saputo da Simone che aveva commissionato la traduzione inglese, che mi ha gentilmente spedito. Così finalmente ho potuto leggere la cronaca di quello sfortunato tentativo sull'Annapurna, raccontato nei dettagli dal leader della spedizione.

Simone conobbe Anatolij sullo Shishapangma nell'autunno del 1996. Alla guida di una squadra italiana composta da nove membri, si mise alla testa del gruppo per lanciare in extremis un assalto alla vetta, dopo che settimane di bufere e venti impetuosi avevano vanificato ogni sforzo. E notò con sorpresa uno scalatore solitario che avanzava faticosamente davanti a lui: «La cosa che colpiva di più era l'enorme zaino che portava in spalla».* Poco dopo lo raggiunse:

> Si girò verso di me e mi sorrise.
> «Hello» mi disse annuendo.
> «Ciao» gli risposi.
> In inglese gli feci capire che intendevo procedere io nel duro lavoro di creare la traccia nella neve fonda e lui acconsentì.

* Tutte le citazioni sono tratte da Simone Moro, *Cometa sull'Annapurna*, Corbaccio, Milano 2003.

Al campo successivo, «l'uomo alto quasi due metri» aprì la tenda di Simone, mise dentro la testa e disse: «Grazie per il lavoro di oggi. Scusa ma avevo uno zaino pesantissimo e non sono più riuscito a darti il cambio». Simone gli rispose che non c'era alcun problema. Aveva già lavorato abbastanza prima del suo arrivo.

«Comunque grazie. Il mio nome è Anatolij Bukreev.»

«Uno dei più grandi alpinisti himalayani della storia si era presentato così. Dicendo grazie.»

Nei giorni seguenti, arrampicando in solitaria, Anatolij precedette gli italiani battendo traccia fino alla cima nord. Simone era in soggezione: «Io personalmente mi sentii un moscerino di fronte alla forza e alla incredibile determinazione che dimostrava quell'uomo lassù».

L'indomani, condusse cinque compagni alla cima nord. E, come Anatolij, esitarono davanti alla cresta affilatissima che avrebbero dovuto traversare per giungere alla cima vera.

Al ritorno, Simone e Bukreev percorsero insieme i trentadue chilometri che separavano il campo base dal punto in cui furono recuperati dai mezzi di trasporto. «Camminai in compagnia di Anatolij e la nostra vera amicizia nacque proprio lì [...] Parlammo di tutto, non solo di montagna. Ci facemmo anche molte domande e dopo alcune ore decidemmo di provare a fare coppia nelle nostre future spedizioni.»

La conversazione avvenne evidentemente in inglese, che non era la lingua madre né di Anatolij né di Simone. Possiamo solo immaginare le pause, le interruzioni e le incomprensioni tra l'italiano e il kazako. Ma in montagna nascono grandi amicizie che superano qualunque barriera linguistica. Anatolij e Simone mi ricordano me e J.-C., che ancora oggi considero uno dei migliori partner che abbia mai avuto.

«Il gigante del Kazakistan»: così si intitola il capitolo dedicato alla salita allo Shishapangma. Un omaggio non solo alla statura fisica di Anatolij, ma anche alla sua forza e resistenza.

Qualche mese dopo, Simone si trovava ad Aspen, in Colorado, «per un periodo di allenamento e divertimento tra salite di cascate di ghiaccio e fantastiche discese con gli sci da alpinismo». Un giorno, decise di noleggiare un'auto e di guidare fino a Santa Fe, nel New Mexico, per trascorrere un po' di tempo con Anatolij e con la fidanzata di quest'ultimo, Linda Wylie. Poco dopo il suo arrivo, Anatolij gli propose di andare a correre con lui, sui rilievi intorno alla città. Nonostante non fosse nelle condizioni migliori, Simone accettò; corsero tre ore (l'amico gli confidò di essersi perso), senza mai rallentare l'andatura né mostrare segni di cedimento.

Simone si trattenne da lui per qualche giorno. Poi, il mattino della partenza, fu svegliato molto presto da alcuni colpi pesanti e regolari che provenivano dall'esterno. Incuriosito, guardò fuori dalla finestra e assistette a una scena insolita:

> Con mio stupore vidi Anatolij completamente nudo e a piedi scalzi nella neve che, con un'ascia in mano, stava spaccando la legna. Mi strofinai gli occhi proprio come un bimbo assonnato e vidi che aveva posato l'ascia. Fece due passi e infilò la mano in una pentola piena d'acqua che si trovava dalla sera prima fuori casa. Con la mano sollevò i tre centimetri di superficie ghiacciata che si era formata a causa del freddo e la gettò nella neve. Prese poi la pentola e se la rovesciò addosso. Iniziò a strofinarsi con la neve tutto il corpo, e infine entrò in casa ad asciugarsi e vestirsi.

A Santa Fe, i due concepirono un progetto alquanto ambizioso. Concluso l'incarico con i militari indonesiani, Anatolij avrebbe accompagnato Simone in un'impresa senza precedenti: una traversata di Lhotse ed Everest, dal campo base sotto la seraccata del Khumbu fino alla parete nord dell'Everest, nel Tibet cinese.

Alla fine di aprile Anatolij era libero. Un tempismo perfetto: lui e Simone, infatti, avrebbero avuto a disposizione tutto il mese di maggio. Purtroppo il kazako e due colleghi dovettero tornare a Kathmandu, dove attesero venti giorni per essere pagati dagli alti ufficiali dell'esercito indonesiano. Un contrattempo scoraggiante, per Anatolij, che sprofondò «nella letargia tipica della mia ripresa fisica dopo una dura scalata». Ma «la capitale, con la sua aria inquinata, non è la meta migliore per riposare». Nel frattempo, Simone arrivò al campo base sotto la seraccata, e cercò di acclimatarsi in vista della traversata.

Durante la discesa con la squadra indonesiana, in aprile, Anatolij aveva lasciato una tenda sul Colle Sud, quale supporto alla spedizione successiva. Il kazako era «più forte ed esperto» dice Simone, che si considerava «più preparato di lui tecnicamente». Così, in base alle caratteristiche di entrambi, era stato deciso che a Moro sarebbe toccata la difficoltosa discesa dalla cresta nord dal Lhotse al Colle Sud, un tratto che – nonostante il traffico intenso che negli anni aveva interessato i due picchi – non era mai stato percorso. (La via normale, sul Lhotse, segue la normale dell'Everest fino a un punto posto sopra il Western Cwm, prima di allontanarsi e salire verso la cima attraverso gole e cenge lungo la parete nord-ovest. La cresta nord è tecnicamente molto più ardua.) Anatolij avrebbe guidato la cordata durante la discesa dalla cresta nord-est, avendo scalato la montagna dal versante tibetano nel 1995.

In realtà l'autorizzazione per il Lhotse era a nome di Vladimir Bashkirov, una delle due guide che avevano aiutato Anatolij con gli indonesiani sull'Everest. Alla testa di una squadra russa, Bashkirov avrebbe scalato il Lhotse in modo convenzionale, e avrebbe offerto un supporto logistico al duo impegnato nell'audace traversata. Ma lui e Anatolij dovettero attendere il 15 maggio per salire su un aereo per Lukla, e iniziare la marcia verso il campo base.

Apparentemente, il soggiorno a Kathmandu non aveva giovato ai due alpinisti. Di ritorno sulla montagna, Anatolij disse di sentirsi stanco, addirittura malato. Il piano prevedeva che Bashkirov e compagni piazzassero tre campi sul Lhotse. Anatolij e Simone sarebbero partiti un giorno dopo e sarebbero saliti, arrivando in vetta prima dei russi.

Ma Anatolij registra uno scambio tra lui e Bashkirov, avvenuto il secondo giorno, che non fa presagire nulla di buono:

> «Come ti senti, Volodia?» gli chiesi.
> «Non ho dormito bene. Ho avuto qualche linea di febbre, stanotte, e adesso sono un po' stanco» mi rispose. Niente, nel suo comportamento, mi fece preoccupare.
> Parlava normalmente. Gli confidai che anch'io non ero nella condizione migliore.

Oltre alla stanchezza, Anatolij era perseguitato da una tosse secca e persistente.

Il giorno dell'assalto alla vetta del Lhotse, lui e Simone lasciarono il campo III nel cuore della notte. Inizialmente, il kazako prese il comando ricalcando le orme dei russi, seguito a breve distanza da Moro. Poi, all'improvviso, fece una proposta che lasciò l'italiano alquanto perplesso:

> In quel punto, Anatolij si girò verso di me.
> «Simone, sono stanco. Che ne dici se traversiamo verso sinistra e lasciamo il mio zaino lungo la cresta? Tanto dobbiamo passare di lì per scendere verso il Colle Sud.» Fui molto sorpreso da questa sua dichiarazione. Se da un lato poteva essere una buona

idea, dall'altro era davvero inaspettato che Anatolij potesse essere stanco.

«Okay, Anatolij. *No problem.*»

Dopo aver traversato a sinistra e depositato lo zaino di Anatolij (che conteneva cibo, pentole e fornelletti) sulla cresta nord, i due procedettero verso la cima. Entrambi si fecero ansiosi, vedendo che il cielo si era coperto e che «il vicino Everest risultava completamente avvolto da un minaccioso mantello grigio». A quel punto Anatolij supplicò il compagno: «Vai, Simone. Vai, pure su più veloce che puoi. Tra un po' qui si scatena l'inferno. Anche l'anno scorso la tormenta è cominciata così. Io vengo al mio passo. Non so come mai, ma non riesco a essere più veloce».

È evidente che Simone ricostruisce i dialoghi a memoria. L'inglese rudimentale di entrambi non consentiva certo una conversazione così fluente. In ogni caso, quello che accadde quel giorno è piuttosto chiaro.

Nonostante il tempo minaccioso, Simone avanzò e, a mezzogiorno e mezzo, si sedette sulla quarta vetta più alta del mondo. Anatolij lo raggiunse dopo una trentina di minuti. «Era visibilmente stanco e fece molte pause per compiere l'ultimo tratto di scalata.» Gli mise una mano sulla spalla, prima di lasciarsi cadere. Quello che disse dopo allarmò il suo compagno:

> «Dove siamo? Non sto bene, io comincio a scendere. Ah, scusa, cosa vuoi fare tu?» Queste tre frasi in successione sintetizzavano un discorso molto più lungo, ma erano state chiarissime.
>
> «Anatolij, dobbiamo pensare alla nostra pelle e sono d'accordo con te. Dobbiamo scendere. La traversata è impossibile con questo tempo.»

La versione di Anatolij a proposito di questa decisione è più concisa e incisiva. Diversamente da Simone, inoltre, il kazako non parla delle condizioni meteorologiche. «Simone arrivò in cima per primo, poi arrivai io. Stavo sempre peggio. Lo avvisai che non sarei stato in grado di tentare la traversata. Cominciammo a scendere.»

I due incontrarono Bashkirov solo trenta metri più sotto. Ancora una volta, Anatolij gli domandò come si sentisse: «Non troppo bene, ma come capospedizione devo aspettare i più lenti».

Bashkirov non fece più ritorno dal Lhotse. «Morì di sfinimento a circa 8100 metri» scrive Simone, «dopo che per tutta la notte aveva lottato per la vita, assistito dai suoi compagni.» Durante le settimane successive, «Anatolij divenne sempre più convinto che lui e Bashkirov avessero contratto un'infezione, magari di origine alimentare, che li aveva debilitati lentamente e che aveva lasciato Vladimir senza la sua proverbiale capacità di sopravvivenza».

Il verdetto del kazako è ancora una volta più spietato:

> Quando rimaniamo troppo tempo ad alta quota, le nostre difese si indeboliscono e diventiamo più soggetti a malattie, che il corpo non ha la forza di combattere. Quel giorno avevo soltanto la gola arrossata e la tosse, ma sapevo di non poter affrontare la traversata. Non mi sentivo proprio male; semplicemente, avevo la sensazione che, se mi fossi addormentato, non mi sarei svegliato mai più.

La mia esperienza personale sull'Himalaya avvalora l'osservazione di Anatolij. Nel 2003, dopo aver scalato insieme il Nanga Parbat, io e Lafaille ci lanciammo sul Broad Peak. Prima del Nanga Parbat, J.-C. era giunto in vetta al Dhaulagiri, quindi stava tentando di conquistare «tre montagne al prezzo di una». Ma tutto quello sforzo fisico ad alta quota doveva aver minato il suo fisico. Sulla cresta finale del Broad Peak continuava a rallentare, e a un certo punto mi confessò di non essere sicuro che fosse il caso di proseguire. Alla fine arrivò in cima, ma durante la discesa dovette farsi aiutare da me e dall'alpinista kazako Denis Urubko per tornare al campo. In seguito scoprimmo che il suo malessere era lo stadio preliminare di un edema polmonare, sebbene non avesse mai sofferto di disturbi simili. Quanto ad Anatolij, la perdita di Bashkirov fu l'ennesima dimostrazione di quanto potesse essere rischiosa la montagna:

> L'alpinismo d'alta quota è lo sport più pericoloso, con il più elevato tasso di conseguenze fatali. Per la maggior parte, le tragedie accadono perché a una certa altitudine le reazioni umane sono imprevedibili. Nonostante il mio enorme potenziale, non posso considerarmi protetto. So che, se dovessi sentirmi male, potrei morire anch'io. Non puoi calcolare tutte le probabilità; un giorno Dio potrebbe prendersela con te.

Questa battuta d'arresto riuscì solo a stuzzicare l'appetito di Anatolij e Simone nei confronti dell'Annapurna. Sei mesi dopo la ritirata, i due erano a Pokhara, la città collinare all'estremità della strada a sud del Lhotse.

Il progetto era quello di compiere la terza ascensione invernale all'Annapurna, e la prima lungo una nuova via. (Come ho raccontato nel capitolo 6, la prima ascensione invernale, lungo la via francese, fu realizzata da Jerzy Kukuczka e Artur Hajzer nel febbraio del 1987; dieci mesi dopo, quattro giapponesi ripercorsero la via di Bonington, ma durante la discesa due di loro caddero, esausti, e morirono in due incidenti diversi.)

La via su cui Anatolij e Simone avevano messo gli occhi attaccava il fianco sud-ovest della montagna, coperto da un tenace strato di ghiaccio, e si trovava molto più a sinistra rispetto ai percorsi lungo la parete sud. Ammesso che fossero riusciti a raggiungere la cresta, a 6309 metri, avrebbero dovuto salire oltre 1800 metri verticali lungo quella cresta lunga e inesplorata, ed eseguire una traversata al di sotto o al di sopra di uno scoraggiante torrione di roccia chiamato Fang (la Zanna), prima di raggiungere la vera cima.

Inoltre si sarebbero attenuti a uno stile il più possibile puro, e avrebbero avuto solo due compagni, entrambi kazaki: Dimitri Sobolev, che voleva filmare l'ascensione, e Andrey Starkov, artista e fotografo, che puntava solo a raggiungere le pendici della montagna. Malgrado intendessero servirsi di un elicottero per raggiungere il campo base, avrebbero avuto al seguito un solo sherpa, un cuoco di nome Phurba, e neppure un portatore. Anatolij aveva deciso di dare ascolto alle parole di Messner, e l'avrebbe fatto fino in fondo.

Nel dicembre del 1997 Anatolij era piuttosto famoso, anche se soprattutto per il duro dibattito suscitato dalla tragedia del 1996. (Simone, invece, godeva di grande considerazione nella comunità alpinistica europea, mentre negli Stati Uniti era praticamente sconosciuto.) Sfortunatamente, prevalse la caricatura di Anatolij come guida forte e spietata.

Nel frattempo, tuttavia, il kazako stava rielaborando non solo i diari delle sue spedizioni, ma anche alcuni brevi testi in cui esponeva la propria filosofia. Purtroppo non furono completati prima della sua morte. Se fossero stati tradotti dal russo, forse da quelle pagine sarebbe emerso un altro Anatolij.

In una meditazione sull'Everest, scriveva:

Sembra che il valore incommensurabile dell'esperienza alpinistica coesista con il pericolo. Perché? Per me è sempre stata una domanda semplice e diretta, anche se per vent'anni ho scalato montagne trasformandole in oggetti del desiderio. Che cosa spinge una persona a sfidare una montagna? Naturalmente, in ognuno di noi vive l'ambizione di raggiungere la vetta, di capire che siamo superiori agli ostacoli e capaci di fare qualcosa che per la maggior parte della gente è fuori dal comune, o addirittura impossibile. Ma a quegli ostacoli bisogna essere preparati.

Parlando con un giornalista kazako prima di partire alla volta dell'Annapurna, rifletteva:

> In tutta onestà, non ho paura quando scalo a quelle altitudini; anzi, sento le spalle che si allargano e si raddrizzano, quasi fossi un uccello che spiega le ali. Mi piace la libertà, mi piace trovarmi così in alto. Invece quaggiù, quando mi ritrovo immerso nei problemi della vita quotidiana, ogni tanto provo timore, o mi sento schiacciato dalla piccolezza del comportamento umano.

Anatolij scriveva anche poesie. Prima di partire per l'Annapurna, consegnò a Linda Wylie un componimento dal titolo *In vetta*. Ecco qualche verso:

Accanto me arrampicava un gruppo di uomini,
erano le loro vite passate a marciare.
Vite interrotte da un amore vero.
Canzoni lasciate incompiute
non potevano dire perché l'amore
per le montagne blu arrivò a sacrificare la vita.
Scesi per vedere te
con il pensiero e il sogno
di vivere le loro melodie mai finite
così che le udissi e le comprendessi.

Non ho mai tentato di conquistare un ottomila d'inverno, ma ho patito a sufficienza il freddo – soprattutto sull'Annapurna – nella stagione «normale», e posso immaginare quanto debba essere difficile sfidare un gigante himalayano in dicembre, gennaio o febbraio. E la cosa bizzarra è che lo choc è ancora più duro quando si raggiunge il campo base in elicottero. Senza un avvicinamento graduale, all'improvviso ci si ritrova immersi nell'inverno d'alta quota.

Il 2 dicembre, a bordo di un grosso elicottero russo, la squadra arrivò nel bacino appena sotto la parete sud. Il pilota tentò di atterrare su una piattaforma a circa 4000 metri, ma il velivolo sprofondò nella neve polverosa e soffice fino agli sportelli. Il primo a saltare giù fu Anatolij, seguito da Phurba, che con il suo metro e sessanta si ritrovò immerso quasi fino al collo. Poi scesero gli altri. In uno stato di panico controllato, pilota e ingegnere di volo si affrettarono a buttare fuori il carico, mentre i cinque scalatori tentavano di afferrare i pacchi di cibo e attrezzatura senza perdere l'equilibrio. Poi il pesante mezzo riprese quota e percorse veloce la valle.

In seguito, Simone avrebbe descritto così la scena che si presentò ai loro occhi: «Sembravamo atterrati su un altro pianeta, in un mondo surreale privo di colori, odori, rumori. Non c'era alcun segno di vita e forte era il senso di desolazione che il luogo suscitava». Invece, solo pochi minuti dopo apparvero alcuni nepalesi che erano rimasti bloccati nei lodge in cui lavoravano durante la stagione turistica, e che attendevano il momento giusto per raggiungere le abitazioni invernali duemila metri più giù. «Ci guardarono stupiti, cercando di capire il motivo della nostra visita. Probabilmente scartavano l'idea che fossimo alpinisti, dato che in quella zona non li avevano mai visti durante il periodo invernale.»

I primi giorni cercarono con non poche difficoltà di piazzare il campo base, lottando con il freddo e con la neve. «Ero in compagnia di tre russi» scrive Simone, «avvezzi alle difficoltà e alle intemperie e ogni volta che c'era qualcosa che non funzionava ripetevano: "In Siberia sarebbe anche peggio" e si mettevano a ridere.»

La vicinanza dell'unico lodge ancora aperto (forse nella speranza di servire qualche cliente fuori stagione) si rivelò un'inaspettata benedizione. Uno dei gestori, «un vecchio di nome Dibi Gurung dall'età indefinita ma dall'aspetto di un settantenne», aveva preso in simpatia Moro:

> Appena mi vedeva mi chiedeva: «Pizza?» e io ogni volta gli rispondevo: «*Yes, thank you!*».
> E così anche per quella giornata lui si guadagnava 200 o 300 rupie che lo facevano sentire realizzato anche come «imprenditore».

Dal momento che la costruzione sorgeva ad appena cinque minuti dal loro squallido campo di tende e tela cerata, era difficile resistere alla tentazione di un tetto di lamiera e di un pasto caldo. Soprattutto perché, sin dai primi giorni, Phurba si rivelò un cuoco disastroso. Anatolij era sempre più esasperato dalla sua inettitudine ai fornelli, e se la prese con Simone per aver deciso di portarlo con loro. «La prossima volta allora lo troverai tu il cuoco e penserò io invece a giudicare il suo operato!» gli rispose Moro. L'italiano, tuttavia, riconosce che Anatolij non aveva tutti i torti, ripensando a una «pessima colazione servita in scodelle che non ricordavano più la data del loro ultimo lavaggio».

Quella stessa mattina, Dibi Gurung annunciò la sua intenzione di lasciare il lodge l'indomani per tornare in valle. Simone gli domandò se fosse disposto ad affittargli due stanze, e quanto volesse. «Con mio stupore Dibi accettò subito la mia richiesta e mi chiese solo 1000 rupie (30.000 delle vecchie lire) raccomandandomi di spalare la neve dal tetto della sua locanda in caso di nuove nevicate.» Il trasferimento del campo base fu uno sforzo fuori programma, ma anche «il più produttivo». Migliorò pure la situazione culinaria, dal momento che Phurba «cominciò a cucinare veramente come aveva detto di saper fare».

Ecco cosa dice Simone della nuova sistemazione: «Sembrava un albergo a cinque stelle. Quattro letti, candele, cucina ordinata e un tetto in lamiera sopra la testa ci avevano cambiato la vita e risollevato il morale. Anche Anatolij cominciò a sorridere più frequentemente».

Ma i progressi sulla montagna erano irrilevanti. Durante le prime due settimane nevicò ogni giorno. Anatolij, Simone e Dimitri Sobolev si ritrovavano immersi nella neve fino alla vita, battendo la traccia lungo la parete sud-ovest. Le racchette da neve sarebbero state utili, ma nessuno le aveva mai usate su un ottomila.

Le bandierine di segnalazione che posizionavano a intervalli regolari per segnare il percorso rischiavano di essere sommerse completamente dalla neve (in alcuni punti, i cumuli di polvere raggiungevano l'incredibile profondità di quattro metri).

Una breve finestra di tempo più clemente lasciò presto il posto al solito copione. Dopo aver impiegato settimane solo per arrivare all'imbocco della via, lo sconforto si impadronì della squadra:

> Da quel giorno imparammo a convivere con le nuove abitudini climatiche: sereno alla mattina, nuvole al pomeriggio, neve la notte, e ci abituammo anche a non confidare nell'utilità del lavoro di battitura svolto durante la giornata. Passammo infatti molti giorni a fare e rifare lo stesso lavoro ed era frustrante vedere che non si poteva procedere nelle vere fasi alpinistiche. Come rimbecilliti continuavamo a fare avanti e indietro il solito tragitto: l'u-

nico vantaggio era che ormai ci eravamo perfettamente acclimatati e riuscivamo a lavorare con maggiore rapidità e resistenza.

Nonostante il maltempo, Andrey Starkov diede sfogo alle sue esigenze artistiche dipingendo una serie di quadri di quel paesaggio cupo e straordinario. Il 18 dicembre lasciò la spedizione e intraprese il lungo tragitto di ritorno attraverso i villaggi locali. Aveva con sé una lettera di Anatolij e una di Simone, che una volta a Kathmandu avrebbe dovuto inviare via fax alle loro compagne.

Quella di Anatolij recitava:

> Domani torniamo su. Mi aspetto di concludere la spedizione entro il 16 gennaio, di essere ad Almaty (Kazakistan) il 20, e di rientrare negli Stati Uniti nel giro di un mese.
> Prima, devo sopravvivere a tutto questo. Se possibile lanceremo l'assalto alla vetta, ma ritengo più importante tornare giù con i bastoncini. Questa spedizione è costata un sacco di soldi, quindi combatterò fino a quando mi sarà rimasto un briciolo di energia.

I «bastoncini» erano le racchette da sci. Era una metafora spiritosa per dire che voleva tornare vivo. Furono le ultime parole che Linda Wylie avrebbe ricevuto da Anatolij prima della sua morte.

Alla fine, i tre scalatori crearono un campo deposito a circa 4300 metri, sul ghiacciaio sotto la parete sud-ovest. Quindi si spinsero fino al Korean Base Camp (così chiamato in onore della prima spedizione che aveva tentato l'assalto al Fang), a 5000 metri, raggiungendo finalmente i pendii inferiori della parete vera e propria. Scavando nella neve per ricavare una piazzola, dissotterrarono un muretto in pietra costruito dai coreani, che riparava l'ingresso dell'unica tenda, intorno alla quale conficcarono una serie di bandierine nel caso in cui il campo fosse stato coperto da un'altra nevicata.

Gli scalatori rientrarono al campo base e, dopo quella che fu la nevicata peggiore di tutta la spedizione, risalirono al Korean Base Camp, dove non trovarono più nulla. Le loro paure peggiori si erano avverate: non c'era traccia del muretto a secco né della tenda, solo un'enorme quantità di neve fresca.

«Anatolij! Deve essere per forza qua!» gridò Simone.

«Lo credo anch'io, ma non possiamo spalare tutto il pianoro!»

Per mezz'ora pungolarono la neve con le racchette da sci, sperando di sentire la tenda morbida e cedevole. Finalmente, le punte dei ramponi di Simone colpirono una pietra: aveva trovato il muretto a secco. Infilò ancora la racchetta, che affondò fino all'impugnatura, e finalmente toccò il tetto della tenda. Questa era alta 175 centimetri, e le racchette erano regolate a 130: erano caduti tre metri di neve!

Capitò anche a me sul K2, con Neil Beidleman. Era il 1992. Avevamo montato due tende al campo III, a 7315 metri, ma risalendo dopo una bufera trovammo solo un liscio pendio innevato. Avevo persino ancorato l'estremità superiore dell'ultima corda fissa a un martello da ghiaccio che avevo seppellito accanto alla tenda, ma lo strato di neve fresca era così profondo e pesante che fu impossibile liberare la corda mentre ci avvicinavamo al campo, che così rimase invisibile. Impiegammo parecchio tempo per ritrovare le tende, pungolando il manto bianco con piccozze e scavando con una pala, e per riportarle in superficie. Fortunatamente, i paletti si erano solo lievemente piegati sotto il peso della neve.

Simone e Anatolij sfruttarono le ultime ore di luce per far riemergere la tenda: all'interno c'era neve ovunque, persino nei sacchi piuma. Dovettero sgomberarla e ripulirla, e risistemare ogni cosa nella fossa claustrofobica a cui era ridotto il campo. Quando, esausti, si addormentarono dopo essersi rifocillati e reidratati, la montagna tese loro una «terribile "imboscata"»:

> Mentre dormivamo profondamente il cielo si era nuovamente coperto e dal buio cominciarono a cadere i primi fiocchi di neve. Il più terribile dei nemici sembrava avesse atteso la notte per colpirci e quella volta decise di farlo con inaudita violenza. Tre notti e tre giorni di neve flagellarono tutta la vallata e le montagne dell'Annapurna e noi, come un sommergibile in avaria, cercavamo disperatamente di riemergere dalla massa di neve.

A 5000 metri dovettero lottare per la sopravvivenza; e non avevano affrontato nemmeno il primo degli ostacoli tecnici che la via presentava. Le terribili condizioni della neve influirono negativamente sul morale dei due scalatori. In un momento di riflessione, Anatolij disse all'amico: «Penso comunque che sarà la più difficile delle mie spedizioni». E spiegò: «Non ho mai visto così tanta neve e noi siamo solo in due... Al Manaslu [che Anatolij aveva scalato nell'inverno del 1995], c'era solo il problema del freddo e del vento, ma la superficie su cui ci muovevamo era dura come cemento. Di solito l'inverno in Himalaya è così. È per questo che adesso deve cambiare, deve!». Dicendo «siamo solo in due» si riferiva al fatto che, a suo avviso, l'Annapurna sarebbe stato troppo arduo per Sobolev. Quando il tempo finalmente migliorò, i due compagni dovettero compiere uno sforzo immenso semplicemente per ridiscendere barcollando al campo base, scavando a turno una trincea nella neve caduta nei tre giorni precedenti.

Profondamente scoraggiati, e con la necessità di prendersi una pausa dopo quella prova durissima, la terza settimana di dicembre i tre scalatori e Phurba decisero «di lasciare il campo base e scendere nella valle per riposare, respirare aria ossigenata, vedere gente, colori, sentire i profumi della foresta. Insomma, per ritrovare i piaceri dell'esistenza». Anatolij ricordava una sorgente termale più in basso: «Sarebbe stata l'occasione per un bagno rigeneratore». Inoltre, nel vicino villaggio di Gandrung, dove viveva Dibi Gurung, c'era l'unico telefono della regione.

Quei giorni di riposo fecero meraviglie per il morale della truppa. In un lodge di Kyamrung mangiarono pizza e bevvero litri di Sprite e limonata calda. Si godettero le acque termali meravigliosamente calde, anche se Anatolij insistette per alternare quei bagni rilassanti con qualche tuffo nelle acque gelide del fiume. A Gandrung sperava di chiamare Linda, ma scoprì che l'unico apparecchio era guasto.

In occasione dell'ultimo pasto al lodge, trovarono anche «una bella ragazza che, seduta da sola a un tavolo, stava leggendo un libro». Si chiamava Cecilia ed era Argentina. Stava facendo il giro del mondo da quasi un anno, fino a poco tempo prima con il fidanzato. Quando lui era rientrato a casa, aveva coraggiosamente deciso di continuare a viaggiare sola. Era l'ultima turista stagionale all'Annapurna Sanctuary. Anatolij la invitò a visitare il campo base nei giorni successivi. Le disse che «sarebbe stata ospitata dalla spedizione e che se avesse voluto avrebbe anche potuto aiutarci come cuoca». Alla fine avrebbe svolto un ruolo vitale, come l'inizialmente sfortunato Phurba.

Il giorno più breve dell'anno arrivò e passò. Solo il 23 dicembre i tre scalatori riguadagnarono il Korean Base Camp, e di nuovo dovettero battere traccia nella neve profonda. A 5000 metri trovarono «la tenda bucata e piegata dalle settimane di tormenta durante le quali aveva dovuto resistere».

Trascorsa la notte, finalmente, ventidue giorni dopo essere stati scaricati dall'elicottero, «[iniziammo] a guadagnare quota e ad aprirci la pista lungo un itinerario che percorrevamo per la prima volta». Via via che salivano, piazzavano bobine di corde fisse che ancoravano nella neve, per facilitare il tragitto nelle settimane a venire. Anatolij e Simone erano convinti fosse fondamentale per attaccare la cresta ardua e lunghissima che conduceva in vetta, e che consideravano difficoltosa come la cresta est (di oltre sei chilometri) conquistata da Loretan e Joos nel 1984.

Legato ad Anatolij, Simone rimase quasi sempre in testa. Sobolev li seguiva a distanza, filmandone le acrobazie. Dopo aver attraversato un labirinto di seracchi e burroni, nel tardo pomeriggio piazzarono il campo I a circa 5500 metri, «su un pianoro largo 100 metri e profondo 50».

Anatolij e Simone decisero di superare la crepacciata terminale per attaccare la salita della parete che conduceva alla cresta a 6300 metri. «Volevamo guadagnare tempo e trasportare le quattro bobine di corda da 200 metri sotto una roccia a circa 5700 metri di quota.»

Al ritorno trovarono una minestra calda ad aspettarli. Nella tenda si respirava una bella atmosfera, e i tre parlarono tutta la sera, finché Dimitri non tirò fuori una bottiglietta di vodka, offrendone un sorso a Simone. «Quella cena durò tantissimo e come tre amici al bar facemmo tardi tra risate e *ciu ciut* [brindisi]».

I tre stabilirono la suddivisione dei compiti per il giorno dopo: suddivisione che si sarebbe rivelata fatale. Simone si offrì di procedere fino alla cresta, mentre gli altri si sarebbero occupati delle corde. «Voi due dovrete coprirvi e vestirvi bene e stare attenti che le bobine di corda si srotolino regolarmente. Starete fermi sotto il sasso dove abbiamo messo oggi le corde e aspetterete che io arrivi in cima e ancori le corde. Ricordatevi che ogni 200 metri dovrete annodare la fine e l'inizio delle bobine.»

Alla fine, Sobolev annunciò la sua decisione di tornare a valle: «"Ragazzi, per me [...] domani è l'ultimo giorno. Ho già fatto più di quello che avrei sognato di fare. Arriverò a 6300 metri, filmerò tutta la lunga cresta che percorrerete nei prossimi giorni, vi riprenderò scavare la truna e dopo vi lascio"».

Il piano prevedeva infatti che da lì in poi avrebbero proseguito in due, «senza tende e il più leggeri possibile».

Quella sera si addormentarono intorno alle ventidue, ma a mezzanotte Simone fu svegliato da una pedata di Anatolij:

> «*What's happening?*» cosa succede, gli chiesi.
> «*Merry Christmas*» mi rispose Anatolij accendendo una candela.
> Era la mezzanotte del più freddo Natale della mia vita. Anatolij era ortodosso e dunque abituato a festeggiare il 7 gennaio, ma si era ricordato di me e della mia fede.
> «*Thank you, Tolij. Thank you.*»
> Lasciò che la candela alimentasse la fiammella per pochi secondi e poi soffiando mi disse: «Allora buona notte e riposa bene che domani hai da fare...».

L'indomani mattina, Simone cominciò a scalare la ripida parete, una corda legata all'imbragatura, le orecchie tese per sentire gli «stop» di Anatolij ogni volta che terminava una bobina. Il tragitto si faceva sempre più difficoltoso: «Affondare nella neve su un terreno quasi verticale dava una sensazione di insicurezza ed elevava di molto le difficoltà tecniche». Ma i due compagni svolsero il proprio compito alla perfezione.

Dopo diverse ore e quasi ottocento metri di parete, Simone arrivò sotto una roccia, apparentemente l'ultimo ostacolo prima della cresta sommitale:

La aggirai e... un torrente di adrenalina mi lasciò senza fiato e mi invase con una velocità fulminea. Sopra di me, tremenda, una gigantesca cornice di neve e ghiaccio si estendeva come un'onda oceanica. A sbalzo sulle nostre teste c'era la morte, che per uno strano equilibrio di forze non ci era ancora piovuta addosso. Era impossibile vederla da sotto e fu per questo che mi sentii ancora più sbigottito e perso a un soffio da questa bomba a orologeria. Lì, proprio in quel punto, arrivò il segnale che la corda era finita e che dovevo creare l'ancoraggio dove fissare il lunghissimo cordone ombelicale che mi legava ai miei due amici. Ero a 6300 metri di quota. Individuavo un punto di passaggio strapiombante sulla destra della grande cornice, ma sarebbe stata necessaria una progressione in sicurezza effettuata dal compagno. In ogni caso, comunque, lì sotto dovevo aspettare...

Dopo essersi ricavato una piazzola, Simone fissò due viti da ghiaccio, slegò la corda dall'imbragatura e ne assicurò il capo all'ancoraggio appena realizzato. Si tolse anche lo zaino, che appese alle viti con un moschettone. Reso nervoso dalla «spaventosa mano di ghiaccio» che sembrava pronta ad afferrarlo «per sempre», chiamò Anatolij con un cenno. Temeva che il suono della sua voce avrebbe provocato il crollo di quella massa incombente.

Il compagno capì al volo, e fece scivolare rapidamente la jumar lungo le corde fisse. Quando fu a metà, anche Dimitri fissò le sue jumar alla lunga «catena» di ottocento metri, e cominciò a salire.

Il freddo era tremendo. Simone tentava di muoversi per scongiurare il rischio di ipotermia. Estrasse una videocamera per filmare gli amici durante l'ascensione. Si tolse i guantoni d'alta quota, che lo rendevano goffo, e li infilò nello zaino; dopo trenta secondi, però, aveva già le mani insensibili, e spense la videocamera. D'istinto sollevò gli occhi. In seguito scrisse:

Una frazione di secondo dopo un boato sancì definitivamente il momento in cui quella gigantesca cornice e con essa le nostre vite avevano finito la loro esistenza.
«Anatolijii...» Riuscii a emettere solo quell'urlo disperato prima che l'esplosione di ghiaccio e rocce cominciasse a precipitarmi addosso. Feci ancora in tempo a girarmi verso di lui e ancora oggi ricordo i suoi occhi. Non so come, ma nonostante le centinaia di metri che ci separavano ricordo il suo sguardo proprio come se l'avessi avuto di fronte.
È difficile esprimere ciò che quegli occhi azzurri mi dissero. Se dovessi interpretare quello sguardo, quell'ultimo sguardo di Tolij, penso abbia rappresentato un misto di paura e di ferma volontà di farcela.

Anatolij comprese all'istante. Senza alcuna esitazione, fece quello che fanno gli scalatori esperti quando si vedono piombare addosso una valanga o un seracco. Tentò una traversata laterale, per togliersi dalla traiettoria di quelle tonnellate di detriti.

Simone si aggrappò a mani nude alle corde fisse che aveva appena ancorato, e sperò «di essere scavalcato dalla morte»:

Resistetti un secondo, forse nemmeno, e poi mi sentii strappato dalla parete da una potenza e una forza indescrivibili. A velocità supersonica cominciai a precipitare con la corda che mi scorreva fra le mani. Dopo qualche secondo mi sembrò di sentire che la corda cadeva con me e che le mie mani stringessero «finalmente» qualcosa.
Da quel momento iniziò una interminabile fase di salti, scivolate, rotazioni velocissime e vorticose e di nuovo voli e violenti urti di tutte le parti del corpo sulle varie sporgenze della parete. Sbattevo la faccia, rimbalzavo nel vuoto e di nuovo sbattevo le gambe, la schiena e ricominciavo a scivolare.

Mentre cadeva, colpito da blocchi di roccia e ghiaccio, Simone ebbe la sensazione di trovarsi in un *whiteout*: non riusciva a vedere nulla, non distingueva l'alto dal basso. La caduta gli parve interminabile: «Ricordo tutto quel lungo volo e rammento ancora che alla fine di quel viaggio mi ritrovai seduto, e immerso in un silenzio tombale».

Subito si guardò le mani: «Erano aperte fino all'osso e la carne bruciata orlava i profondi solchi provocati dalla corda. Perdevo sangue e non riuscivo a mettere bene a fuoco quello che stavo vedendo. L'occhio sinistro infatti era contornato da un ematoma delle dimensioni di un'arancia».

Per caso vide l'orologio-altimetro: erano le dodici e trentasei del giorno di Natale, e si trovava a quota 5500 metri. Incredibilmente, nonostante gli urti e le lesioni, era sopravvissuto a un volo di circa ottocento metri.

Non è chiaro se l'ancoraggio si fosse staccato o se fosse rimasto al suo posto. Comunque siano andate le cose, se solo avesse indossato i guanti – se avesse evitato di sfilarseli per utilizzare la videocamera – avrebbe evitato le terribili ferite provocate dalla corda.

Lentamente si liberò dalla neve e dalla «piovra» – la corda – che gli aveva intrappolato la gamba destra. Subito, si rese conto con suo grande stupore di non aver riportato fratture. Quindi il suo pensiero andò ai compagni. Gridò i loro nomi nel vuoto:

> Nessuno rispose… nessuno! Vidi un pezzo di stoffa, forse uno zaino, sulla neve. Mi avvicinai, ma realizzai che era soltanto e terribilmente un pezzo di stoffa. Vagai per dieci, quindici minuti, ma non c'era alcun segnale, non sapevo da dove cominciare. Ero impotente.
>
> «Sono morti!» fu la cruda considerazione che feci.
>
> «Sono proprio morti!»

Sebbene fosse sopravvissuto, Simone si trovava in una situazione disperata. Perdeva sangue dalle mani, un occhio era chiuso. La temperatura doveva aggirarsi intorno ai trenta gradi sotto zero, e durante la caduta violentissima lui aveva perso la tuta d'alta quota. Nessuno sapeva dove si trovassero Anatolij e Dimitri, poiché stavano aprendo una via nuova. Al campo base non c'era nessuno, nemmeno Phurba, a cui Simone aveva ordinato di trascorrere qualche giorno a valle, mentre loro erano impegnati sulla parete. «Non avevo alcun mezzo di comunicazione, ero solo e con i minuti contati. Il tempo scivolava via e inesorabile si avvicinava l'ora della mia morte.»

Ma in quell'istante si diede una scrollata, e si fece coraggio: «No! Non voglio morire! Brutta bastarda di una valanga, devi scendere ancora una volta se vuoi uccidermi! Non l'avrai vinta con me. Sì, hai capito bene. Io torno giù a costo di strisciare come un verme, ma qui non crepo!».

Fu così che ebbe inizio una delle più impressionanti sfide della sopravvivenza nella storia dell'Himalaya, per tanti versi impressionante quanto il disperato abbandono della parete sud da parte di J.-C. Lafaille nel 1992.

Sopravvivere sotto una valanga è questione di fortuna, nient'altro. La tragedia consumatasi sull'Annapurna il giorno di Natale del 1997 è straordinariamente simile a quella che sarebbe avvenuta sullo Shishapangma, poco meno di due anni dopo. Il 5 ottobre 1999, Alex Lowe, Conrad Anker e il produttore cinematografico David Bridges stavano esplorando l'imponente parete sud della montagna, che speravano di scendere sugli sci. D'un tratto, un'enorme cornice si staccò dalla cresta sommitale e piombò su di loro. Anker fuggì da una parte, e se la cavò con qualche frattura ed escoriazione, mentre i suoi compagni rimasero sepolti sotto il ghiaccio. I loro corpi non vennero mai ritrovati, come non vennero mai ritrovati quelli di Anatolij Bukreev e Dimitri Sobolev, rimasti sotto le nevi della parete sud-ovest dell'Annapurna.

Incredibilmente, alla fine di quella caduta interminabile Simone si ritrovò al campo I. (L'ampia piattaforma era divenuta un bacino di raccolta della valanga.) Si rese conto della sua immensa fortuna quando notò una tenda rossa a pochi passi da lui. La sua! La cerniera era ghiacciata, ma la aprì piantando un rampone nel telo e stringendo il cursore tra i denti. All'interno, aveva dei guanti di scorta e una giacca in piumino. «La indossai e con dolori bestiali mi infilai i guanti a muffola sulle mani sanguinanti. Quello fu un fantastico modo per bloccare l'emorragia, infatti mi si appiccicarono alle profonde ferite e interruppero la fuoriuscita del sangue.»

A quel punto si trovò a compiere una scelta crudele. Doveva provare a cercare gli amici, pungolando i detriti trasportati dalla valanga, nella vana speranza che almeno uno di loro fosse sopravvissuto e potesse essere tratto in salvo? Quasi certamente, uno sforzo del genere gli sarebbe costato la vita. E poi, «il fronte della valanga era così largo che ogni tentativo di ricerca sarebbe stato folle e irrazionale».

Sapeva di dover tornare giù subito. «Vai!» si ordinò più volte.

Sotto il campo I c'erano ancora le corde fisse, ma le sue mani erano inutilizzabili. «Escogitai allora di attorcigliare la corda facendole fare due o tre giri intorno al braccio e sfruttando l'attrito mi lasciai calare. Funzionava, anche se malamente, ma funzionava.»

Durante la discesa abbandonò ogni cautela, superando crepacci e seracchi con salti e acrobazie. «Nei punti più verticali mi lanciai più volte in voli di 10-15 metri che terminavano nei quasi 4 metri di neve fresca che erano caduti durante il mese precedente.» Erano passate più di dieci ore da quando si era messo in cammino quella mattina. Da allora non aveva più bevuto né mangiato nulla, e cominciava a sentirsi debole a causa dell'emorragia.

Finalmente raggiunse il Korean Base Camp, ma altri novecento metri di dislivello lo separavano dal campo base: «Ma la cosa più brutta è che la traccia era da quel punto inesistente». Avrebbe dovuto scavarsi un passaggio tra i cumuli di neve, passo dopo passo:

> Non riuscivo a trovare un appiglio che tenesse fortemente viva la fiamma della speranza. Continuavo però la mia discesa anche se ormai a trenta, quaranta passi per volta. Mi buttavo nella neve e ci rimanevo per almeno un minuto e mezzo. Non ricordo come e quando, ma arrivai in fondo alla parete riuscendo a trovare la via e il modo per lasciarmi alle spalle quasi 1500 metri, attingendo alla forza della disperazione e a fantasiose tecniche di scalata.

Durante tutta la discesa, Simone continuò a parlare ad alta voce, ordinandosi di proseguire. Il fenomeno del «terzo uomo» è una sorta di allucinazione sperimentata da molti esploratori in situazioni di sopravvivenza: due scalatori o trekker si convincono che con loro ci sia una terza persona, appena dietro di loro. Di solito è una persona positiva, che incoraggia i sopravvissuti verso la salvezza. Simone cominciò a sentire la sua voce, quasi appartenesse a un secondo alpinista che lo esortava a non mollare. Nel suo libro cattura in modo vivido il dialogo tra i suoi alter ego:

> Sempre più ossessiva mi rimbombava nella testa l'idea che al campo base non avrei trovato nessuno e questo costituiva un alibi per accettare la resa e aspettare la fine. «Vigliacco, alzati! Alzati, ho detto! È adesso che mi devi far vedere che hai le palle! Conta fino a dieci e poi alzati e vai avanti, chiaro?»

> 1-2-3-4... 10 e le gambe si raddrizzarono, feci dieci passi e mi buttai a terra.
> «Bravo, bravo! Lo sapevo che ti saresti alzato. Ce la fai, ce la fai. Adesso ancora fino a dieci e poi di nuovo su.»
> 1-2-3-4... 10 e via altri dieci passi e di nuovo a terra.
> «Così devi fare. Così.»

Personalmente non ho mai sperimentato tale fenomeno, ma scalatori del calibro di Reinhold Messner dichiarano di averlo vissuto diverse volte sugli ottomila. Non faccio fatica a credere che, anziché distrarre, quella voce possa spronare uomini e donne, incitandoli a compiere un ultimo sforzo altrimenti impossibile.

Simone incespicava, prendeva un po' di respiro, si costringeva ad andare avanti. E dopo ore, finalmente, scorse il lodge dove la squadra aveva installato il campo base. Il sole era tramontato, ma una bella luna illuminava il paesaggio. Pur non avendo la certezza che ci fosse qualcuno, chiamò a gran voce Phurba diverse volte. Niente, nessuna risposta. Avanzò ancora contando i passi, faticosamente. Poi, incredibilmente, sentì il suo nome: «Simoneeeeee!».

> Alzai lo sguardo e vidi Phurba che si sbracciava giulivo sul ciglio della morena a pochi passi dal campo base e a circa 500 metri da me.
> «Sono salvo! Forse non tiro le cuoia.»
> Ritrovai immediatamente forza e morale e risposi a Phurba. «*Come here! Please come here!*»

Ma l'uomo sparì dietro il dosso innevato, senza rispondere alla sua richiesta d'aiuto. Simone cominciava a pensare che fosse stata un'allucinazione, quando, una decina di minuti dopo, vide le sagome di due persone:

> Quelle due persone venivano velocemente verso di me e Phurba teneva in mano un thermos di tè caldo. Essendo all'oscuro di tutto aveva preparato del tè prima di venirmi incontro. Come in ogni situazione normale di vita al campo base aveva deciso di rallegrare con bevande calde il nostro arrivo al campo.
> A mano a mano che si avvicinavano vedevo che guardavano dietro di me nel chiaro intento di scorgere anche Anatolij e Dima. Dopo alcuni minuti Phurba mi fu di fronte e ricordo ancora il suo sguardo pietrificato. Senza che lui profferisse parola gli dissi: «Phurba, è successa una tragedia. Anatolij e Dima sono morti».
> Non mi chiese nulla e si mise subito sotto la mia spalla per aiutarmi a camminare. Vidi in quel momento chi era l'altra persona. Era Cecilia, la ragazza che avevamo conosciuto alcuni giorni prima. Non aprì bocca e il suo sguardo si fece buio e triste. Prese il thermos dalle mani di Phurba e mi diede subito il tè caldo. Io ne consumai parecchi bicchieri e solo dopo Cecilia ruppe il silenzio e mi disse: «Forza, Simone, tu sei salvo e adesso ti aiutiamo noi».

Se il campo base non era deserto era solo perché la giovane argentina aveva accettato l'invito di Anatolij di visitare il quartier generale della squadra, e aveva reclutato Phurba perché la guidasse sin lassù. Una volta nel lodge, Simone si lasciò cadere su un letto, mentre Phurba cominciò a cucinare:

> Cecilia si sedette di fianco a me, mi aiutò a togliere i ramponi e gli scarponi e a entrare nel sacco a pelo e cominciò pacatamente a farmi parlare e a farmi sentire salvo. Ogni tanto mi chiedeva come stavo e dove sentissi dolore. Mi fece anche una carezza e in quel momento mi abbandonai al sonno.

Le sofferenze di Simone non erano ancora finite. Oltre ai tagli ai palmi delle mani, aveva due grandi solchi nella gamba destra, provocati dalla corda in cui era rimasto intrappolato. Non avrebbe potuto affrontare la lunga camminata fino ai villaggi locali. Aveva urgente bisogno di un elicottero, non c'era tempo da perdere. E a peggiorare la sua ansia c'era la spaventosa consapevolezza di dover chiamare Linda Wylie, per informarla della morte di Anatolij. Mentre Cecilia rimase al lodge con Simone, preparandogli bevande calde e tranquillizzandolo, Phurba – proprio lui che all'inizio della spedizione era stato coperto di insulti – prese con sé un pezzetto di carta con il numero del contatto logistico del team, lo sherpa Nima Nuru, e subito s'incamminò verso Gandrung. Camminò quindici ore senza interruzione per raggiungere il villaggio, dove però il telefono era ancora fuori servizio.

L'unica alternativa era rivolgersi all'ufficio del parco dell'Annapurna, che ogni mattina di buon'ora contattava Pukhara via radio. Il responsabile fece un tentativo: era passato mezzogiorno, e dubitava di trovare qualcuno. Invece gli rispose una voce.

«Come un tam tam la notizia rimbalzò tra i vari uffici finché arrivò a destinazione. Scioccato dalla notizia, smosse mari e monti, e alla fine riuscì a far partire un elicottero alla volta di Gandrung.» Ecco come Simone descrive il suo salvataggio:

> Uscii dal sacco a pelo seminudo e senza rimettermi gli scarponi corsi fuori dal mio rifugio proprio come un soldato americano in Vietnam. Il pilota aveva già aperto il portellone dell'elicottero e io non feci altro che buttarmi di pancia all'interno.

Non c'era posto per Cecilia, e alla fine la coraggiosa «turista» argentina tornò a valle da sola. Se Simone Moro riuscì a sopravvivere, fu solo grazie all'eroismo dimostrato da lei e da Phurba.

L'elicottero portò Simone a Kathmandu; qui, Nima lo accompagnò in un ambulatorio francese, dove una dottoressa rimosse la «bendatura sommaria» eseguita da Cecilia al campo base e, «visibilmente colpita», cominciò a tagliare i lembi di pelle ai margini delle ferite. Il giorno dopo Simone fu ricoverato in ospedale, dove i medici ricollegarono «nel migliore dei modi» il tendine del dito medio della mano sinistra, completamente reciso, e quelli delle altre dita, parzialmente lesionati. Nonostante il trauma, Simone volle sapere subito se sarebbe stato in grado di arrampicare ancora. Il dottor Chakra lo rassicurò: «Stia tranquillo. Io penso proprio di sì. Ci vorrà del tempo e dipenderà tutto da lei. La fisioterapia dovrà essere ferrea e rigorosa, ma sono sicuro che lei sarà un buon artefice di una completa ripresa sportiva».

A quel punto, Simone dovette affrontare un'altra prova difficilissima: chiamare Linda Wylie per comunicarle la morte di Anatolij. Quando Linda gli rispose, il suo tono non era allegro, quasi avesse già intuito qualcosa. Poi Simone le diede la terribile notizia, e lei scoppiò a piangere ripetendo: «No! Non è possibile!».

Il giorno di Natale, in mezzo ai detriti trasportati dalla valanga, era certo che Anatolij e Dimitri fossero morti. In quel momento Simone, forse spinto dal senso di colpa per aver abbandonato i compagni senza aver neppure tentato di trovare i loro corpi, ci ripensò:

> A quel punto mi sentii di lasciare un filo di speranza che la aiutasse ad accettare l'accaduto e dilazionare nel tempo la reale presa di coscienza della tragedia.
> «Linda! Ti ho detto che non li ho più visti, ma non posso dirti con assoluta certezza che sono morti e che per loro non c'è più nulla da fare. Dico questo perché il punto dove si è arrestata la valanga è a poche decine di metri dalla nostra ultima tenda. Dopo

l'incidente non vedevo bene e ho cercato Anatolij e Dima per pochi minuti. Nella tenda ci sono viveri e gas per una settimana. Se sono riusciti a uscire dalla valanga dopo che io me ne sono già andato e hanno raggiunto la tenda, anche se feriti, potrebbero sopravvivere per alcuni giorni. Non voglio illuderti, ma ti dico solo che esiste questa possibilità. Ecco perché ti prometto che oggi stesso prenderò un elicottero e tornerò sul luogo della valanga.»

Linda approvò subito il piano, e gli disse di non preoccuparsi per i soldi: avrebbe provveduto lei a tutto. E aggiunse che avrebbe preso il primo volo per Kathmandu.

Nonostante fosse ancora stordito dall'anestesia e dolorante per le ferite, Simone non solo noleggiò un elicottero, ma insistette per partire insieme al pilota e al copilota, per guidarli sul luogo dell'incidente. Era solo il 28 dicembre, erano passati appena tre giorni dal distacco della cornice, ma il tempo era pessimo. Nonostante i ripetuti tentativi di sfruttare i momenti di visibilità migliore, non riuscirono a raggiungere il campo I, dove si era fermata la valanga.

Nel frattempo, Linda aveva contattato il corpo sportivo militare di Almaty in Kazakistan, che avrebbe prontamente inviato una squadra di alpinisti per soccorrere i due sfortunati.

Il 30 dicembre Simone prese un aereo per l'Italia. Aveva appena cominciato a elaborare il dolore. Sull'Annapurna aveva perso quello che lui stesso definì «l'amico per eccellenza. Il migliore dei compagni». Ma non doveva biasimare la montagna. E in *Cometa sull'Annapurna* offre un'analisi dei rischi dell'alpinismo, che sottoscrivo in pieno:

> Non riuscii a odiare la montagna e neppure oggi provo questo sentimento. La montagna assassina esiste solo nello stupido lessico giornalistico. La montagna non uccide, non prende nessuno,

non si conquista, non si sfida. Lei rimane immobile di fronte all'uomo e al tempo.

Poco più di una settimana dopo, la squadra kazaka – superando gli ostacoli e il freddo – raggiunse la scena dell'incidente. I soccorritori trovarono la tenda rossa ancora al suo posto, ma di Anatolij e Dimitri non c'era traccia. Al ritorno contattarono Simone:

> Mi dissero che era stato difficile e pericoloso arrivare lassù e che intorno alla tenda c'erano grosse macchie di sangue, le mie. Nonostante non sperassi più, quella notizia fu come una pugnalata al cuore: infatti prendevo definitiva coscienza del fatto di essere l'unico sopravvissuto.

La via che Anatolij, Simone e Dimitri tentarono di aprire nel dicembre del 1997 resta ancora oggi incompiuta d'inverno, primavera e autunno.

Simone non solo guarì dalle ferite, ma tornò sull'Himalaya, dove mise a segno una serie di ascensioni straordinarie. Nel 2002 vinse il David A. Sowles Memorial Award, conferitogli dall'American Alpine Club dopo aver rinunciato a conquistare il Lhotse per salvare la vita a uno scalatore inglese. Credo che il suo più grande successo sia la prima ascensione invernale al Makalu, con Denis Urubko, un obiettivo ambizioso che era costato la vita a J.-C. Lafaille, scomparso durante un tentativo in solitaria nel gennaio del 2006.

La pubblicazione di *Above the Clouds*, nel 2001, servì in parte a salvare dall'oblio gli scritti e la filosofia alpinistica di Anatolij Bukreev, che ebbe la sfortuna di diventare uno degli scalatori più incompresi del Novecento, a causa della tragedia del 1996 sull'Everest. Anche se il suo corpo non è mai stato ritrovato, gli è stato reso omaggio con una targa commemorativa dedicata agli alpinisti che hanno perso la vita sull'Annapurna, collocata al Sanctuary sotto la parete sud. E lì qualcuno ha inciso una delle sue frasi più forti. L'epitaffio perfetto, a mio avviso, alla sua strabiliante carriera: «Le montagne non sono un campo sportivo sul quale soddisfo le mie ambizioni. Sono cattedrali in cui pratico la mia fede».

8
Il mio Annapurna

Conquistato il Broad Peak nel luglio del 2003, avevo tredici ottomila all'attivo... tutti, tranne l'Annapurna. Mi resi conto che, se non volevo gettare la spugna, per la terza volta avrei dovuto affrontare la montagna che mi terrorizzava più di ogni altra. In alcuni momenti pensai di ritirarmi dall'Endeavor 8000, se quell'ultima vetta avesse presentato rischi inaccettabili. In fondo avevo già fatto due tentativi, e in entrambi i casi mi ero arreso di fronte a situazioni troppo pericolose. Perché sperare che questa volta le cose sarebbero cambiate a mio favore?

Alla fine, tuttavia, a spuntarla fu la mia testardaggine. Dovevo tentare un'ultima volta, affrontare la montagna faccia a faccia prima di prendere la decisione finale. Nel 2004 erano ormai diciassette anni che partecipavo a spedizioni sulle vette più alte del pianeta. Era diventato a tutti gli effetti il mio lavoro. Per natura, non sopporto di non portare a termine un progetto per il quale mi sono impegnato duramente. Per citare una metafora che uso spesso, non sono soddisfatto finché non ho piantato anche l'ultimo chiodo. Così, per la primavera del 2004 chiesi un permesso per scalare l'Annapurna.

E subito dopo ricevetti un'offerta interessante. David Breashears mi invitò a tornare sull'Everest, partecipando a una spedizione durante la quale avrebbe realizzato le riprese per un'ambiziosa pellicola del regista inglese Stephen Daldry, che, pur non avendo alcuna esperienza alpinistica, era rimasto affascinato dalla tragedia del 1996. Come in quella situazione, durante la spedizione Imax, avrei diretto la squadra di scalatori e l'organizzazione logistica. Anche Veikka Gustafsson avrebbe fatto parte del team: pensavamo entrambi di sfruttare l'Everest per acclimatarci, e fare quindi un tentativo sull'Annapurna. Se avessimo rispettato i tempi, saremmo tornati a Kathmandu subito dopo la spedizione di Breashears, e di lì a qualche giorno saremmo ripartiti per la nuova avventura. Avremmo condiviso il permesso per l'Annapurna con una coppia di scalatori fortissimi, Ralf Dujmovits e Gerlinde Kaltenbrunner.

Acclimatarmi su un'altra montagna era un progetto che contemplavo da tempo. Il programma sembrava perfetto. D'altro canto, avevo promesso a David che Veikka e io non avremmo lasciato l'Everest finché non avessimo svolto fino in fondo i nostri compiti. Non potevamo pensare di abbandonare la spedizione in anticipo solo per arrivare sull'Annapurna al momento giusto.

L'intenzione di Stephen Daldry non era quella di girare un documentario, ma una versione semiromanzata degli eventi di quella tragica primavera, riducendo la trama intorno alle figure di Rob Hall, Scott Fischer e Beck Weather. Ma per il film voleva la montagna vera, e intendeva ricreare l'atmosfera della vita sull'Everest; per questo venne al campo base con noi, dove rimase cinque settimane. Un giorno mi legai in cordata con lui e gli feci salire la parte inferiore della seraccata del Khumbu, portandolo quasi a 5800 metri: uno sforzo notevole per un fumatore accanito, per giunta fuori forma.

Il compenso era buono, l'esperienza in un film era affascinante, e l'Everest ci apparve quasi docile e sottomesso rispetto all'Annapurna. Oltre a permettere a Daldry di girare le sue scene, alcuni di noi – tra cui io, David e Veikka – raggiunsero la vetta senza nessun problema. Era la sesta volta che salivo sul tetto del mondo.

Era maggio inoltrato quando lasciammo l'Everest. Al rientro a Kathmandu, Veikka e io ci rendemmo conto che non saremmo riusciti a scalare l'Annapurna prima dell'arrivo del monsone estivo. E mentre eravamo lì apprendemmo che quattro alpinisti – tra cui Dujmovits, la Kaltenbrunner e Denis Urubko – erano giunti in vetta seguendo la via della prima ascensione francese. La stagione doveva aver offerto condizioni sicure sulla parete nord. Forse mi ero lasciato sfuggire l'anno perfetto? Mi sarei mangiato le dita per aver rinunciato a quell'occasione d'oro, ma mi consolai con uno dei miei mantra preferiti: *Puoi sempre tornarci. La montagna sarà ancora là.*

Non volevo cimentarmi con l'Annapurna in autunno, così aspettai e ottenni un altro permesso per la primavera del 2005. Per la tredicesima volta, Veikka mi avrebbe accompagnato su un ottomila. In origine pensavamo di partire da soli, ma in seguito alcuni sponsor mi suggerirono che sarebbe stato interessante tornare con qualche scatto di prima qualità, e così decisi di invitare un terzo scalatore. Non avevo mai avuto con me un fotografo professionista, né ne avevo mai sentito l'esigenza, ma pensai subito a Jimmy Chin. Non solo era bravissimo nel suo lavoro, ma era anche un alpinista e un rocciatore esperto. Avrebbe reso la squadra ancora più forte. Era già stato con noi sull'Everest nel 2004, ed era giunto in vetta con David, Veikka e me, e da allora eravamo sempre stati in ottimi rapporti.

Il mio piano d'attacco per l'Annapurna avrebbe dovuto ridurre al minimo i possibili rischi. Saremmo saliti prima al Cho

Oyu, che avevo scalato nel 1996: sarebbe stato un bell'esercizio per acclimatarci. Quindi saremmo volati a Kathmandu per riposarci e avremmo raggiunto l'Annapurna in elicottero. Una volta lì, avremmo percorso la via francese il più rapidamente possibile. Era un programma che avevo seguito diverse volte in passato: nel 1994, quando avevo scalato il Lhotse a una settimana di distanza dall'Everest. E poi nel 1999 e nel 2003, quando avevo conquistato rispettivamente Manaslu e Dhaulagiri, e Nanga Parbat e Broad Peak. (Nel 1995 avevo messo a segno il mio unico «tre al prezzo di uno», salendo in vetta a Makalu, Gasherbrum I e II. Per un soffio non avevo centrato una quarta vetta, ma la squadra era stata costretta a rinunciare a soli novanta metri dalla cima dell'Everest, dieci giorni prima di salire sul Makalu.)

Nel frattempo, tuttavia, la vita a casa si faceva sempre più impegnativa e coinvolgente. Il 25 ottobre 2004 era nata Anabel, la nostra bellissima terzogenita. Nel corso degli anni avevo visto come l'ansia delle mie assenze prolungate avesse minato Paula sul piano emotivo. Quando partivo per una spedizione, lei si occupava della casa e dei bambini. Le faccende quotidiane che normalmente spettavano a me – rispondere alle e-mail, organizzare le conferenze – ricadevano sulle sue spalle. Dall'altro capo del mondo, cercavo di aiutarla tramite il telefono satellitare, ma il mio contributo era limitato. Paula aveva appoggiato sin dall'inizio l'Endeavor 8000; sapendo quanto mi appassionasse la montagna, non si era mai sognata di chiedermi di rinunciare. D'altro canto, era al corrente dei pericoli dell'Annapurna. Inoltre, nella primavera del 2005 avevo quarantacinque anni. Mi sentivo in forma come non mai, ma non potevo negare che la fanatica determinazione dei vent'anni si era trasformata in una passione più complessa e ambigua. All'inizio, quando vivevo ancora da solo, lasciare Seattle per raggiungere il Karakorum o l'Himalaya era complicato. Ora ogni separazione era una tragedia.

Inoltre non mi resi conto subito della portata di quella decisione. A quattro o cinque mesi dalla partenza sembrava ancora una nuvola lontana, appena sopra l'orizzonte. Ma poi i mesi diventarono due, uno... e cominciarono le notti in bianco. Incapace di prendere sonno, mi lasciavo andare a pensieri cupi: «Oh, merda! Devo farlo davvero». Sì, avevo annunciato pubblicamente di voler tornare sull'Annapurna, ma fondamentalmente avevo preso un impegno con me stesso.

Non volevo che Paula o altri notassero la mia ansia, così evitai di manifestare ciò che provavo. Ma la notte, anche in montagna, la paura è sempre più forte: è allora che le riflessioni più profonde e sinistre invadono la mente. Quando si leva il sole, dubbi e timori tendono a svanire. Allo stesso modo, i preparativi di una spedizione possono sembrare più stressanti della spedizione stessa. Mentre mi giravo e rigiravo nel letto, a volte mi dicevo: «Ed, va' sull'Annapurna. Ti sentirai molto meglio quando sarai ai piedi della montagna». Eppure, la tensione e la preoccupazione di quell'inverno furono notevoli: mai in vita mia avevo avuto presentimenti così forti.

Ad aprile prendemmo l'aereo per Kathmandu. Dopo aver radunato viveri e attrezzature, lasciammo la capitale del Nepal ed entrammo in Tibet a bordo di alcuni furgoni, fino a raggiungere il villaggio di Tingri, che segnava la fine della strada. Da lì proseguimmo a piedi fino al campo base del Cho Oyu, affidando i carichi agli yak. La salita alle pendici del monte andò liscia come l'olio: la primavera era appena cominciata, e avevamo la montagna tutta per noi. Il 20 aprile piazzammo il campo elevato a quota 7102 metri. Alle due di notte saremmo partiti per lanciare l'assalto alla vetta.

Una bufera ci fece rimandare di un giorno, ma alla stessa ora del 22 aprile eravamo pronti. Avevamo lasciato il campo da appena un quarto d'ora, quando Jimmy collassò sulla neve. Un attimo dopo eravamo da lui: non riusciva a parlare e aveva problemi di respirazione. Le sue condizioni mi allarmarono: i sintomi erano quelli di un principio di edema cerebrale. Lui insistette che si sarebbe ripreso, se solo gli avessimo concesso una breve pausa. Era davvero intenzionato ad arrivare in cima. Contro ogni buonsenso, Veikka e io aspettammo, e poi ripartimmo. Ma Jimmy crollò di nuovo. Era il momento di fermarsi. Non avrei corso altri rischi.

In passato, come guida, avevo avuto a che fare con clienti troppo lenti, o vittime del mal di montagna, ai quali avevo ordinato di scendere. Non è facile dire a qualcuno che ha messo da parte il denaro per anni nella speranza di realizzare un sogno che deve rinunciare e tornare indietro. Ma non prestare attenzione a certi segnali significa andare in cerca di guai. Era compito mio dare comunicazioni di quel genere, e non mi sono mai fatto scrupoli.

Ma adesso mi trovavo in una situazione diversa. Jimmy non era un cliente, era un alpinista, solo più giovane e con meno esperienza. Quella sul Cho Oyu era la mia ventinovesima spedizione su un ottomila, in nessuna delle quali mi era capitato di dare ordini a un compagno. Ma fui fermo e deciso come se avessi avuto di fronte un cliente. «Temo che per te finisca qui, Jimmy» gli dissi. «Non sei in grado di proseguire. Anzi, dobbiamo riportarti giù il più in fretta possibile.»

Jimmy reagì benissimo alla mia decisione. Non volendo intralciare il nostro tentativo di conquista, si offrì di rimanere al campo elevato mentre io e Veikka lanciavamo l'assalto alla vetta. Ma in caso di edema cerebrale è sconsigliabile. L'unico rimedio efficace è scendere rapidamente di quota. (Di ritorno negli Stati Uniti, un medico a cui descrisse i suoi sintomi concluse che doveva essersi trattato di edema polmonare: la mancanza di ossigeno aveva provocato un'ipossia cerebrale, responsabile delle difficoltà nell'eloquio e nei movimenti.)

Alla fine tornai giù con Jimmy, mentre Veikka puntò alla cima in solitaria. Per lui quella scalata era molto più importante, visto che io avevo già conquistato il Cho Oyu. Era fondamentale assicurarsi che Jimmy tornasse al campo base sano e salvo. Provai un immenso sollievo assistendo alla sua rapidissima ripresa. Era di nuovo lui.

Il 25 aprile tornammo a Kathmandu. Di lì a pochi giorni avremmo raggiunto l'Annapurna in elicottero. Ma a quel punto scoppiò una violenta discussione, dolorosa quanto la decisione di deludere le speranze di Jimmy sul Cho Oyu. Jimmy, infatti, era deciso a tentare il tutto per tutto sull'Annapurna. Si sentiva bene e, spinto dalla grinta tipica della sua età, era impaziente di partire.

Ancora una volta dovetti tarpargli le ali. Non stavo pensando soltanto alla realizzazione della mia nemesi, e al fatto che la mia determinazione sarebbe stata ostacolata dalla presenza di Jimmy. A spingermi verso quella decisione fu soprattutto la preoccupazione per la sua salute: avrebbe corso un rischio troppo elevato superando i 7000 metri (tanto più se si fosse spinto fino in vetta) subito dopo il collasso sul Cho Oyu. Non sempre l'edema colpisce una seconda volta, quando lo scalatore che ne è stato vittima torna in alta quota, ma le possibilità aumentano enormemente quando questo accade solo due o tre settimane dopo il primo episodio.

Devo confessare che, in parte, agii così per via del mio programma. Per Veikka e me, quello sarebbe stato il terzo tentativo sull'Annapurna e, indipendentemente dall'esito, sarebbe stato anche l'ultimo. Non volevo compromettere le nostre chance in nessun modo, e non volevo correre il rischio che Jimmy subisse una ricaduta durante l'ascensione.

Così dovetti dire a Jimmy che sarebbe potuto venire con

noi solo a determinate condizioni. Non fu affatto facile: non è il mio forte deludere un amico. Mi ci vollero diversi giorni per trovare il coraggio di comunicargli la mia decisione. A patto che non avesse avuto altri problemi di salute, sarebbe potuto rimanere al campo base a scattare tutte le foto che voleva. Avrebbe potuto seguirci anche al campo successivo, ai piedi della parete nord. Ma non avrebbe preso parte alla scalata.

Fu un boccone amaro per Jimmy, il quale tuttavia accettò di buon grado. Alla fine salì con noi fino al campo II, a 5791 metri. Scattò fotografie grandiose a me e a Veikka, al campo base e poco più in alto. E fu un valido compagno, offrendoci un supporto fondamentale. Alcuni alpinisti ambiziosi dovrebbero prendere esempio da lui, dalla lealtà e dallo spirito di sacrificio che dimostrò in quell'occasione.

Come ho detto, avevamo stabilito di tentare la via della prima ascensione francese, apparentemente la più veloce e diretta. Già acclimatati dopo il Cho Oyu, speravamo di percorrerla in tre giorni. Questo nonostante l'esperienza del 2000, quando dal campo base avevamo visto una valanga dopo l'altra riversarsi nell'enorme bacino concavo tagliato dalla via di Herzog, che sale verso l'alto e a sinistra: quel tratto di parete, infatti, ci era apparso terribilmente pericoloso. Tuttavia, anno dopo anno, alcuni nostri colleghi erano riusciti ad arrivare in vetta senza problemi; inoltre, non avremmo potuto trovare condizioni peggiori di quelle del 2000. Certo, sull'Annapurna non esiste una via sicura. Ma quella francese era la meno pericolosa.

A Kathmandu avevamo saputo che sul versante nord si trovavano già altre due spedizioni. La prima, italiana, era guidata da Silvio Mondinelli, che non conoscevo di persona (in seguito avrei appreso che era a caccia del suo dodicesimo ottomila). La seconda, pure italiana, era coguidata da Christian Kuntner, altoatesino di Prato allo Stelvio, che come me aveva tredici ottomila all'attivo, e che per la quarta volta tentava di conquistare l'Annapurna.

Il 30 aprile lasciammo Kathmandu nel bel mezzo di un temporale, ma quando atterrammo su un pianoro sotto la parete nord il cielo si era rasserenato. Avevamo a malapena montato le tende del campo base su una distesa erbosa, quando ricevemmo una visita dal team di Silvio. «Dei tipi davvero simpatici» scrissi nel mio diario. Erano sulla montagna già da quarantuno giorni. Avevano piazzato le corde fisse fino a quota 7010 metri, ed erano pronti a lanciare l'assalto alla vetta, ma da oltre una settimana aspettavano che il tempo migliorasse. Rimasi sorpreso davanti a tanta cautela, e a tanta pazienza. Trascorremmo i due giorni seguenti facendoci visita a vicenda. Gli italiani non sarebbero potuti essere più ospitali: ci invitarono nella loro mensa per farci assaggiare prosciutto, formaggi deliziosi, caffè e cioccolato, e spesso tornavamo al nostro campo carichi di prelibate specialità del Bel Paese. Da parte nostra, non potemmo offrire che patatine e birra!

Poi, inaspettata, giunse la proposta di Silvio: «Unitevi a noi!». Sapevano dei nostri due precedenti tentativi. Ci saremmo potuti agganciare alle loro corde fisse, risparmiando tempo e sforzi enormi. E avremmo potuto arrampicare in stile alpino, limitandoci a una sola traversata durante la salita. Nonostante la generosità di quell'offerta, tuttavia, esitai: non avevo contribuito in alcun modo ad attrezzare la parete. D'altro canto, sarebbe stato assurdo realizzare una linea di corde parallela, solo per dimostrare la nostra indipendenza. Così, accettammo la proposta con gratitudine.

Dedicammo un giorno al trasferimento dei carichi pesanti in un luogo sicuro, a 4572 metri, che trasformammo in un deposito per l'attrezzatura. Il tempo teneva. Gli italiani mordevano il freno: il 3 maggio volevano salire al campo II, trascorrervi la notte e ripartire per un altro campo appena sopra la Falce. Il 5 maggio era la data designata per l'assalto alla vetta. Se tutto fosse andato come previsto, li avremmo seguiti subito dopo. L'acclimatamento sul Cho Oyu stava dando i suoi frutti, Veikka e io eravamo in ottima forma. «Avverto "vibrazioni" positive. Presto sapremo... Adesso dobbiamo rilassarci e liberare la mente.» Poteva essere davvero così semplice, dopo tutta l'angoscia che aveva accompagnato i preparativi?

Poi, però, il tempo cambiò: la nebbia inghiottì il campo base, dense nuvole si srotolarono sulla montagna, e cominciò a nevischiare. Ogni pomeriggio preparavamo gli zaini, pronti a partire; e ogni sera decidevamo di rimandare di un altro giorno.

Passarono quattro giorni, senza alcun progresso. Io e Veikka studiammo la parete, aspettandoci di vedere le gigantesche valanghe che ci avevano terrorizzato cinque anni prima. Ma c'era qualcosa di diverso, quella primavera. La montagna sembrava più stabile, più tranquilla. Ci concedemmo una speranza, anche se il maltempo ci teneva confinati al campo base.

Durante quel momento di stasi, usai il telefono satellitare per chiamare Paula. Lei e i bambini mi mancavano terribilmente, come sempre, ma ormai ero concentrato sulla sfida che mi attendeva. Prima della mia partenza, Paula era stata in ansia almeno quanto me. Sperando di rendere le cose più facili a entrambi, avevo deciso di portare il telefono fino in vetta, per tenerla aggiornata sui nostri progressi. Di solito non voleva che la chiamassi dalla cima di una montagna, sapendo che non era ancora il momento di cantare vittoria. Ma in quell'occasione avevamo deciso insieme che una telefonata dalla vetta dell'Annapurna sarebbe stata bellissima.

Il 7 maggio Michael Fagen – un meteorologo di Seattle, a

cui avevo dato l'incarico di monitorare con precisione le condizioni dall'altra parte del pianeta – ci inviò un bollettino favorevole. (Ormai è una tecnica comune sull'Himalaya. I meteorologi, seduti davanti a un computer studiando le immagini dei satelliti, offrono previsioni molto più accurate di quelle che avremmo potuto ottenere via radio da Kathmandu.) Decidemmo di tentare l'assalto l'8 maggio. «Ora o mai più. Non credo di potermi aspettare una sensazione più positiva. E diverrà ancora più forte domani, quando ci metteremo in marcia.»

Impiegammo dieci ore a salire dal campo base al campo II, dove trovammo tre italiani. Dal mio punto di vista, avremmo incontrato la vera difficoltà della spedizione il giorno dopo, quando avremmo dovuto attraversare il Gauntlet, la parete spaventosamente esposta lungo la quale, nel 2000, avevamo visto scendere le valanghe. Avremmo cercato di superare quel punto pericoloso nel minor tempo possibile.

L'indomani, di buon mattino, arrivarono anche Silvio e un quinto italiano, che intendevano salire con noi al campo III. Avendo già stabilito un campo elevato, rifornito di provviste, gli italiani avevano gli zaini quasi vuoti, mentre Veikka e io portavamo una ventina di chili ciascuno. Questo significava che i nostri compagni avrebbero potuto battere traccia per noi. Ci mettemmo in marcia alle quattro e trenta del mattino. Andò tutto bene, e arrivammo al campo III (6797 metri) dopo otto ore di arrampicata ininterrotta (avevamo trovato un solo punto sicuro, in cui avevamo ritenuto di poter fare una pausa senza correre rischi). Quella sera scrissi nel mio diario: «Sono felice di aver finalmente piantato la tenda. Ugh! Spero di non doverla rifare». Mi riferivo alla traversata del Gauntlet, durante la quale avevo avuto costantemente il cuore in gola.

Ero molto eccitato: l'indomani avrei potuto portare a termine la mia corsa ai quattordici ottomila. Dalla vetta ci separavano 1200 metri, ma dai resoconti delle altre spedizioni sapevo che il nevaio interminabile sopra il campo III era relativamente sicuro, con pochi passaggi lievemente tecnici. A quell'altitudine sarebbe stata una tirata lunga e difficile, ma avevo già affrontato imprese simili per raggiungere altre vette. Quella sera, però, si levò il vento e tornarono le nuvole. Quando ci mettemmo a dormire, speravamo ancora di partire... almeno, ci provammo: io non chiusi occhio. Per quante volte fossi rimasto bloccato in una tenda, in circostanze simili, la notte tra il 9 e il 10 maggio fu psicologicamente estenuante.

Lassù, al buio, il nostro rifugio era scosso dalle violente raffiche di vento. Quel rumore di per sé bastava a tenerci svegli, ma, come se non bastasse, le particelle di ghiaccio che si formavano sul soffitto della tenda – il nostro respiro condensato – ci cadevano sul viso. Se ci coprivamo con il sacco piuma (Veikka e io ne avevamo solo uno, che ci stendevamo sopra a mo' di piumone), non riuscivamo a respirare. Alle quattro del mattino, con un vento fortissimo, mi rassegnai: avremmo dovuto attendere ventiquattr'ore. Ma per tutto il giorno le raffiche non diminuirono. Scrissi nel mio diario: «Che merda!... Oggi è impossibile muoversi. Il vento soffia da stamattina... è difficile persino riposare!».

La nostra tenda era una ventina di metri sotto quella degli italiani, ma con quel tempo avremmo dovuto fare uno sforzo eccessivo solo per vestirci e salire al loro campo – da cui ci separavano piccoli crepacci nascosti che, anche se quasi certamente innocui, ci avrebbero fermato. Così gridammo: «Non se ne parla! C'è troppo vento! Ci risentiamo tra ventiquattr'ore». Ci risposero che erano d'accordo.

Trascorremmo la giornata mangiando fettine di banana e ananas disidratate, anacardi e salame. Ci mantenemmo idratati bevendo zuppa e tè. Diverse volte ci vestimmo semplicemente per lasciare i confini claustrofobici della tenda e spalare la neve portata dal vento. Fare pipì in una bottiglia non era difficile, ma uscire per altre impellenze su un pendio ripidissimo con la neve che ti entrava nelle mutande era tutt'altra storia. Ovunque ti girassi, il vento cambiava direzione al momento critico e ti ritrovavi bersagliato dai fiocchi pungenti. Fortunatamente, il fatto che mangiassimo poco riduceva al minimo le scorrerie al gelo per fare i nostri bisogni.

L'11 maggio Veikka e io ci alzammo a mezzanotte, sperando che il maltempo ci concedesse una tregua, ma il vento era ancora fortissimo e ci ritrovammo immersi in un vero e proprio *whiteout*. Strisciammo di nuovo sotto il sacco piuma, scoraggiati al pensiero di dover trascorrere un altro giorno senza fare niente. Sull'Himalaya nulla è mentalmente più arduo dell'attesa della fine di una bufera a un campo elevato. È difficile scaldarsi. Non avevamo nemmeno un libro e, quanto a conversazione, Veikka e io ci eravamo già detti tutto quello che ci passava per la mente. Inoltre, il solo fatto di parlare sembrava un terribile spreco di energie preziose, pertanto badavamo a ridurre al minimo la conversazione. Ce ne stavamo là a contare i minuti, come detenuti chiusi in una cella. E poi c'era quel cupo sottofondo: la prospettiva della sconfitta. Il mio diario registra quei momenti tormentati: «Vento tutta la notte, di nuovo. Niente sonno. Non c'è modo di muoversi, quindi resteremo qui un altro giorno. Non abbiamo *nessuna* intenzione di scendere per poi tornare su. Sarebbe una vera merda!».

La mancanza di sonno è debilitante. Inoltre, le scorte di cibo e gas per il fornelletto si stavano esaurendo. A un certo punto, l'11 maggio, Silvio gridò: «Ragazzi, serve qualcosa?». Gli risposi: «Se dobbiamo restare ancora, forse avremo bisogno di una bombola, e magari di un po' di cibo». «Noi ne abbiamo in abbondanza.» Ancora una volta, l'ospitalità degli italiani ebbe un effetto rassicurante; era un sollievo che fossero lassù con noi.

Due di loro erano fumatori. È buffo, ma per quanto fosse difficile farci sentire con quel vento, nonostante la distanza esigua, a volte ci giungeva l'odore delle loro sigarette. Lo interpretammo come un segnale: stavano bene. Ma proprio l'11 maggio uno dei tre si chiamò fuori: «Non ce la faccio più ad aspettare». Per noi fu un dispiacere vederlo tornare giù.

Durante quel periodo di ozio forzato al campo III, tenni Paula aggiornata con il telefono satellitare. Ogni volta che la chiamavo, però, pensava che stessimo per lanciare l'assalto alla vetta, o che fossimo già in marcia. Quei continui ritardi erano una continua delusione anche per lei. Ma poi si faceva coraggio e mi tirava su di morale con il suo atteggiamento ottimista.

Era passato da poco mezzogiorno, quando il vento cessò. Avevamo deciso di alzarci all'una e trenta del mattino per controllare le condizioni meteo: se fossero state accettabili, avremmo fatto un tentativo. Calcolammo che ci saremmo messi in cammino intorno alle tre. Gli ultimi milleduecento metri avrebbero potuto richiedere otto ore, se non di più. L'ultima annotazione di quell'11 maggio suona come una supplica rivolta agli dei della montagna: «Finalmente? Speriamo che domani sia il giorno. Altrimenti dovremo tornare giù. E non voglio *farlo*. Per favore, vogliamo solo una possibilità».

Ci attenemmo al programma, e ci alzammo puntuali all'una e trenta. Una delle ultime cose che feci, mentre ci preparavamo, fu chiamare Paula per avvisarla. Ma non c'era segnale. Quel maledetto telefono aveva scelto il momento peggiore per smettere di funzionare. Frustrato, lo lanciai in un angolo della tenda, sapendo che sarebbe stato un peso inutile nello zaino. Riuscii comunque a comunicare via radio con Jimmy

Chin, al campo base, e gli chiesi di mettersi in contatto con mia moglie. Avremmo portato in vetta la radio anziché il telefono.

Non ci prendemmo nemmeno il tempo per prepararci qualcosa di caldo. A colazione mangiammo solo una barretta di muesli a testa. Io avevo con me una bottiglia d'acqua da un litro, che sapevo si sarebbe trasformata in una poltiglia ghiacciata, e diversi tubetti di gel energetico, molto semplice da mangiare ad alta quota. Non è molto per sostenere una scalata di 1200 metri, ma nel corso degli anni mi ero reso conto di non riuscire a mettere quasi nulla nello stomaco il giorno della salita in vetta, quindi mi parve inutile caricarmi di altro peso. Probabilmente non è facile comprendere come si possa faticare per diciotto ore consecutive – tra salita alla vetta e ritorno – quasi senza mangiare o bere. Il fatto è che spesso fa troppo freddo per fermarsi, siamo troppo concentrati sul compito che ci attende, e l'altitudine estrema è inversamente proporzionale all'appetito.

Nello zaino avevo anche una piccola macchina fotografica, delle bacchette di salice per segnare la via, una corda leggera da venticinque metri e un unico picchetto da neve come ancoraggio. Normalmente porto ancora meno materiale, ma durante quell'ascensione cruciale non volevo pentirmi di aver lasciato al campo qualcosa di cui magari avrei avuto bisogno.

Alcune settimane prima gli italiani avevano piazzato una corda fissa sopra il campo III, per assicurare il passaggio di un piccolo strapiombo di ghiaccio. Sopra, all'alba, piazzammo altre due corde, che avrebbero facilitato la discesa aiutandoci a ritrovare la via con il buio o in caso di *whiteout*. Il pendio diventava piuttosto ripido sopra il campo, e dopo due giorni di inattività forzata restammo senza fiato per la fatica. Ma poi sbucammo in un ampio bacino innevato. Gli italiani erano partiti per primi, ma presto Veikka li superò e passò in testa. Non l'avevo mai visto così in forma, era un leone. Riuscivo a non rimanere indietro, ma neppure a raggiungerlo.

Quella mattina il freddo era spaventoso, in parte perché arrampicavamo all'ombra: il sole, nascosto dietro il pendio, non investiva mai la parete. Avevo indossato di tutto per difendermi dal gelo: giacca di pile sotto la tuta in piuma, maschera per il viso e protettore per il collo, mascherina da sci e manopole, eppure non riuscivo a scaldarmi. Nonostante i doppi scarponi (esterno di plastica, interno foderato di gommapiuma) e i soprascarponi isolanti, le mie dita minacciavano di perdere sensibilità, pertanto continuavo a muoverle per mantenere la circolazione sanguigna. Un gesto che richiede di per sé concentrazione ed energia. Il mio pensiero andò a Herzog e Lachenal, che cinquantacinque anni prima si erano trovati su quello stesso pendio, i piedi tormentati dal gelo. Lachenal si era fermato due volte per togliersi gli scarponi di cuoio, inadeguati a quelle temperature, e per massaggiarsi le dita, mentre Herzog aveva proseguito, senza badare al crescente intorpidimento, in preda alla trance mistica.

Ciascuno di noi stava combattendo la propria battaglia personale con il freddo. Dopo tre o quattro ore, guardai giù e vidi solo tre scalatori. Quando uno degli italiani riuscì a raggiungermi per un breve momento, gli domandai: «Dov'è Silvio?».

«Suoi piedi troppo freddi. Lui tornato giù.» Povero *Silvio*. A un passo dal conquistare il suo dodicesimo ottomila, dopo quasi due mesi di fatiche sull'Annapurna, era stato costretto a gettare la spugna. Ma non potei che ammirare la sua lucidità. Non c'è montagna per cui valga la pena perdere le dita dei piedi. Silvio vi sarebbe tornato due anni dopo, e giungendo in vetta avrebbe chiuso il cerchio, quindici anni dopo l'inizio della sua campagna.

Avevo cominciato a piazzare bacchette di salice sopra le ultime corde fisse, ma ne avevo poche e dovevo lasciarle a una distanza notevole l'una dall'altra. In ogni caso, sarebbero diventate indispensabili durante la discesa, se il tempo fosse volto al peggio.

La monotonia del vasto pendio sommitale fu una vera crudeltà. Come scrissi in seguito nel mio diario: «La pendenza non accennava a diminuire, spietata. Non abbiamo trovato nemmeno un posto per fermarci/sederci, siamo riusciti a malapena ad accovacciarci». Avevo in mente di scattare qualche foto durante la salita, ma con quel freddo mi parve una fatica esagerata fermarmi, togliermi le manopole e rischiare il congelamento. Per lo stesso motivo non mi disturbai a togliermi lo zaino per prendere l'acqua o il gel energetico.

Un altro fattore che contribuiva a rendere più ardua la nostra scalata era l'impossibilità di vedere la piramide sommitale, nascosta dietro la cima del pendio apparentemente senza fine che stavamo salendo con tanta fatica. Era difficile persino valutare il nostro progresso, mentre avanzavamo su quel nevaio sempre uguale, come criceti che correvano sulla ruota. «Dacci dentro e concentrati sul tuo ritmo e sul tuo passo»: così avrei descritto la disciplina che seguii quel 12 maggio.

Si era levato il vento, che rese quella giornata ancora più fredda. Veikka e io ci scambiammo a malapena una parola: urlare per farci sentire al di sopra del vento sembrava uno sforzo esagerato. Inoltre, quando arrampicavamo insieme eravamo abituati a trascorrere molto tempo in silenzio. Continuavamo a salire, ciascuno rinchiuso nella propria capsula di freddo.

Finalmente scorsi la fascia di roccia terminale. Calcolai che fosse a mezz'ora da noi, e invece impiegammo altre due ore a raggiungerla. La parte superiore della parete nord ha dimensioni davvero enormi, mostruose. Raggiungemmo la fascia, e trovammo senza difficoltà la gola e la vecchia corda fissa che la attraversava. Ci guardammo bene dall'assicurarci a questa

– era troppo consumata, dopo tanti anni – ma la usammo come guida lungo lo stretto canalone.

Sopra la roccia, invece della sommità tanto agognata, trovammo una serie di cunette di neve, ciascuna poco più alta della precedente, che si estendevano in lontananza. Era passato mezzogiorno, ma il vento e il freddo non ci davano tregua. Continuammo a salire. Poi Veikka, che era ancora in testa, urlò le prime parole dopo ore di silenzio: «Eccola!». Sembrava l'ennesima collinetta di neve ma, quando la raggiungemmo stancamente, ci rendemmo conto di trovarci sul punto più alto. Eravamo in cima all'Annapurna. Avevamo impiegato undici lunghe ore ad arrivare lassù.

Erano le due del pomeriggio, Veikka e io ci stringemmo in un abbraccio, goffi per il freddo. La mia mente era un turbine di pensieri: «Oh, mio Dio! Non è solo il mio quattordicesimo ottomila, è l'Annapurna. E già questo è un traguardo straordinario. Un traguardo che finalmente ho raggiunto».

Ero convinto che, se fossi riuscito ad arrivare in vetta, non sarei riuscito a trattenere le lacrime. Ne versai qualcuna, ma per lasciarmi andare del tutto dovetti aspettare il ritorno al campo base. Lassù, Louis Lachenal e Jerzy Kukuczka avevano provato solo un po' di intorpidimento. Per me non fu così: tutto il mio corpo sembrava vibrare, invaso dalla gioia e dall'enorme soddisfazione, e al tempo stesso era tenuto a freno da una razionale cautela. L'estate mistica di Herzog era quanto mai lontana dal mio stato mentale.

Quella calma prudente era una difesa che avevo portato con me in tutte le mie trenta spedizioni sugli ottomila. La scalata non era ancora finita. Come mi ero sempre ripetuto ogni volta, «la vetta è solo il giro di boa». Avevamo conquistato l'Annapurna, ma ora dovevamo tornare giù sani e salvi. E, come avrei scoperto nelle ore successive, nessun'altra montagna – eccetto forse il K2 nel 1992 – si era dimostrata tanto ardua e infida durante la discesa. Avrei dovuto fare appello a tutta la mia abilità, e alla mia resistenza.

Finalmente presi la macchina fotografica e feci qualche scatto a Veikka, prima di passarla a lui. Accesi la ricetrasmittente e chiamai Jimmy Chin per dargli la notizia. «Questo è uno dei giorni più felici della mia vita» dissi, «e anche uno dei più duri.» In sottofondo, sentivo le grida d'eccitazione degli altri scalatori al campo base, che esultavano per il nostro successo. Chiesi a Jimmy di chiamare Paula con il telefono satellitare: visto che il mio aveva smesso di funzionare proprio quella mattina, il modo migliore per comunicarlo a mia moglie era farlo tramite Jimmy.

Ci trattenemmo sulla cima quasi un'ora. Volevo assaporare ogni dolcissimo momento di quella svolta fondamentale nella mia vita. Dopo un po', Veikka e io guardammo giù dall'imponente parete sud, che scendeva a strapiombo sotto di noi. Da quel precipizio erano emersi Don Whillans e Dougal Haston, nel 1970, mettendo a segno la prima ascensione lungo quel versante, scenario della disperata impresa di J.-C. Lafaille, che nel 1992 era stato costretto a scendere senza l'attrezzatura che lo sfortunato Pierre Béghin aveva trascinato con sé.

Cominciammo a scendere, e incontrammo i tre italiani che stavano giungendo in vetta. Ci congratulammo con una stretta di mano, e augurammo loro buona fortuna. Avrebbero raggiunto la cima «vera» poco dopo le tre.

Intuii che la discesa sarebbe stata problematica quando cominciarono ad accumularsi le solite nuvole pomeridiane. Poco dopo stava nevischiando, e in breve la nebbia si fece così fitta che ci ritrovammo immersi in un vero e proprio *whiteout*. In quel momento ebbi la certezza che le bacchette sarebbero state fondamentali per ritrovare la via. In alcuni punti affondavamo nella neve fino alle ginocchia. Daniele, uno dei tre italiani, ci raggiunse e scese con noi. Anziché metterci in fila, ci disponemmo in parallelo, aumentando così le probabilità di trovare le bacchette che avevo piantato a notevole distanza l'una dall'altra.

Tutto ciò richiese un'enorme quantità di tempo: a tratti eravamo costretti a sederci e ad attendere pazienti che uno squarcio nella nebbia ci permettesse di scorgere la bacchetta successiva. Le ore passavano, ma alla fine riuscimmo a trovarle tutte. Si stava accumulando altra neve fresca, e cominciavo a temere che gli ancoraggi superiori delle corde fisse, sotto l'ultima bacchetta, sarebbero stati sommersi.

Durante la salita, appena sopra la vite da ghiaccio che ancorava l'estremità superiore dell'ultima corda, avevo piantato due bacchette in un punto ben visibile dall'alto. Quando le trovammo erano già le sei, e cominciava a fare buio. Ma da lì, pensai, sarebbe stato un gioco da ragazzi rientrare al campo: un corrimano ininterrotto ci avrebbe condotto fino alle tende.

La vite da ghiaccio doveva trovarsi poco più sotto, dietro un angolo appena accennato, conficcata in un seracco sollevato di poco dal terreno. Ma al di là della lieve curvatura non trovai nulla. «Ma che diavolo...?» mormorai.

Ero spaventato: sapevo che la situazione poteva farsi davvero seria. «Conosco la strada» insisteva Daniele. «Seguitemi.» Scendemmo ancora un po', ma non ero affatto convinto che fosse la direzione giusta. E non lo era nemmeno Veikka. Avevamo acceso le lampade frontali, che tuttavia illuminavano solo un piccolo cono davanti ai nostri piedi. Battemmo la neve per un po', ma delle corde fisse non c'era traccia. «Io non ricordo di essere salito di qui» disse Veikka. «Dobbiamo risalire per un tratto e traversare verso destra.» Mi fidai di lui: avevo già avuto modo di notare la sua straordinaria abilità, quando si trattava di ritrovare la strada. Se avessimo dato retta a Daniele, con ogni probabilità avremmo mancato il campo III, finendo su un tratto sconosciuto dell'enorme parete nord, immersi nell'oscurità.

Si stava facendo tardi, ed eravamo sempre più stanchi. Intorno alle nove di sera il tempo iniziò a migliorare. Spuntarono le stelle e il vento cessò. Cominciai a pensare che avremmo trascorso la notte all'aperto. A quota 7010 metri, probabilmente saremmo sopravvissuti, ma l'idea di un bivacco non era certo allettante. Eravamo abbastanza sicuri di essere vicini alle corde fisse che ci avrebbero permesso di scendere il seracco, così trascinai gli scarponi nella neve, sperando che i ramponi restassero impigliati nella corda sepolta.

E improvvisamente accadde. Mi abbassai, per accertarmi che la mia idea avesse funzionato. Felice, strinsi le dita intorno alla corda. Ma non era quella più alta. Ancora oggi, non mi spiego che cosa sia successo all'ultimo ancoraggio.

Quando raggiungemmo le tende erano già le dieci. Fatta eccezione per la pausa in vetta, avevamo arrampicato per diciannove ore consecutive, quasi senza mangiare e bere. Di rado mi era capitato di sentirmi così stanco nelle precedenti spedizioni sull'Himalaya. Ciononostante, ebbi ancora la forza di scrivere nel mio diario: «CE L'ABBIAMO FATTA! IN-CREDIBI-LE! UN SOGNO CHE DIVENTA REALTÀ!».

Daniele ci aveva seguito, mentre i suoi compagni non rientrarono al campo quella notte. Lui ci rassicurò, dicendo che non dovevamo preoccuparci per loro. In seguito, venimmo a sapere che erano caduti accidentalmente in un piccolo crepaccio, da qualche parte sul pendio sommitale, e avevano deciso di utilizzarlo come rifugio. Dopo un terribile bivacco, avevano ripreso a scendere il mattino seguente.

Al campo III, dopo tante notti insonni Veikka e io riuscimmo finalmente a dormire. L'indomani, quando l'aria ci portò l'odore delle sigarette, capimmo che la squadra era sana e salva. Quel giorno, il 13 maggio, decidemmo di scendere fino al campo base. Io e Veikka percorremmo veloci il Gauntlet per l'ultima volta; grazie al cielo, nessuna frana o valanga spazzò il bacino. Al campo II Charley Mace – che era stato mio partner sul K2 nel 1992, e adesso si trovava sull'Annapurna con un altro piccolo team – ci aveva generosamente messo da parte due bottiglie d'acqua, che buttammo giù quasi d'un fiato. In cambio, al campo III gli avevamo lasciato la nostra tendina, il fornelletto e il sacco piuma, che avrebbe potuto utilizzare durante il suo assalto alla vetta, qualche giorno dopo.

Finalmente potemmo toglierci le tute di piuma. Restammo scioccati da come gli indumenti ciondolassero dai nostri corpi smagriti. Recuperammo il resto dell'attrezzatura e cominciammo a scendere. Eravamo esausti, ma decisi a non fermarci finché non fossimo arrivati al campo base.

Come già il giorno prima, arrivarono le nuvole, e in breve ci trovammo immersi nell'ennesimo *whiteout*. Eravamo scesi dalla parete nord, ma dovevamo ancora affrontare un tragitto tortuoso attraverso un piccolo seracco, e superare cupole di roccia e neve. Le bacchette con cui avevo segnato il percorso erano cadute, sepolte sotto la neve fresca. Eravamo vicinissimi alla meta, ma ancora una volta ci ritrovammo a vagare come zombie. In più di un'occasione dovemmo sederci e aspettare che la nebbia si diradasse per orientarci. Tra me e me, maledissi la montagna: «Andiamo, dacci tregua!». Ma, come scrissi nel mio diario: «L'Annapurna non voleva lasciarci andare».

Chiamammo Jimmy via radio, e lui tentò di guidarci fino al campo base dandoci alcuni punti di riferimento. Sembrava un controllore del traffico aereo, che tentava di far atterrare un velivolo con visibilità zero. Mentre percorrevamo l'ultimo tratto di ghiaccio, Jimmy, Silvio e altri alpinisti ci vennero incontro. Finalmente riuscimmo a scorgerli, grazie a uno squarcio momentaneo nel *whiteout*. Ci stavano salutando, urlando grida di incitazione.

Un attimo dopo eravamo in mezzo a loro. Silvio mi strinse in un abbraccio fortissimo, sollevandomi da terra. A sei anni di distanza, quel gesto rimane uno dei ricordi più vividi dell'intera spedizione: il gesto di un uomo cordiale e generoso, che conoscevo da pochissimo, e che in moltissimi modi – troppi per essere elencati – ci aveva aiutati a scalare l'Annapurna. Un uomo che incarna perfettamente i principi della «fratellanza della corda», il codice degli alpinisti che scelgono altruisticamente di aiutare i propri compagni e i colleghi di altre squadre.

Il «comitato di accoglienza» ci aveva portato le nostre scarpe da trekking, che calzammo al posto degli scarponi per percorrere l'ultimo tratto facile fino al campo base. E anche birra e succo di frutta, che ci scolammo come due uomini giunti in un'oasi dopo aver attraversato faticosamente un deserto. E, per finire, patatine: dopo oltre ventiquattr'ore, finalmente potemmo concederci il lusso di mettere qualcosa sotto i denti.

A quel punto, l'emozione ebbe la meglio. Raramente mi è capitato di piangere in montagna. Ma lì, sotto la parete nord dell'Annapurna, mi lasciai andare. Niente singhiozzi, solo lacrime nascoste dalle lenti scure degli occhiali da sole. Avevo un nodo in gola e non riuscivo a parlare; provavo anche un certo imbarazzo, ma non vi badai, invaso da un'immensa sensazione di sollievo. Veikka e io ci abbracciammo, senza dire nulla. Le parole non servivano.

Quaranticinque minuti dopo eravamo al campo base. Come scrissi quella sera nel mio diario: «È fantastico sentire sotto i piedi la terra solida ed erbosa!». Finalmente avevo scongiurato lo spettro che per tutto l'inverno precedente aveva tormentato le mie notti. Avevo scalato l'Annapurna. Non riuscivo ancora a cogliere la portata di quell'impresa, ma nelle settimane e nei mesi successivi il senso il soddisfazione sarebbe fiorito rigoglioso come una pianta esotica. Nel mio futuro vedevo solo gioia e gratificazione.

Epilogo
La Dea delle messi

All'inizio, tuttavia, dovetti tenere a freno l'entusiasmo. L'11 maggio, a quasi tredicimila chilometri dall'Annapurna, si stava svolgendo un altro dramma. A Bainbridge Island, alle tre del pomeriggio, Paula sentì squillare il telefono. Era Jimmy Chin, per comunicarle che io e Veikka ci eravamo appena messi in marcia per raggiungere la vetta (alle tre del mattino del 12 maggio, ora del Nepal). Durante una conversazione precedente, avevo detto a mia moglie che probabilmente avrei impiegato otto ore per salire dal campo III alla cima.

Per tutto il pomeriggio, e per tutta la sera, aspettò. Alle ventidue, ormai, stava trattenendo il fiato per l'ansia. Passò un'ora, poi un'altra. E il suo stato d'animo era sempre più cupo.

Io e Veikka eravamo ancora a due ore dalla vetta, alle prese con l'interminabile pendio sotto la fascia di roccia terminale. Una parte di me era cosciente del fatto che otto ore erano già passate. Mentre mi rendevo conto, passo dopo passo, che i nostri progressi erano più lenti del previsto, sapevo che avrei dovuto fare segno al mio compagno di fermarsi, per prendere la radio dal suo zaino e chiamare Jimmy. Ma al di là del freddo, e della pendenza implacabile del terreno, l'enorme sforzo per continuare a salire mi impediva di fare soste, fosse soltanto per bere un sorso d'acqua. Avevamo bisogno di tutta la nostra concentrazione, se volevamo avere una chance. Consapevole dello stato d'ansia in cui doveva trovarsi Paula, cercavo di inviarle una sorta di messaggio telepatico: «Sii un po' elastica, tesoro. Sai che otto ore è solo una supposizione. Sai che potrebbe volerci più tempo».

Al campo base, anche Jimmy aveva cominciato a preoccuparsi. Leale fino alla fine, si sentì in dovere di aggiornare Paula, e così la chiamò ancora. «Sono partiti alle tre del mattino» le disse, «ma non abbiamo avuto più notizie.» Probabilmente pensò che un messaggio del tipo «niente nuove, buone nuove» sarebbe stato meglio di un angoscioso silenzio. Invece, quella telefonata riuscì solo a metterla ancora più in agitazione. Andò a letto, ma non riuscì a dormire. Non aveva detto nulla a Gil e a Ella (Anabel, a sette mesi, era troppo piccola per capire): perché far preoccupare anche i bambini?

Nei mesi che avevano preceduto la spedizione, avevo vissuto i momenti più cupi di notte, quando non riuscivo a chiudere occhio. Non c'era da stupirsi che adesso Paula fosse vittima della stessa angoscia. Raggomitolata in posizione fetale, nel nostro letto, cercava di immaginare cosa potesse essere successo. Forse eravamo stati travolti da una valanga. O eravamo rimasti coinvolti (uno di noi, o entrambi) in una caduta fatale. Oppure il freddo e il vento ci avevano costretto a cercare rifugio sotto un seracco, dove stavamo lentamente morendo assiderati.

I minuti passavano, e a poco a poco Paula si convinse che qualcosa era andato storto. «Qualcosa è andato male» si disse. «Eddie non tornerà a casa.»

A posteriori, è facile liquidare una convinzione tanto sinistra come una fantasia generata dalla paura, e dall'amore. Ma è una fantasia incredibilmente reale, quando ti colpisce. Solo otto mesi dopo il mio ritorno dall'Annapurna, Katia Lafaille dovette sopportare una notte di terrore del tutto simile a quella che aveva affrontato Paula. Mentre tentava la sua ascensione invernale in solitaria al Makalu – un'impresa incredibilmente audace – J.-C. chiamò Katia, nella loro casa nella Francia del Sud, con il telefono satellitare, per comunicarle che stava per lanciare il suo assalto alla vetta. Le promise che si sarebbe fatto risentire entro poche ore, non appena fosse giunto alla base del canalone che conduceva alla cima. Ma non chiamò. In preda all'angoscia, incapace di sopportare tutta quella tensione, Katia mi inviò un'e-mail. Le risposi cercando di tranquillizzarla. «C'è sempre speranza. Dagli il tempo di tornare giù.» Invece, quella volta la sua paura peggiore si rivelò fondata. J.-C. non fece mai quella telefonata. Lei volò in Nepal e raggiunse il campo base a bordo di un elicottero, con cui poi sorvolò la montagna, ma nonostante le ricerche non seppe mai cos'era successo al marito. Era scomparso da qualche parte, sui pendii più alti.

A poco a poco l'ansia di Paula lasciò il posto alla rabbia. Aveva sempre sostenuto la mia campagna sugli ottomila, soffocando i suoi timori, sapendo quanto quelle montagne significassero per me. Ma d'un tratto la tensione che fino a quel momento aveva trattenuto emerse con violenza. «Vaffanculo!» mi urlò in silenzio. «Come farò a spiegarlo ai bambini?» Quindi provò e riprovò a recitare la frase con cui avrebbe dato la terribile notizia ai nostri figli.

Finalmente ricevette la telefonata di Jimmy che la informava del nostro successo. I suoi pensieri più neri si dissolsero, mentre cercava di immaginare la gratificazione che dovevo provare, ora che avevo conquistato l'Annapurna. D'altro canto, le avevo ripetuto più volte quanto fosse importante non abbassare la guardia durante la discesa. «Tornare giù è obbligatorio.»

Alle sei del mattino del 12 maggio, si alzò e diede inizio a quella che si sforzò di far sembrare una giornata qualunque. Ma, di nuovo, le ore passarono senza notizie da Jimmy. E in quelle ore io e Veikka stavamo avanzando faticosamente nell'oscurità, cercando di ritrovare le corde fisse che ci avrebbero guidato al campo III. Ancora una volta in ritardo.

Infine Paula ricevette la telefonata che la informava del nostro rientro al campo. Il giorno dopo la chiamai dal campo base, e cinque giorni più tardi ero a casa.

Ma Paula non dimenticò con tanta facilità la rabbia che aveva provato durante quella che considerava la notte peggiore della sua vita. All'inizio non riusciva a condividere fino in fondo la mia felicità. I primi giorni ebbi l'impressione di camminare sulle uova. Razionalmente, sapeva che non mi ero potuto concedere il lusso di tenerla aggiornata tramite Jimmy sui miei progressi oltre il campo III. Ma i sentimenti emersi da quella notte straziante non erano facili da dimenticare.

Poi, inaspettatamente, giunse un altro choc dall'Annapurna. Mentre mi godevo il mio primo giorno a casa, la seconda squadra italiana coguidata da Christian Kuntner si era avviata lungo la via francese. Appena sopra il campo II, gli alpinisti avevano cominciato a traversare verso sinistra, attraverso una gola molto ripida: un imbuto naturale che convogliava tutti i detriti provenienti dall'alto, e che pertanto andava superato nel minor tempo possibile. Ma Christian si fermò qualche secondo per fare qualche ripresa con la videocamera.

Chiunque si trovasse sulla montagna udì quel rumore. Una valanga. Christian non poté nemmeno tentare di mettersi in salvo. Colpito da grossi blocchi di ghiaccio, fu strappato via dagli appigli e trascinato giù per decine e decine di metri. Era ancora cosciente quando i compagni lo raggiunsero, e addirittura cominciò a scendere sulle sue gambe, sorretto dagli altri. Ma pochi minuti dopo cominciò a sputare sangue, a causa delle gravissime emorragie interne. I soccorritori lo riportarono al campo II, dove morì appena tre ore dopo l'incidente.

Quando la notizia della sua morte mi raggiunse a Bainbridge Island, rimasi sconvolto. Dunque la via che avevo seguito su quella montagna era davvero una specie di roulette russa? Avevo attraversato quella gola ben due volte, salendo e scendendo. Era una mera questione di fortuna che la valanga non fosse caduta mentre ero lì?

Visto lo stato di Paula, ebbi qualche timore a dirle di Christian. Quando mi decisi, però, lei mostrò una straordinaria tranquillità d'animo. «Christian si è trovato nel posto sbagliato al momento sbagliato» commentò. «E probabilmente le condizioni erano diverse, quando hai traversato tu quella gola.»

Io, però, rimasi piuttosto scosso, e fui enormemente grato di aver portato a termine l'Endeavor 8000. Quella primavera, sull'Annapurna, eravamo in tre ad aver scalato almeno undici ottomila. Silvio Mondinelli e Christian Kuntner non erano meno forti e capaci di me. Eppure, Silvio era stato costretto a rinunciare, e ora Christian aveva perso la vita. Soltanto io ero salito in vetta ed ero tornato giù sano e salvo. Certo non mi congratulai con me stesso per essere riuscito laddove i miei due colleghi avevano fallito (in un caso, tragicamente). Per quanto si faccia per controllare i rischi, sull'Annapurna ci si trova sempre a giocare con la fortuna.

Non avrei potuto chiedere compagno migliore, sul mio ultimo ottomila. Avevo affrontato la prima spedizione con Veikka sul Makalu, nel 1995, e quella sull'Annapurna fu la nostra tredicesima esperienza insieme. Con nessun altro ho condiviso tante avventure su Himalaya e Karakorum.

Anno dopo anno, avevamo superato la barriera linguistica che all'inizio aveva provocato qualche difficoltà, grazie all'impegno di Veikka per migliorare il suo inglese. (Inutile dire che, da parte mia, non mi sono mai cimentato con il finlandese!) Continuavo a sceglierlo come partner perché lo sentivo molto vicino a me, per carattere e per abilità alpinistiche.

Solo nel 2003 non partecipammo a nessuna spedizione insieme. Quell'estate, io salii Nanga Parbat e Broad Peak con J.C. Lafaille, mentre in primavera Veikka era stato costretto a rinuniciare sul Kangchenjunga, a causa del maltempo e delle pessime condizioni della neve. Credo che entrambi avessimo sentito la mancanza della confortevole routine costruita negli otto anni precedenti. Con J.-C. cominciavo a sentirmi a mio agio, ma ci vuole tempo per instaurare un legame come quello che univa me e Veikka.

Era molto accomodante, una delle caratteristiche che più mi piacevano di lui. Non si agitava mai. Non era schizzinoso davanti al cibo mediocre e ai pessimi alloggi di cui ci dovevamo accontentare in Asia. Era sempre paziente, mai ansioso di concludere una spedizione e tornare a casa. Sapeva essere serio quando la situazione lo richiedeva, ma aveva anche un notevole senso dell'umorismo. Non credo di averlo mai visto perdere il suo sangue freddo. Potevamo rimanere ore senza dirci nulla, senza sentire nemmeno il bisogno di parlare.

Al tempo stesso, era un tipo molto socievole. Di solito era lui a fare le presentazioni, quando incontravamo altre squadre in montagna. Ed era naturalmente curioso nei confronti delle popolazioni indigene e della loro cultura. Era onesto ed equo nel trattare con gli sherpa nepalesi o pachistani, mai condiscendente (a differenza di tanti leader occidentali, che sembrano sostenere una sorta di neocolonialismo scegliendo di preservare la distanza tra *sahib* e *coolie*).

Dopo esserci salutati a Kathmandu, continuammo a tenerci in contatto, tramite telefonate ed e-mail frequenti: credo di poter dire di essere stato il suo sostenitore più entusiasta, mentre tentava di scalare i quattordici ottomila. Dopo l'Annapurna, gliene mancavano quattro: Kangchenjunga, Gasherbrum I e II e Broad Peak. Conquistò il primo nel 2006. Nel 2008 formulò l'audacissimo piano di scalare gli altri tre in un'unica spedizione, essendo relativamente vicini tra loro, nel cuore del Karakorum.

Raggiunse la vetta del Gasherbrum II, ma sul Gasherbrum I dovette rinunciare a meno di cento metri dalla cima, poiché arrampicava da solo e il tempo stava peggiorando. Quindi non ebbe problemi a scalare il Broad Peak, riuscendo laddove nel 1997 avevamo dovuto rinunciare.

Nel 2009 tornò in Pakistan per scalare il suo ultimo ottomila. Non lo invidiavo affatto, sapendo che aveva davanti quella lunga e rovente marcia sul Baltoro, che io stesso avevo affrontato tante volte. Appena rientrato dalla mia settima ascensione all'Everest, seguii quotidianamente la sua spedizione, via Internet. Quando lessi che il 26 luglio era giunto in vetta, non riuscii a trattenere le lacrime. Era diventato il diciassettesimo alpinista a «chiudere il cerchio», e solo il nono a farlo senza bombole d'ossigeno.

Non appena fu raggiungibile al telefono, lo chiamai per fargli le mie congratulazioni. Era felicissimo, e anche assolutamente certo che la sua carriera sugli ottomila fosse giunta al termine. Sapendo quanto possono essere pericolose quelle quattordici montagne, non intendeva affatto sfidare ancora il destino. Aveva finalmente chiuso quel capitolo della sua vita, ed era pronto a inseguire altri obiettivi.

Ancora oggi lo considero uno dei miei più cari amici. Nella primavera del 2010 ha sposato la sua fidanzata, Henna Meriläinen (Miss Finlandia 1994). L'estate successiva hanno avuto una bambina, Selma. E l'anno seguente io, Paula e i bambini abbiamo trascorso due settimane con loro in Finlandia. Ci siamo divertiti un mondo a rivivere le vecchie avventure, e a programmarne di nuove. Sono convinto che uniremo le forze ancora una volta, per inseguire qualche altro sogno... solo, non su un ottomila!

Nessuna montagna è riuscita a tormentarmi quanto l'Annapurna, che arrivai addirittura a considerare la mia nemesi personale, protagonista dei miei pensieri (e di parecchi incubi) per cinque lunghi anni. Ma non divenne mai un'ossessione, come accadde al mio caro amico J.-C. Lafaille. «Vendetta»: chiamò così il suo trionfo, nel 2002. Vendetta nei confronti della cima che aveva ucciso il suo mentore, Pierre Béghin. Non ho mai perso un compagno, né su quella né su altre montagne; ma, se mi fosse successo, non avrei interpretato così la mia conquista. Verrebbe la tentazione di fare una netta distinzione tra dedizione e ossessione, e di considerare la prima come una sana – e necessaria – condizione per centrare un obiettivo difficile, e la seconda come una strada sicura verso rischi inaccettabili (o verso disgrazie, nei casi peggiori). Ma personalmente preferisco considerarle come due punti su uno spettro continuo. È vero, Lafaille era ossessionato dall'Annapurna, ma tra tutti i miei partner è stato quello in assoluto più abile nel valutare i rischi di una scalata: era l'ultima persona che mi sarei aspettato di veder morire in montagna. Semplicemente, era disposto a ridurre il margine tra sicurezza e pericolo più di quanto non lo fossi io.

Affrontò le vette più ardue con il più audace degli stili. Era la prova vivente della massima di Messner: per accedere all'Olimpo dei grandi alpinisti, bisogna scegliere vie difficili, mai tentate prima. Qualcuno considerò il progetto di J.-C. (scalare il Makalu in solitaria d'inverno) un'impresa potenzialmente suicida. Non io: da parte mia, credevo davvero che avrebbe potuto farcela. Aveva un talento straordinario, era in gamba e bravissimo a tirarsi fuori dai guai.

J.-C. voleva «chiudere il cerchio». E aveva lasciato l'Everest per ultimo. In confidenza, mi rivelò di voler lanciare un assalto spettacolare al tetto del mondo. Ma non mi disse mai che cosa intendesse di preciso. Non ne fece parola né con me, né con nessun altro. Nemmeno con Katia. Non sapremo mai che cosa avesse in mente per quell'ultima impresa.

Ho partecipato a undici spedizioni sull'Everest, arrivando in cima sette volte. Ma nulla riuscirà mai a convincermi a tornare sull'Annapurna. È una montagna spaventosa, troppo pericolosa. Prima o poi, tuttavia, mi piacerebbe tornare al campo base del versante nord, e trascorrere un po' di tempo su quel tappeto erboso lussureggiante, dove ho passato tante giornate stressanti prima della scalata. Negli anni, per me quel luogo è diventato importante. Ma nel 2005 ero troppo concentrato sull'ascensione per rilassarmi e godermi lo splendido panorama che mi circondava.

Credo si possa affermare che l'Annapurna sia in assoluto la montagna più letale. È difficile compilare un quadro statistico accurato, ma uno storico della montagna, Rodrigo Granzotto Peron, ha calcolato che, nell'agosto del 2010, 183 scalatori sono arrivati in vetta, mentre 61 hanno trovato la morte. È ormai comune valutare la pericolosità delle montagne più alte in base al rapporto trionfi/vittime. Nel caso dell'Annapurna, è del 33%. Per l'Everest si abbassa al 9%. Il K2 si avvicina all'Annapurna, con il suo 25%. Nessun'altra vetta presenta una percentuale simile.

Il mio secondo libro si intitola *K2. La montagna più pericolosa della Terra*. Qualche critico particolarmente acuto mi ha fatto notare che quel titolo spetta all'Annapurna. In realtà, esistono molti modi per arrivare a una valutazione del genere. Nel caso del K2, non mi riferivo solo alle difficoltà tecniche presentate dalla montagna, ma anche ai limiti cui gli scalatori sono disposti a spingersi per riuscire nell'impresa. In questo senso, l'aggettivo «pericoloso» diventa soggettivo. «Letale», invece, è oggettivo, dal momento che è possibile calcolare il rapporto tra ascensioni e vittime.

Il K2 si presenta più arduo lungo la via più facile, sulla Cresta degli Abruzzi. Ma la via francese sull'Annapurna, pur non presentando tratti estremi dal punto di vista tecnico, è a dir poco *spaventosa*. «Tra i quattordici ottomila», riassume Messner, «l'Annapurna è quello con la via standard in assoluto più pericolosa.» E il grande Ueli Steck, alpinista e arrampicatore svizzero famoso per le sue solitarie e i suoi record di velocità, aggiunge che «non è la vetta più dura, ma chiunque provi a scalarla corre dei rischi». La distinzione tra «pericolosa» e «letale» potrà sembrare un mero cavillo, ma per il sottoscritto è assolutamente sensata.

Gli eventi degli ultimi anni, poi, contribuiscono a illustrare ulteriori differenze tra le due montagne. Nel 2008, sul K2, undici scalatori persero la vita nel giro di trentasei ore, in una delle peggiori catastrofi nella storia delle spedizioni himalayane. Nei due anni successivi, nessuno arrivò in vetta, anche se ci provarono molti alpinisti di tutto rispetto. La primavera del 2010, sull'Annapurna, fu una stagione senza precedenti: non meno di ventisei persone giunsero in cima, diciassette in un solo giorno (27 aprile). Evidentemente, le condizioni solitamente infide di neve e ghiaccio avevano concesso una tregua agli aspiranti conquistatori, che tentarono la scalata in vere e proprie ondate. Si registrò un unico incidente mortale, causato non da valanghe o seracchi, bensì da una forma acuta di mal di montagna.

Esteticamente, l'Annapurna non è il più bello degli ottomila. Non ha la grazia dell'enorme piramide del K2, che personalmente colloco al primo posto tra i quattordici. La parete sud dell'Annapurna è uno degli strapiombi più fenomenali e sbalorditivi del pianeta. In generale, tuttavia, a definire la montagna è la sua confusa complessità. Vanta alcune delle creste più lunghe dell'Himalaya, in particolare la est, lungo la quale sferrammo il nostro attacco nel 2002, e la sud-ovest, a cui puntarono Simone Moro e Anatolij Bukreev nel 1997. I versanti sono decorati da ghiacciai sospesi, da un caos di seracchi e crepacci, da creste poco definite di roccia e neve, che perlopiù non portano alla cima ma a picchi secondari. È questa stessa complessità a rendere la montagna difficile e pericolosa. Non ci sono ampi bacini digradanti che portano ai pianori alti, come accade su altri ottomila. Quasi ovunque si tende a guardare all'insù, e a domandarsi che cosa ti potrebbe piombare addosso da un momento all'altro.

L'origine del nome «Annapurna» cela i pericoli della montagna. È sanscrito, e solitamente viene tradotto come «Dea delle messi», anche se il significato letterale e più prosaico è «Piena di cibo». Evidentemente è collegato ai torrenti e ai fiumi che giungono a valle dai ghiacciai, favorendo i raccolti. I nativi che vivono all'ombra della montagna non si avvicinano mai alle sue pendici. Quando i francesi, nel 1950, tentarono di superare il labirinto che conduceva alla parete nord, non trovarono nessun abitante dei villaggi che avesse una vaga idea in proposito.

«Dea delle messi» è un'etichetta poco romantica per un picco simile, almeno rispetto al nome tibetano dell'Everest, Chomolungma («Dea madre del mondo»), o al nepalese Kangchenjunga («I cinque tesori della neve»). Eppure, grazie alle imprese che ho voluto celebrare in questo libro, e grazie al fatto che l'Annapurna è stato il primo ottomila a essere conquistato, il suo nome ha di per sé un potere romantico nel mondo delle avventure alpinistiche.

A distanza di anni, la conquista dell'Annapurna – che coronò la mia personale campagna sugli ottomila – mi regala ancora un profondo senso di soddisfazione. Quando tengo conferenze o proiezioni di diapositive sulle mie scalate in Himalaya e Karakorum, cerco sempre di comunicare a chi mi ascolta la convinzione che le lezioni apprese in montagna siano utili per affrontare sfide diverse, anche nella vita quotidiana.

Per questo resterò sempre confuso leggendo di grandi alpinisti come Louis Lachenal o Jerzy Kukuczka, che dopo aver raggiunto l'obiettivo di una vita non provarono alcuna emozione: solo un senso di vuoto, di intorpidimento. Nel caso di alcuni (penso a Don Whillans e Dougal Haston nel 1970), quel principio di intorpidimento aveva un significato tattico: infatti, dovettero tornare giù quasi subito e riorganizzarsi per guadagnare il campo elevato mentre stava per scatenarsi una bufera. Per Lachenal, l'intorpidimento era legato alla consapevolezza di avere i piedi congelati, e al fatto di sapere che con ogni probabilità avrebbe perso le dita, e forse anche la vita. Ma Kukuczka vide spalancarsi un vuoto esistenziale. Fu come se all'improvviso si fosse trovato di fronte a un enorme dilemma: «Che cosa farò per il resto della mia vita?». Il suo stato d'animo fa pensare alla figura di Alessandro Magno, che dopo aver vinto la sua più grande battaglia pianse, perché non aveva altri mondi da conquistare.

La mia storia del K2 era ricca di controversie, tradimenti tra membri della stessa squadra e decisioni sconsiderate che portarono a esiti fatali. I capitoli più eroici nel passato della montagna, come le spedizioni americane del 1938 e del 1953, furono fallimenti, nel senso che gli scalatori impegnati nella salita non riuscirono a raggiungere la vetta. Ai miei occhi, tuttavia, saranno sempre dei successi, per il modo in cui i compagni lavorarono insieme per affrontare condizioni tanto estreme e tragiche.

La storia dell'Annapurna è completamente diversa. Anziché essere punteggiata di follie e fiaschi, è illuminata da imprese audaci e ambiziose e da brillanti trionfi. La prima ascensione francese, realizzata nonostante le circostanze avverse; l'audace assedio inglese della parete sud, fino a quel momento la scalata più difficile mai realizzata sull'Himalaya; la salita coraggiosa lungo la cresta est di Loretan e Joos, seguita dalla discesa lungo la parete nord; la prima ascensione invernale compiuta da Kukuczka e Hajzer; il viaggio di Lafaille e Iñurrategi in un altro mondo, sulla cresta est; gli sforzi di Messner e Kammerlander sulla parete e la cresta di nord-ovest, sferzate da venti violenti: tutte queste imprese restano tra le performance migliori realizzate sull'Himalaya. Persino la tragedia che colpì Moro e Bukreev sulla parete di sud-ovest fu l'esito tragico di una spedizione visionaria.

Senza dubbio alcuni tra gli scalatori migliori del mondo continueranno a cimentarsi con l'Annapurna. Per qualcuno, il fatto stesso che sia considerato il picco più letale della Terra sarà un fattore motivante. Inoltre, rappresenta una voce nell'elenco per chiunque voglia scalare i quattordici ottomila. Senza un incentivo simile, qualcuno potrebbe giungere alla conclusione che rischi così elevati non siano giustificabili.

Inoltre, restano alcune «prime» da compiere sull'Annapurna. Sull'imponente parete sud sono state aperte almeno nove vie, ma ci sono creste e gole inviolate che ne promettono di nuove. Quella tentata da Simone e Anatolij sul versante sudovest, e poi sopra il Fang e lungo la cresta sud-occidentale fino alla cima, è una sfida lasciata in eredità agli alpinisti della prossima generazione. Alla fine, probabilmente, qualcuno effettuerà la traversata completa della montagna, salendo dalla cresta di nord-ovest, superando la cima e scendendo lungo la cresta est, o viceversa.

Già nel 1979 un francese, Yves Morin, tentò di compiere la discesa sugli sci. Percorse oltre milleduecento metri fino a una ripida sezione di ghiaccio a 6797 metri. A quel punto, senza sganciare gli sci, attaccò a una corda fissa il suo ascensore, che però rimase impigliato. Nel tentativo di liberarsi, morì per la spossatezza. La prima discesa completa sugli sci (lungo la via francese) fu compiuta nel 1995 da due temerari fratelli sloveni, Davo e Andrej Karnicar. Quando giunsero alla base del muro, tuttavia, Andrej aveva un principio di congelamento ai piedi, e dovette essere portato via in elicottero.

Due alpinisti sono stati a un passo dal mettere a segno la prima ascensione in solitaria. Nel 1991 un altro audace sloveno, Slavko Sveticic, tentò di aprire una via nuova sulla parete ovest. Arrivato a nemmeno duecento metri dalla vetta, dovette bivaccare sotto un vento da uragano. Traversando sotto la cima, riuscì a scendere lungo la via francese. Un'impresa grandiosa che passò inosservata nel mondo dell'alpinismo occidentale. Quattro anni dopo, Sveticic affrontò una sfida addirittura più temibile: la scalata in solitaria della parete ovest del Gasherbrum IV, probabilmente la montagna più ardua del Karakorum. Quando si trovava già piuttosto in alto, rimase bloccato dalle rocce instabili e da una violenta bufera di neve. Dopo aver atteso un giorno intero in un bivacco, cominciò a scendere. Alcuni coreani ai piedi della montagna credettero di vederlo, ma poi le nuvole inghiottirono il picco. Nessuno avrebbe più rivisto Sveticic.

Nel 2007 un altro sloveno, Tomaž Humar, compì una straordinaria ascensione in solitaria e in stile alpino lungo la parete sud dell'Annapurna, aprendo una via nuova, anche se raggiunse solo la cima est e non quella «vera». Due anni prima, sul Nanga Parbat, era stato protagonista di un pericoloso salvataggio in elicottero, dopo un bivacco probabilmente temerario e sconsiderato che gli valse l'acclamazione dei compatrioti, e le critiche da parte dei colleghi stranieri. Poi, nel 2009, durante un altro coraggioso tentativo in solitaria, sul Langtang Lirung nel Nepal settentrionale, morì a causa di una frattura alla gamba procuratagli da una lunga caduta: a ucciderlo furono le ferite e l'ipotermia, prima che ci fosse stato il tempo di organizzare i soccorsi su quella montagna remota.

Le gesta notevoli di questi alpinisti servono solo a mostrare quanto sia pericoloso l'Annapurna. E ciò ci spinge a riflettere ancora una volta su quella che forse resta l'impresa più grande nella storia di questa montagna: la prima ascensione. Tante, tantissime volte ho pensato a quella scalata, realizzata con una corsa folle nelle ultime due settimane di maggio, con la fragile attrezzatura di quegli anni, e nonostante l'assoluta ignoranza sulla topografia della vetta: ma mi sento sempre in soggezione davanti all'incredibile successo dei francesi.

Forse, la più grande benedizione dell'alpinismo è il legame che crea tra gli scalatori. La mia amicizia con Neal Beidleman e Michael Kennedy – miei compagni nel tentativo interrotto del 2000 – è ancora forte e salda. Nel 2002 cominciai ad arrampicare con J.-C. Lafaille, che considero il miglior scalatore con cui mi sia mai trovato su una montagna. La sua scomparsa sul Makalu, nel 2006, mi addolora ancora oggi. Infine, le tre campagne sull'Annapurna con Veikka Gustafsson hanno contribuito a consolidare ulteriormente la collaborazione più bella di cui abbia potuto godere nella mia carriera.

Suppongo si possano costruire amicizie anche giocando a softball, o frequentando un pub, ma mi riesce difficile credere che possano avere l'intensità e la durata dei legami che nascono sulle montagne. Simone Moro disse di aver trovato in Anatolij Bukreev il miglior amico di sempre, e so per certo che piange ancora la sua morte, come io piango quella di J.-C. Lafaille. Sull'Annapurna, Reinhold Messner cementò la sua amicizia con il suo partner favorito, Hans Kammerlander. Malgrado le differenze di carattere, nel 1970 il lavoro di squadra di Don Whillans e Dougal Haston non ha eguali nella storia dell'alpinismo britannico, a cui mise fine solo la morte prematura di Haston (1977). E una delle «fratellanze della corda» entrate nella leggenda – quella tra Louis Lachenal e Lionel Terray – raggiunse l'apoteosi quando i due protagonisti si salvarono a vicenda, durante l'epica discesa dall'Annapurna (1950).

Legami simili superano anche abissi generazionali. Il 9 novembre 1996 fui invitato come ospite d'onore a una cena di gala a sostegno dell'Himalayan Foundation di San Francisco. Sei mesi prima avevo conquistato l'Everest con la spedizione Imax di David Breashears, dopo aver soccorso alcuni alpinisti rimasti feriti durante la tragedia consumatasi tra il 10 e l'11 maggio. Avevo otto ottomila all'attivo, ma non ero famoso. Quella sera, tuttavia, con mio immenso stupore, mi trovai seduto tra Sir Edmund Hillary e Maurice Herzog. Ricordo di aver pensato: «Non ne sono degno. Che ci faccio in mezzo a questi due?».

Herzog era vestito in modo impeccabile, come sempre (così avevo sentito dire) quando era in pubblico. Con la coda dell'occhio lo osservai mentre sollevava il suo bicchiere di vino tenendolo tra i palmi; nel 1950 gli erano state amputate tutte le falangette. Non riuscivo a smettere di pensare: «È proprio lui!».

In fondo, era il suo libro ad avermi spinto a intraprendere questa carriera. Ne avevo acquistata una copia di seconda mano nella mia città natale – Rockford, in Illinois – nel 1976, quando avevo sedici anni. Da allora, l'avevo letto e riletto migliaia di volte.

Sapendo che sarebbe stato presente alla cena, pur senza immaginare che mi sarei seduto accanto a lui, avevo portato quella copia con me. Finalmente trovai il coraggio di chiedergli: «Potrebbe firmarla?». Lui annuì e sorrise. Aprì il libro sulla pagina del titolo, prese una penna tra i palmi e scrisse una breve dedica. La lessi solo dopo.

A Ed Viesturs
Mio compagno sull'Himalaya
Con tanto affetto.

La firma era un ornato scarabocchio.

Nel maggio del 2005, di ritorno dall'Annapurna, presi dalla libreria quel volume e lo aprii. Quella cena a San Francisco mi affollò la mente, insieme all'eccitazione che avevo provato leggendo quella dedica per la prima volta. Cinquantacinque anni prima di me, Maurice Herzog era stato il primo uomo a raggiungere quel vertice nel cielo. Adesso eravamo uniti da un'avventura comune, che trascendeva il fatto che non ci fossimo mai incontrati prima di quella sera: avevamo un legame che poche imprese umane possono creare.

Rimisi il libro al suo posto. Difficilmente proverò una felicità maggiore di quella che sentii in quel momento.

Ringraziamenti

Di tutte le montagne che ho scalato nella mia vita, l'Annapurna è quella che più di ogni altra ha segnato un momento cruciale. Il classico racconto della prima ascensione, *Annapurna. Il primo 8000*, che lessi avidamente da ragazzino, fu la scintilla che accese la mia ambizione. Trent'anni dopo, quando finalmente salii in vetta – il 12 maggio 2005 – riconsiderai il viaggio che avevo intrapreso, spinto dalle parole di Maurice Herzog. È soprattutto con lui che sono in debito. So che oggi moltissimi giovani, come me, sono entrati nell'arena dell'alpinismo perché ispirati dalla sua figura.

Voglio dire grazie anche a Paula, mia moglie, che mi ama e mi sostiene da tanti anni. Mentre mi preparavo, spedizione dopo spedizione, era lei a permettermi di spiegare le ali per librarmi sopra le nuvole. Paula comprende da sempre il mio impegno e conosce i rischi di questo mestiere, eppure ha voluto credere in ogni singolo passo del mio percorso. Il suo aiuto psicologico ed emotivo mi ha dato forza e ha reso più leggero il carico che portavo sulle spalle.

Ringrazio Veikka Gustafsson, mio partner di scalate per dieci anni, compagno di cordata sempre positivo, accomodante, tranquillo. Ogni anno, al ritorno da una nuova avventura himalayana, la sua prima domanda era: «Che cosa scaliamo l'anno prossimo?». Veikka ha sempre intuito che il viaggio in sé era più importante di un successo, e che, se fossimo stati pazienti, avremmo conquistato un'altra vetta.

Mentre raggiungevamo l'Annapurna, nella primavera del 2005, non potevamo immaginare quale direzione avrebbe preso il nostro futuro. Dopo due tentativi falliti, non ci aspettavamo certo che quella stagione ci avrebbe regalato tanta fortuna. La montagna stessa ci apparve completamente diversa rispetto agli anni precedenti: più fredda, più solida, relativamente tranquilla... quasi invitante. Pietra angolare del nostro successo fu l'amicizia con la squadra dei cinque italiani guidati da Silvio Mondinelli, con cui avviammo una proficua collaborazione. Il lavoro che avevano compiuto piazzando le corde fisse su alcuni tratti chiave, e l'invito a unire le forze durante l'assalto finale, furono fondamentali per la nostra ascensione. Il forte abbraccio che ricevetti da Silvio, quando feci ritorno dalla vetta con Veikka, vale più di mille parole.

Jimmy Chin, alpinista esperto e fotografo superbo, mi aiutò moltissimo sostenendomi dai campi inferiori dell'Annapurna. Gli sono grato, tra l'altro, per avermi fornito le immagini straordinarie della sovraccoperta. E Anne-Laure ha svolto un lavoro eccellente, traducendomi la prosa complessa e vigorosa dello straordinario memoir di Erhard Loretan, *Gli 8000 ruggenti*.

Per ultimo, certo non per importanza, voglio ringraziare il mio coautore, David Roberts, per avermi aiutato a concepire il nostro terzo e (spero) non ultimo libro. Ringrazio anche il nostro instancabile agente letterario, Stuart Krichevsky, e le sue diligenti colleghe, Shana Cohen e Jennifer Puglisi. Alla Crown abbiamo potuto godere della sagacia e della perspicacia del nostro editor, Charles Conrad, e delle sue minuziose e accurate assistenti, Hallie Falquet e Jenna Ciongoli.

Proprio quando la prima edizione di questo libro stava per andare in stampa, sono venuto a conoscenza della morte di Erhard Loretan sul Grünhorn, nelle Alpi svizzere, precipitato con un cliente dalla cresta sommitale. È difficile credere che un uomo che aveva compiuto alcune delle più audaci ascensioni sull'Himalaya sia caduto su un picco relativamente facile, nel «cortile dietro casa». Ho avuto l'occasione di incontrarlo una sola volta, in un ristorante di Kathmandu, ma non c'è alpinista al mondo per cui abbia nutrito ammirazione più grande. La sua scomparsa è stata un duro colpo, che mi ha addolorato quasi avessi perso un caro amico, o un compagno di scalate. Mi auguro che il racconto della straordinaria traversata dell'Annapurna, da lui realizzata con Norbert Joos nel 1984, possa essere un testamento, pur se inadeguato, a uno dei geni visionari dell'alpinismo.

Bibliografia

Blum, Arlene, *Annapurna: A Woman's Place*, Sierra Club Books, San Francisco 1980.

Bonington, Chris, *Annapurna South Face*, McGraw-Hill, New York 1971 (trad. it. *Annapurna, parete sud*, Dall'Oglio, Milano 1973).

Bukreev, Anatolij, *Above the Clouds*, St Martin's Press, New York 2001.

Bukreev, Anatolij e DeWalt, G. Weston, *The Climb*, St Martin's Press, New York 1998.

Frost, Tom, *Annapurna South Face*, «The American Alpine Journal», 17(2), 1971.

Hawley, Elizabeth, *Kangchenjunga, Ascents and Tragedy*, «The American Alpine Journal», 38, 1996.

Herzog, Maurice, *Annapurna*, E.P. Dutton & Co., New York 1952 (trad. it. *Annapurna. Il primo 8000*, Corbaccio, Milano 1994).

—, *Renaître*, Editions Jacob-Duvernet, Paris 2007.

Houston, Charles e Bates, Robert H., *K2: The Savage Mountain*, Lyons Press, Guilford (CT) 2000.

Hunt, John, *The Ascent of Everest*, The Mountaineers Books,

Seattle 1993 (trad. it. *La conquista dell'Everest*, Leonardo da Vinci, Bari 1954).

Krakauer, Jon, *Into Thin Air*, Villard Books, New York, 1997 (trad. it. *Aria sottile*, Corbaccio, Milano 1998).

Kukuczka, Jerzy, *My Vertical World: Climbing the 8,000-metre Peaks*, Hodder & Stoughton, London 1992 (trad. it. *Il mio mondo verticale*, Edizioni Versante Sud, Milano 2004).

Lachenal, Louis, *Carnets du Vertige*, Editions Guérin, Chamonix 1996.

Lafaille, Jean-Christophe e Heimermann, Benoît, *Prisonnier de l'Annapurna*, Editions Guérin, Chamonix 2003 (trad. it. *Prigioniero dell'Annapurna*, CDA & Vivalda Editori, Torino 2007).

Lafaille, Katia, *Sans Lui*, Bernard Grasset, Paris 2007.

Loretan, Erhard, *Annapurna, First Ascent of East Ridge and Traverse*, «The American Alpine Journal», 27, 1985.

Loretan, Erhard e Ammann, Jean, *Les 8000 Rugissants*, Editions La Sarine, Fribourg 1996 (trad. it. *Gli 8000 ruggenti*, MB Advertising, Agno 1997).

Messner, Reinhold, *Annapurna. Cinquant'anni di un ottomila*, CDA & Vivalda Editori, Torino 2003.

—, *Sopravvissuto. I miei 14 ottomila*, Istituto Geografico De Agostini, Novara 1987.

Moro, Simone, *Cometa sull'Annapurna*, Corbaccio, Milano 2003.

Perrin, Jim, *The Villain: The Life of Don Whillans*, Hutchinson, London 2005.

Rébuffat, Gaston, *Starlight and Storm*, E.P. Dutton & Co., New York 1957.

Roberts, David, *Driven to the Edge*, «National Geographic Adventure», maggio 2006.

—, *The Prisoner of Annapurna*, «National Geographic Adventure», febbraio 2003.

—, *True Summit: What Really Happened on the Legendary Ascent of Annapurna*, Simon & Schuster, New York 2000.

Terray, Lionel, *Conquistadors of the Useless*, Victor Gollancz Ltd., London 1961 (trad. it. *I conquistatori dell'inutile*, CDA & Vivalda Editori, Torino 2003).

Viesturs, Ed e Roberts, David, *No Shortcuts to the Top: Climbing the World's 14 Highest Peaks*, Broadway Books, New York 2006 (trad. it. *In vetta senza scorciatoie*, Solferino, Milano 2022).

—, *K2: Life and Death on the World's Most Dangerous Mountain*, Broadway Books, New York 2009 (trad. it. *K2. La montagna più pericolosa*, Solferino, Milano 2023).

Wielicki, Krzystof, *Crown of Himalaya: 14 x 8000*, Wydawnictwo, Cracovia 1997 (trad. it. *La corona dell'Himalaya*, Alpine Studio, Lecco 2010).

Willis, Clint, *The Boys of Everest: Chris Bonington and the Tragedy of Climbing's Greatest Generation*, Da Capo Press, Cambridge (MA) 2006.

Indice

Finito di stampare nel mese di luglio 2024
per conto di RCS MediaGroup S.p.A.,
da Rotolito S.p.A., Via Sondrio, 3, Pioltello (Milano)
Printed in Italy